A PANDEMIA DE COVID-19 PARA CONTAR AOS NETOS

100 textos que registraram em tempo real as mudanças causadas pela crise sanitária

A pandemia de covid-19 para contar aos netos
100 textos que registraram em tempo real as mudanças causadas pela crise sanitária

AUTOR: Maurício Oliveira

DIRETOR DA ALMEDINA BRASIL: Rodrigo Mentz
EDITOR: Marco Pace
EDITORA DE DESENVOLVIMENTO: Luna Bolina
PRODUTORA EDITORIAL: Erika Alonso
ASSISTENTES EDITORIAIS: Letícia Gabriella Batista, Laura Pereira e Tacila da Silva Souza

REVISÃO: Priscila Rodrigues
DIAGRAMAÇÃO: Tangente Design
DESIGN DE CAPA: Tangente Design

ISBN: 978-65-5427-231-5
Março, 2024

DADOS INTERNACIONAIS DE CATALOGAÇÃO NA PUBLICAÇÃO (CIP)
(CÂMARA BRASILEIRA DO LIVRO, SP, BRASIL)
ELIANE DE FREITAS LEITE – BIBLIOTECÁRIA – CRB 8/8415

Oliveira, Maurício
A pandemia de Covid-19 para contar aos netos: 100 textos que registraram em tempo real as mudanças causadas pela crise sanitária / Maurício Oliveira. – São Paulo: Edições 70, 2024.

ISBN 978-65-5427-231-5

1. Coronavírus (COVID-19) – Aspectos imunológicos 2. COVID-19 – Pandemia 3. Distanciamento social 4. Pandemia - Aspectos sociais 5. Vacinas I. Título.

24-192452 CDD-304.62

Índices para catálogo sistemático:

1. Coronavírus : COVID-19 : Aspectos sociais: Sociologia 304.62

Este livro segue as regras do novo Acordo Ortográfico da Língua Portuguesa (1990).

EDITORA: Almedina Brasil
Rua José Maria Lisboa, 860, Conj.131 e 132, Jardim Paulista | 01423-001 São Paulo | Brasil
www.almedina.com.br

A PANDEMIA DE COVID-19 PARA CONTAR AOS NETOS

100 textos que registraram em tempo real as mudanças causadas pela crise sanitária

Maurício Oliveira

70

SUMÁRIO

APRESENTAÇÃO

Covid-19 agora é História

Escrevo este texto de apresentação como última tarefa antes da impressão do livro que você tem em mãos. Estamos no dia 6 de fevereiro de 2024. Há quatro anos, o mundo acompanhava apreensivo as notícias sobre um vírus misterioso identificado na China, causador de uma doença que a Organização Mundial da Saúde (OMS) batizou de covid-19 no dia 11 de fevereiro de 2020. Quinze dias depois, o Brasil registraria oficialmente o primeiro caso.

Só agora podemos dizer que o pesadelo acabou. A pandemia de covid-19 saiu definitivamente do nosso cotidiano, das nossas preocupações diárias, e entrou de vez para a História. Alguns casos continuam surgindo, mas a alta cobertura vacinal da população assegura que poucos evoluirão com gravidade.

As estatísticas oficiais do governo registram 709.407 mortes causadas pela doença, com um total de 38.338.153 casos, o que resulta em um índice de letalidade de 1,9%. Nos últimos 100 dias, o número médio de mortes ficou em 28 por dia. A doença continua fazendo vítimas, mas em uma proporção infinitamente inferior ao que acontecia no auge da pandemia.

As estimativas iniciais eram de que até um milhão de brasileiros poderiam ser vitimados pela doença. Houve quem tenha achado a projeção alarmista, irreal, mas o tempo mostrou que, infelizmente, não era. Sabe-se que o número de casos registrados oficialmente está subestimado, pois parte das pessoas que se contaminaram sequer chegaram a buscar auxílio médico. É muito difícil encontrar quem tenha passado ileso pela covid-19 – e estamos falando de uma população de 203 milhões de pessoas.

Às vezes, parece mentira que tudo aquilo aconteceu, não é mesmo? Imagino que seja uma sensação normal quando a humanidade passa por grandes traumas, como guerras e tragédias naturais. Assim que a vida é retomada com o mesmo nível de normalidade de antes, o período anormal vai se diluindo aos poucos nas lembranças e se transforma num simples quebra-molas na longa estrada da História.

De minha parte, eu sei que, se fosse confiar apenas na memória para contar aos meus netos como foi esse período, certamente deixaria de lado muitos aspectos interessantes. Ao preparar esta coletânea de textos produzidos no calor dos acontecimentos, percebi que já havia esquecido muitos detalhes preciosos. Imagine daqui a trinta anos... Daí surgiu a ideia do livro, um registro do cotidiano que vivemos durante a pandemia e de todas as mudanças provocadas pela crise sanitária.

Eu gostaria de ressaltar que os textos foram inteiramente produzidos sem que eu saísse de casa, como era necessário naquele período. Os contatos com as fontes se realizaram sempre a distância. Daí a ausência de um jornalismo mais "raiz", que vai a campo, e a predominância de uma visão tipicamente de classe média.

Mesmo assim, é um recorte que considero relevante do ponto de vista histórico, ainda que esteja longe de representar o todo da sociedade brasileira. O sofrimento causado pela covid-19 nas periferias certamente foi maior e de outra natureza, duplamente conectado ao desafio da sobrevivência imediata – tanto por conta do medo provocado pela doença quanto pelo receio de não ter comida em casa.

Por fim, uma confissão que chega a me dar certa vergonha, mas imagino que muita gente se identificará: sinto uma certa nostalgia daquele período. Não da pandemia em si, claro, nem de todo o sofrimento em torno dela. É algo mais difuso. Eu diria que é saudade da expectativa criada sobre a evolução da humanidade a partir daquela experiência.

Maurício Oliveira

1

Contextualização: a primeira morte no Brasil

17/03/2020

Os primeiros casos de uma síndrome respiratória desconhecida surgiram em dezembro de 2019, na cidade de Wuhan, na China, aparentemente ligados ao comércio de animais selvagens no mercado público local. A Organização Mundial da Saúde (OMS) acompanhou com apreensão a multiplicação de casos – até declarar, em 30 de janeiro de 2020, Emergência Internacional de Saúde Pública.

Em 11 de fevereiro, a OMS anunciou que a nova doença seria chamada de covid-19, junção das palavras "corona", "vírus" e "doença", com o ano de seu surgimento ao final. A criação de um nome neutro foi um cuidado para não estigmatizar uma região (como ocorreu com a "gripe espanhola") ou um animal (a exemplo de "gripe aviária"). Mesmo com as notícias preocupantes da disseminação dos casos pelo mundo, prevalecia no Brasil uma certa ilusão de que a situação seria controlada antes de o país ser atingido.

O primeiro caso de brasileiro infectado foi confirmado em 26 de fevereiro – um homem de 61 anos, morador de São Paulo, que havia chegado da Itália. Foi, também, o primeiro registro na América do Sul, último continente a ser alcançado pelo novo coronavírus, ao menos nas estatísticas oficiais.

Foi só mesmo a partir da declaração de pandemia pela OMS, em 11 de março, que os brasileiros finalmente se deram conta de que a vida mudaria drasticamente.

Nesse dia, o país estava com apenas 67 casos confirmados. No dia seguinte, 12 de março, foram confirmados mais 82 casos, o que indicava um ritmo preocupante de disseminação do vírus. No dia 13, as aulas presenciais foram suspensas nos estados de São Paulo e do Rio de Janeiro, decisão que logo seria seguida pelos demais estados.

No final de semana de 14 e 15 de março, quando ficou clara a necessidade de isolamento social por tempo indeterminado, houve uma corrida aos supermercados para a compra de mantimentos. Projetava-se pelo menos dois anos até que a ciência conseguisse desenvolver uma vacina eficaz. Enquanto isso, seria preciso ficar em casa o máximo possível.

Em 17 de março, foi anunciada a primeira morte causada pela doença no Brasil: um homem de 62 anos, morador do interior de São Paulo. Uma semana depois, o presidente Jair Bolsonaro fez um pronunciamento pela TV que se tornou símbolo do negacionismo que marcaria sua gestão no combate à doença. Mesmo com a crescente estatística de mortes ao redor do planeta, Bolsonaro classificou o novo coronavírus como potencial causador de, no máximo, "uma gripezinha ou um resfriadinho". E acrescentou que, por conta do seu "histórico de atleta", estaria completamente seguro caso fosse infectado.

Enquanto isso, a situação se agravava rapidamente na Europa. Em 26 de março, a Espanha registrou 769 mortes decorrentes do coronavírus num só dia, recorde de um país até então. No dia seguinte, a Itália contabilizou 919 mortes, em grande parte de idosos. As cenas dos comboios levando os corpos causaram comoção mundial.

A essa altura, com o número de casos e de mortes crescendo todos os dias, o Brasil já estava em isolamento social. O home office se tornava a regra nas funções em que isso seria possível (para mim, particularmente, a exigência não representava grande mudança – como jornalista freelancer, havia muitos anos que eu trabalhava na maior parte do tempo em escritório doméstico, salvo eventuais viagens ou tarefas presenciais).

Como era de esperar, a pandemia passou a monopolizar a cobertura da imprensa. Era como se nada mais tivesse importância. As editorias tradicionais – Política, Economia, Esportes, Cultura – estavam inevitavelmente condicionadas a essa circunstância global. As matérias de Ciência e de Comportamento ganharam protagonismo.

Eu já colaborava eventualmente com o site *Seis Minutos,* que pertencia ao C6 Bank. O site tinha esse nome pela premissa de oferecer aos leitores textos cuja leitura demandasse aproximadamente seis minutos. A grande demanda por textos relacionados à pandemia me levou a fazer uma série de sugestões de pauta, em geral aprovadas pelos editores.

Na missão de identificar temas relevantes, eu contava com a ajuda fundamental da minha mulher, Juliana De Mari, que também somava muitos anos de experiência como jornalista e sempre teve um radar especial para tendências e discussões palpitantes. Muitas das fontes ouvidas nas matérias foram indicadas por ela, a propósito.

Os textos abordavam os mais diversos fenômenos relacionados à pandemia – os efeitos e as transformações no trabalho, nas famílias, na educação, na saúde, nas cidades. Havia também a tentativa de ir consolidando em "tempo real" as tendências identificadas, algo que se materializou de forma explícita em alguns dos textos.

Logo percebi que as colaborações para o *Seis Minutos* poderiam resultar em um registro histórico relevante de um período marcante para a humanidade. Por isso eu me empenhei em produzir muitas reportagens, especialmente nos primeiros meses. Vislumbrei que, além de contribuir para que as pessoas se mantivessem informadas durante a pandemia, eu estava produzindo também o livro que agora está nas suas mãos. Trabalhava, ao mesmo tempo, para o presente e para o futuro.

Minha preocupação em construir um registro histórico se intensificou quando procurei informações sobre a pandemia de 1918 e não encontrei nada que descrevesse em detalhes, enquanto tudo acontecia, o que efetivamente estava mudando na vida cotidiana, no dia a dia "miúdo" das pessoas, das famílias. Este livro é a minha contribuição para que os pesquisadores do futuro tenham uma fonte com esse perfil à disposição. Na organização do material, senti a necessidade de incluir alguns textos que situam marcos importantes da pandemia (esses textos extras têm sempre o título iniciado pela palavra "Contextualização").

Além de reunir o material que produzi para o *Seis Minutos*, acrescentei algumas reportagens que escrevi para o jornal *O Estado de S. Paulo*, para o qual também já contribuía antes da pandemia e com que estreitei os laços a partir dela. São materiais relevantes do ponto de vista histórico, pois envolvem entrevistas com protagonistas do combate à pandemia no Brasil, a exemplo de Dimas Covas, diretor do Instituto Butantan, e Luiz Henrique Mandetta, que era ministro da Saúde quando a pandemia chegou ao Brasil.

Como é possível perceber pelo Sumário, a coletânea trata das mais diversas dimensões afetadas pela pandemia. Ao consolidar a edição em livro, percebi uma característica deste conjunto de textos que me orgulha: a predominância da presença feminina. As mulheres são protagonistas como fontes, assim como foram protagonistas durante a pandemia, tanto na gestão dos países que melhor lidaram com a crise – como demonstra uma das reportagens – quanto no âmbito doméstico, onde se desdobraram para dar conta das múltiplas atividades decorrentes da fusão entre vida pessoal e profissional.

Acredito que este livro é um documento que ajudará os leitores e as famílias brasileiras a manter vivos na memória os acontecimentos e os sentimentos de um período marcante na vida de todos nós, além de demonstrar às gerações futuras o impacto da covid-19 para a história da humanidade.

2

Como falar sobre coronavírus com as crianças

31/03/2020

Se tudo o que está acontecendo em decorrência da pandemia do coronavírus já é difícil de processar para os adultos, imagine para as crianças. De repente os pequenos, cheios de energia para gastar, se viram obrigados a ficar dentro de casa, longe da escola e do convívio social com os amigos.

Soma-se a tudo isso o desafio da adaptação a um novo modelo de estudo e de configuração doméstica: a família está em casa, mas nem sempre disponível para interações e brincadeiras. O cotidiano marcado pela diferença clara entre dias "úteis" e finais de semana se tornou bem mais difuso. Agora, domingos são muito semelhantes às segundas-feiras, e vice-versa, só que nem os domingos nem as segundas estão sendo como eram.

A mudança radical na vida das crianças ocorre por culpa de um bichinho invisível e silencioso, mas que pode deixar as pessoas muito doentes ou até mesmo matá-las. Como explicar tudo isso para os pequenos? Como falar da pandemia, dos temores sanitários e econômicos, da repercussão na vida dos brasileiros e na da própria família? Conversar abertamente com as crianças ou poupá-las o máximo possível da dura realidade?

"Crianças não devem ser enganadas. Elas são inteligentes e têm alta capacidade de absorção e entendimento", diz a pedagoga Erika Linhares. Assim, tentar protegê-las completamente das notícias e das preocupações não é o melhor caminho. Claro que, por outro lado, é preciso tomar cuidado para não apavorar ou criar pânico. "Não se deve fazer isso com ninguém, muito menos com crianças", observa Erika.

A especialista sugere uma conversa aberta e tranquila, explicando à criança, em linguagem adequada para a idade, o que é a doença e o que é uma epidemia. "Quando a gente diz que é um bichinho que causa uma gripe forte e passa muito fácil de uma pessoa para a outra, as crianças entendem a importância de ficar em casa."

O assunto não deve, contudo, tornar-se onipresente. Falar o tempo todo da pandemia não é saudável para ninguém, e isso certamente aumenta a ansiedade das crianças. Nos momentos de reunião da família, como as refeições, o ideal é buscar outros temas, mais leves e que remetam de alguma forma a sentimentos positivos, como alegria e esperança.

Para a neurocientista Claudia Feitosa, os pais devem construir um discurso que não deixe a criança com medo ou com raiva, mas as ajude a entender o que é o bem coletivo e a aprimorar o senso de coragem para enfrentar as dificuldades da vida. Em outras palavras: na medida do possível, fazer do limão uma limonada.

Baseada na linha da psicologia comportamental cognitiva infantil, e da comunicação empática, Claudia sugere uma fala que demonstre que o esforço de todos agora vai ajudar a diminuir o tamanho e a duração do problema, além de salvar vidas preciosas.

A pedagoga Erika concorda que se trata de uma oportunidade para reforçar nas crianças o senso de pertencimento e de coletividade. "Somos uma sociedade muito individualista e estamos vivendo uma situação que pede uma mudança de comportamento em direção de uma preocupação maior com o todo. Afinal, está escancarado o quanto dependemos uns dos outros", ela diz.

Quanto mais as crianças forem informadas sobre o que está acontecendo e qual pode ser o papel delas no esforço conjunto de combate ao coronavírus, maiores são as chances, também, de que elas entendam mais facilmente a necessidade de colaborar com o novo status doméstico – incluindo o fato de que os pais precisam trabalhar enquanto estão em casa.

"O ideal é combinar os horários em que os pais estão trabalhando e não devem ser interrompidos", sugere Erika. Essa orientação vale, é claro, para crianças com idade para entender esse contexto. É esperado, mesmo assim, que elas possam eventualmente quebrar as regras nos primeiros dias, sendo necessário relembrá-las do combinado.

Ajustar a agenda dos filhos ao horário dos pais, incluindo nessa programação afazeres como tarefas escolares e filmes, é um bom caminho – embora também seja saudável e recomendado deixar espaços livres, para que os pequenos exercitem o "ócio criativo". "Tudo isso é importante para que eles aprendam a conviver coletivamente, desenvolvendo a empatia e o olhar em relação ao outro e a respeitar limites", avalia a pedagoga.

Muitos pais separados decidiram, de comum acordo e em sintonia com as orientações dos epidemiologistas, suspender o rodízio dos filhos. Nessas circunstâncias, deve-se facilitar ao máximo o contato das crianças com o pai ou a mãe que está fisicamente distante. Por mais que a tecnologia seja uma aliada essencial para colocar as pessoas queridas em contato com a criança, é importante criar um espaço de conversa em casa para que ela possa trazer suas dúvidas e demonstrar angústias, como a saudade da escola, dos avós, ou a vontade de voltar a brincar ao ar livre.

3

Confinamento traz à tona o melhor e o pior das pessoas

01/04/2020

É normal que nossas emoções variem ao longo da quarentena. Há momentos em que estamos mais animados, outros menos. As notícias podem nos abalar em maior ou menor intensidade. Num mesmo dia, podemos nos sentir mais extrovertidos e, depois, mais introspectivos, mais preocupados, e, no momento seguinte, mais esperançosos.

Há, no entanto, pessoas que assumem uma só personagem e não saem dela. Essa personagem pode ser a da hiena Hardy, aquela figura clássica dos desenhos animados que reclama de tudo ("Ó, céus, ó vida, ó azar!"), ou, no lado oposto, a Polyanna, órfã que sempre tenta ver o lado bom dos acontecimentos, mesmo os trágicos, criada há mais de um século pela escritora norte-americana Eleanor H. Porter.

Os especialistas recomendam que as pessoas se esforcem para funcionar, na maior parte do tempo, dentro de um meio-termo equilibrado entre os opostos – o que não impede que surjam momentos de otimismo ou de pessimismo exagerados, claro. "A crise traz à tona o nosso pior e o nosso melhor. Depende da escolha de cada um", diz o psiquiatra e professor Roberto Aymler, especialista em liderança e gestão estratégica de pessoas.

O psiquiatra lembra que estamos nos encaminhando para uma fase do confinamento em que as famílias começarão a sentir mais intensamente as dificuldades decorrentes do convívio forçado. Sem o oxigênio proporcionado normalmente pelo ir e vir e por outras interações sociais, há uma tendência natural de degradação do ambiente.

"É provável que muitos casamentos acabem nesse período, mas eu recomendaria que isso não fosse feito. Não se deve tomar decisões tão importantes em momentos de crise, pois é quando a lucidez está afetada", avalia o psiquiatra. Como ações de prevenção, ele sugere reduzir a exposição às más notícias e um esforço para que a pandemia não domine todas as conversas.

A cultura – livros, música, filmes, séries – pode ser uma ótima válvula de escape. "É importante que cada um dentro de casa se esforce para tornar o ambiente o melhor possível", diz Roberto. Isso inclui participar da divisão das tarefas e se preocupar com o bem-estar físico e emocional dos demais componentes da família.

Uma boa estratégia para manter o senso familiar de união e pertencimento, destaca o psiquiatra, é buscar formas de contribuir para amenizar as dificuldades das pessoas que estão enfrentando a situação em piores condições – ligando para quem está sozinho ou fazendo doações para instituições que distribuem alimentos, por exemplo. "É um momento para exercitar a gratidão e perceber o quanto somos privilegiados", observa.

A advogada Fernanda Thiele, 44 anos, é o esteio emocional da família – marido e casal de filhos adolescentes –, mas outro dia desabou e precisou ser o foco da atenção dos demais. "Não tento disfarçar meus sentimentos. Minha tendência é ser otimista, mas não dá simplesmente para ignorar que algo muito complicado está acontecendo", descreve Fernanda.

Ela já vinha praticando home office nos últimos dois anos, desde que montou a Raiz, empresa que ajuda os clientes a obter cidadania em outros países. Já o marido, Murilo, 50 anos, sócio de uma startup, saía todos os dias para trabalhar. Agora, em casa, Murilo – que tem um perfil "mais centrado e prático", na definição de Fernanda – tenta manter a rotina de trabalho, incluindo horários preestabelecidos de expediente. Ele tem se responsabilizado, no entanto, por cozinhar e por organizar os jogos de tabuleiro todas as noites.

O jogo preferido da família, War, inspirou uma reflexão de Fernanda sobre um dos motivos que a fizeram estranhar tanto os primeiros dias da quarentena e viver uma montanha-russa de emoções. "Como eu já fazia home office, era como se a casa fosse o meu território, invadido de uma hora para a outra pelo meu marido e meus filhos", ela descreve.

Para assegurar um momento do casal, eles decidiram pular corda todos os dias, só os dois. "É o tipo de coisa que estava totalmente fora do nosso cotidiano até acontecer tudo isso", diverte-se Fernanda. No balanço geral, ela considera que a experiência da convivência forçada 24 horas por dia está sendo positiva para o senso de união da família – e, também, do casal, junto há 20 anos. "Estamos descobrindo ou redescobrindo aspectos da personalidade e do trabalho do outro. O reconfortante de tudo isso é que ficou ainda mais claro que fiz a escolha certa da pessoa para compartilhar a vida e que juntos tivemos bons filhos", orgulha-se.

Um dia depois do outro

Como seguir na quarentena com estabilidade emocional? Confira as orientações da *School of Life Brasil*, organização global que se dedica a desenvolver a inteligência emocional em diversas áreas da vida – trabalho, amor, sociedade, família e cultura.

Escreva pensamentos, emoções e projetos – *A escrita ajuda a organizar as ideias e a lidar com os dilemas da vida. Separe um caderno ou um arquivo digital para praticar esse exercício todos os dias. Durante a quarentena, fazer anotações sobre a vida que você deseja ter quando tudo isso passar pode aliviar as tensões e dar mais clareza sobre planos, projetos e ações.*

Cuide de seu relacionamento – *Amor não é apenas uma emoção, mas uma habilidade que pode ser aprendida e praticada com sucesso entre os casais. A situação atual é propícia para o exercício de uma comunicação mais generosa e compreensiva com o parceiro. Crie momentos para se divertirem juntos, como abrir um bom vinho, dançar e preparar uma refeição saborosa.*

Conheça você melhor – *Nossas mentes são extremamente habilidosas em esconder a verdade sobre nós mesmos. Aproveite este momento para olhar para si mesmo. Observe o que desencadeia seus pensamentos e emoções, e quais reações eles provocam. Seja gentil com você e não se julgue. Perceba como você pode melhorar como pessoa.*

Entenda o seu ritmo de home office – *Não existe um método universal para fazer home office de maneira produtiva. Por isso é preciso se observar, respeitar o ritmo pessoal e perceber que rotina mais combina com você. E não se isole: incentive encontros online com parceiros de trabalho e equipe para trocar ideias, ajustar os processos e se sentir conectado ao grupo.*

Mantenha-se no presente – *Situações de incerteza costumam ser uma fonte de sofrimento para a maioria das pessoas. Nossa tendência é estar o tempo todo projetando o futuro dentro da nossa mente. Trazer atenção para o momento presente ajuda a conter a inquietação, o desconforto, a ansiedade e a insegurança.*

4

Empresas precisam redobrar cuidados com a segurança de dados

02/04/2020

Neste momento que aumentou drasticamente a quantidade de pessoas trabalhando em home office, os riscos relacionados à segurança de dados crescem na mesma proporção. O advogado e economista Renato Opice Blum, um dos maiores especialistas em direito digital do país, chama a atenção para o fato de que, repentinamente, um imenso volume de informações deixou de circular em ambientes seguros e controlados.

"Não houve tempo para que as devidas precauções fossem obedecidas. É um período de vulnerabilidade para grande parte das empresas, e os invasores sabem disso", adverte Renato. À frente de um escritório com 150 funcionários, ele ressalta a procura emergencial por muitas organizações interessadas em estabelecer planos de adaptação às circunstâncias.

A prioridade é definir regras que devem ser seguidas pelos funcionários que estão trabalhando remotamente. Uma das maiores preocupações é com os softwares utilizados para a execução do trabalho e para a conexão com os colegas, chefes e subordinados, a exemplo de aplicativos, editores de texto e serviços de mensagens. É importante que, além de licenciados, esses programas sejam sempre atualizados.

"Cabe à empresa prover os softwares que considera necessários e assegurar que estão nas condições adequadas, além de orientar e treinar os funcionários sobre o uso", ressalta o advogado, que é também coordenador da pós-graduação em Direito Digital da Fundação Armando Alvares Penteado (Faap) e da Escola Brasileira de Direito (Ebradi).

Outra providência essencial para a segurança dos dados da empresa, observa o advogado, é disponibilizar uma VPN (Virtual Private Network, rede privada virtual). Trata-se de uma conexão segura, por ser criptografada – se houver interceptação, o conteúdo não poderá ser acessado.

Como não houve tempo hábil para que as empresas preparassem a infraestrutura ideal de home office para seus funcionários, boa parte das pessoas está utilizando equipamentos próprios. Em muitos casos, os desktops, notebooks e celulares são também de uso pessoal. Ou seja, são os mesmos dispositivos pelos quais os profissionais acessam a internet, as redes sociais e jogos online. O nível de vulnerabilidade aumenta ainda mais quando o equipamento é compartilhado por outras pessoas da família, situação também corriqueira.

Um dos alertas que mais têm sido feitos pelas empresas é o de que cibercriminosos estão usando o interesse das pessoas pelo coronavírus como isca para a difusão de malwares, cavalos de troia e outros tipos de ameaças virtuais. "É preciso redobrar a atenção relativa a possíveis ataques. Selecionar ainda mais os e-mails e os sites acessados e desconfiar de todos os links que receber", aconselha Thiago Bordini, diretor de inteligência cibernética do Grupo New Space.

Renato Opice Blum recomenda a instalação de antivírus e o uso de dupla autenticação sempre que essa possibilidade estiver disponível, pois são recursos que dificultam o acesso dos dados por invasores. "As empresas precisam insistir na orientação dos seus funcionários, mesmo em relação aos procedimentos mais básicos, como a inadequação do uso de senhas-padrão ou a necessidade de fechar as contas ao sair do dispositivo", lembra o advogado. "Por incrível que pareça, pessoas esclarecidas, que trabalham em grandes corporações, cometem esse tipo de erro o tempo todo."

A definição pela empresa de regras claras relacionadas à segurança das informações é importante tanto para prevenir problemas quanto para eventuais ações contra funcionários que tenham colocado a corporação em risco. "Quando se cria e se divulga um documento formal, os funcionários não podem alegar desconhecimento", diz Renato. Em casos de negligência comprovada, a punição pode ser desde a demissão por justa causa até, em casos extremos, a possibilidade de pagamento de indenização pelo funcionário responsável.

"É muito importante que todo colaborador tenha consciência de que ele também é parte integrante da segurança da empresa", observa Matheus Jacyntho, gerente de segurança cibernética e privacidade de dados na ICTS Protiviti, empresa especializada em soluções para gestão de riscos, compliance, auditoria interna, investigação, proteção e privacidade de dados.

Os gestores esperam atitudes colaborativas dos funcionários, inclusive no sentido de identificar e sanar dificuldades com os seus equipamentos. "Cada um deve fazer uma boa revisão dos recursos que tem e, ao identificar problemas que não consegue resolver, contatar imediatamente o help desk da empresa, tanto por segurança quanto por produtividade", diz Fábio Bier, gerente de RH para a América Latina da Husqvarna, fabricante global de equipamentos para manejo de áreas verdes, como cortadores de grama e tratores de jardim.

Um bom exemplo vem da Thanks for Sharing, produtora audiovisual focada em animações para o mercado corporativo. A empresa já adotava o modelo de trabalho remoto e disponibiliza a cada funcionário um cartão de benefícios com R$ 500 de crédito por mês para melhorias e upgrades dos programas utilizados – tudo para não comprometer a segurança dos dados e a produtividade individual e da empresa como um todo.

5

A etiqueta da videoconferência em tempos de coronavírus

06/04/2020

Talvez você já tenha recebido pelo WhatsApp algum vídeo engraçado de home office improvisado ao redor do mundo. É o marido que passa só de cueca ao fundo da cena, a criança que acerta a bola na tela do notebook, a conversa interrompida pelo latido enlouquecedor do cãozinho pedindo atenção. É normal e esperado que situações assim aconteçam em função da necessidade de adaptação urgente a uma situação que, para muitos, é inédita: trabalhar em casa.

As videoconferências com colegas, chefes, subordinados ou clientes são ocasiões de alto risco para que situações assim "ganhem o mundo". Afinal, nestes tempos de reclusão, as reuniões online funcionam como janelas em que se torna possível observar um pouco da intimidade dos outros, e vice-versa.

Ouvimos especialistas e preparamos uma síntese dos princípios básicos que devem ser levados em conta para todos que estão precisando encaixar videoconferências com mais frequência ao novo cotidiano. Afinal, a forma como você age e se apresenta neste período poderá ser essencial para a sequência da sua carreira.

Um cantinho para chamar de seu

Esta é a principal regra. O ideal é ter um lugar na casa em que você possa fazer suas conversas com privacidade, silêncio, numa posição confortável, com um fundo estático (nada mais adequado que a clássica estante com livros) e iluminação correta. É importante também checar se o wi-fi funciona a contento no lugar escolhido.

Nas atuais circunstâncias, com outras pessoas dentro de casa, é quase impossível encontrar um lugar que reúna todos esses requisitos. Mas quanto mais você conseguir se aproximar do cantinho ideal, melhor. Lembre-se de que o ambiente que você transmitirá aos outros fará parte da imagem que eles terão de você durante e depois da crise.

Faça combinados com a família

A diretora de Recursos Humanos da Aspen Pharma Brasil, Patrícia Franco, diz que é fundamental deixar claro para todos em casa a necessidade de ter horários e regras para que o trabalho possa ser exercido com o mínimo de interferência. Antes das videoconferências, a família precisa ser alertada de que pessoas de fora "entrarão" no ambiente doméstico. "No começo é mais difícil, até que todos se sintam adaptados à nova situação, mas com o tempo tudo é entendido e normalizado."

Por mais que as crianças sejam orientadas e os pais tentem criar tarefas para distraí-las, é normal que eventualmente elas se sintam entediadas. Por isso, enfatiza a diretora de RH, é preciso ter calma e paciência para reforçar a mensagem sobre a necessidade de respeito ao espaço de trabalho.

Cuide da aparência

Há um conselho circulando que sintetiza bem o espírito do momento: "Prepare-se para a videoconferência com os colegas como se fosse uma *live* para uma emissora de TV". Afinal, mesmo que você vá conversar com pessoas conhecidas, isso não é justificativa para se apresentar de qualquer jeito. Pijama, camiseta rasgada, cabelo desgrenhado, cara de quem acabou de acordar e nem lavou o rosto...

O ideal é se apresentar de forma semelhante à habitual, no trabalho presencial. É claro que, se você costuma usar terno e gravata no escritório, não precisa repetir esse nível de formalidade estando em casa. Mas não deve, por outro lado, apresentar-se com total informalidade, vestindo aquela camiseta desbotada e puída.

"É importante colocar uma roupa que seja um marco para o início do expediente de trabalho", diz Fabiana Corrêa, consultora de estilo e de imagem profissional. "O homem pode escolher uma camisa bacana e a mulher, uma blusa mais fechadinha, além de uma maquiagem básica, um brilhinho", aconselha. Ambos, ressalta ela, devem ter uma preocupação especial em ajeitar o cabelo, ainda mais nestes tempos em que estamos todos afastados dos salões de beleza e barbearias.

E nada de truques na parte de baixo, brinca Fabiana. "Já soube de casos de pessoas que só se preocuparam com a parte de cima, porque é a que aparece no vídeo, e se esqueceram completamente disso quando se levantaram para pegar algo."

Seja pontual e objetivo

Pontualidade é um fator ainda mais importante nas reuniões à distância. Fazer os outros esperar é sempre ruim, mas nessas circunstâncias é ainda pior, pois cada um está envolvido com uma série de atividades simultâneas, sem tempo a perder.

Outra característica que precisa ser ainda mais exercitada neste período é a objetividade. Sabe aquelas conversas sobre futebol para "esquentar" os encontros presenciais? Evite. A videoconferência é um encontro que precisa ser prático e direto. Conversas sobre amenidades podem ser feitas por outros meios, como o WhatsApp.

Para separar bem as coisas e contemplar a necessidade de conversas mais informais entre os colegas, a RuaDois, plataforma digital para o mercado imobiliário, transformou o tradicional happy hour das sextas em um encontro virtual. "Um bate-papo, com direito a uma cervejinha, para fechar a semana e manter a conexão do time", diz o CEO, Paulo Fernandes.

Da mesma forma que cabe às lideranças dar diretrizes claras sobre o trabalho de cada um no regime de home office, é também responsabilidade delas definir os objetivos das conversas e conduzir as videoconferências. "Se você faz uma reunião de uma hora com cinco pessoas, seu time 'gastou' cinco horas naquela reunião. Seja mais objetivo e deixe as pessoas trabalharem", aconselha Maurício Carvalho, CEO da Husky, fintech que se encarrega de tarefas burocráticas para pessoas jurídicas e já tinha a cultura do trabalho remoto.

Exercite a tolerância e a empatia

Uma pesquisa da consultoria de recrutamento Robert Half ouviu com profundidade 240 funcionários de empresas que estão fazendo home office. Só 39% dos participantes da pesquisa disseram não estar enfrentando qualquer problema diante da situação. No grupo dos 61% restantes, 19% apontam a presença de familiares em casa como a principal dificuldade, enquanto 16% citaram as "distrações" em geral e 7% apontaram a falta de infraestrutura adequada para a comunicação com as equipes, a exemplo de conexão falha ou dispositivos em condições insuficientes.

Com todas essas dificuldades em potencial, talvez nem sempre a pessoa consiga se apresentar da melhor forma – e tudo bem, é preciso compreender que se trata de um momento extraordinário. "A principal regra para a motivação neste momento é a capacidade de se colocar no lugar de cada um do seu time. Em uma crise, as pessoas primeiro precisam saber que estão seguras. Por isso as lideranças devem absorver incertezas e não descarregar as suas próprias dúvidas e anseios no time", diz Marcelo Furtado, CEO e fundador da Convenia, que oferece soluções para a automatização do departamento pessoal das empresas.

6

Procura por terapia online dispara com quarentena

07/04/2020

A quarentena e todas as preocupações em torno da pandemia podem potencializar quadros de estresse, ansiedade e depressão. Assim, todas as ferramentas para preservar a saúde mental neste momento são importantes. Cientes disso, muitas empresas estão oferecendo aos seus funcionários o serviço de terapia online, que passou a viver um *boom* inédito nas últimas semanas.

A plataforma Vittude viu o número de pessoas cadastradas saltar de 30 mil para mais de 100 mil, em razão principalmente dos novos contratos corporativos – um deles foi com a rede farmacêutica Raia Drogasil. Além dos aportes de clientes, os contratos em andamento – que incluem empresas como Banco do Brasil, SAP e Nubank – também tiveram acréscimo significativo nas estatísticas de ativação.

O acesso aos canais de suporte da plataforma pulou da média diária de 120 para mais de 400. "E os contatos não param de aumentar", diz Tatiana Pimenta, CEO e cofundadora. A Vittude começou março com cerca de 4 mil psicólogos cadastrados e fechou o mês com mais de 5 mil. Os novos profissionais selecionados no período representam um número dez vezes maior do que os 105 ingressantes de fevereiro.

Outra plataforma de terapia online, a Telavita, vinha numa média de 2 mil sessões realizadas por mês. Agora são 150 sessões por dia, volume que continua crescendo. Com 150 psicólogos associados até o início da quarentena, a empresa selecionou mais 35 esta semana, dentro de uma lista de candidatos que já passa de 400 profissionais, a maior parte inscrita nos últimos dias. "Escolhemos novos parceiros à medida que a demanda exige", explica a fundadora, Milene Rosenthal.

Para muitos psicólogos, as plataformas online se tornaram a única possibilidade de continuar trabalhando e gerando renda. Logo que surgiram os primeiros casos de covid-19 no Brasil, o Conselho Federal de Psicologia recomendou que os atendimentos presenciais fossem interrompidos como contribuição para reduzir a propagação do vírus.

Regulamentada há alguns anos, a prática de terapia online exige cuidados especiais, sobretudo no que diz respeito à segurança da conversa entre paciente e psicólogo. As plataformas oferecem um ambiente protegido por criptografia, de tal forma que o conteúdo não pode ser acessado por hackers. "É muito arriscado usar ferramentas comuns de conversas online para fazer atendimentos", ressalta Milene.

As empresas que patrocinam os serviços para os seus funcionários pagam integralmente o valor das consultas ou estabelecem algum critério de coparticipação, dentro do pacote de benefícios. A Vittude disponibiliza também às empresas associadas uma metodologia para Mental Health Risk Assessment (MHRA), incluindo conscientização das lideranças e projetos customizados, entre eles painéis e palestras sobre saúde mental, inteligência emocional, autoestima, resiliência, diversidade e inclusão.

Nas plataformas de terapia online, todo o processo de escolha, agendamento e atendimento das sessões é realizado virtualmente. "Há uma série de filtros que ajudam na escolha da principal demanda, especialidade, abordagem terapêutica, faixa de preços, gênero do profissional e avaliações dos profissionais", descreve Tatiana.

Quando a primeira sessão é bem-sucedida, conta a CEO da Vittude, a tendência é de que a pessoa siga o processo terapêutico com o mesmo profissional – permanecendo, em média, oito meses na plataforma. Para contemplar quem sente a necessidade de um apoio imediato, a Telavita passou a oferecer, além da opção tradicional de agendamento, o serviço "Fale Agora", em que a pessoa seleciona algumas possibilidades de profissionais e o sistema verifica se um deles está disponível para atender naquele momento.

O uso de inteligência artificial no primeiro atendimento também tem contribuído para ampliar o acesso das pessoas à terapia. É o caso do serviço oferecido pela startup Hisnëk: uma atendente virtual, chamada Ivi, "conversa" com funcionários das empresas associadas para identificar possíveis problemas emocionais e encaminhar para um atendimento caso o algoritmo considere necessário. Se for algo mais circunstancial, são recomendadas atividades de apoio, como exercícios físicos ou acesso a textos e podcasts.

O aplicativo foi liberado para o uso gratuito de toda a população durante a quarentena. "Resolvemos abrir o uso para ajudar as pessoas a olhar para dentro delas e buscar caminhos que não as deixem com medo e nem ansiosas. Queremos incentivar a população a cuidar não apenas da saúde física durante o confinamento, mas também da saúde emocional", diz Carolina Dassie, CEO e fundadora da Hisnëk.

Estratégias para manter a saúde mental durante a quarentena

O isolamento pode ser angustiante por diversos motivos, que vão desde o medo de contrair a doença até as perdas financeiras. "As pessoas são especialmente impactadas por fatores que fogem do controle", diz a psicóloga Karina Stryier, gerente de promoção de saúde da It's Seg, corretora de seguros especializada em gestão de benefícios. Além da terapia online, ela cita várias outras ações possíveis:

Mantenha a calma *– Faça o que é possível e viva um dia após o outro. Um estado frequente de estresse aciona uma série de hormônios de defesa, a exemplo de adrenalina, cortisol e noradrenalina, que entram em ação e prejudicam o sistema imunológico, tão importante neste momento.*

Lembre-se dos benefícios coletivos *– É importante ter em mente que seu esforço pessoal impede que um número ainda maior de pessoas se contagie com o vírus. Ao seguir as orientações de isolamento, você contribui para salvar vidas.*

Apoie-se na tecnologia *– A tecnologia é uma grande aliada para o equilíbrio da saúde mental durante a quarentena. Aproveite as redes sociais para manter contato com familiares, amigos e colegas de trabalho. Além disso, é possível encontrar filmes, séries, livros e jogos gratuitos voltados para diversas faixas etárias.*

Permaneça ativo *– Procure formas de fazer atividades físicas dentro de casa. É possível se exercitar usando até sacos de alimentos. Quando mobilizamos o corpo, automaticamente podemos relaxar a parte cognitiva, algo importante para manter a calma neste momento.*

Tenha empatia *– Fazer parte de uma rede de apoio torna tudo mais suportável. Procure manter contato com conhecidos e preste atenção caso demonstrem instabilidades emocionais.*

Informe-se por canais confiáveis *– O excesso de informações pode causar picos de ansiedade. Evite ficar com televisores ou rádios ligados o tempo todo, consumindo notícias sobre o coronavírus. Escolha uma forma confiável para se atualizar uma ou duas vezes por dia.*

7

Quarentena leva à descoberta de tesouros esquecidos em casa

10/04/2020

Por causa da quarentena, o apresentador Fábio Porchat decidiu recolocar em atividade o aparelho de DVD que estava esquecido – e descobriu, nas prateleiras de casa, uma grande quantidade de filmes e séries com as embalagens ainda lacradas. "Comprei na época que era moda, pra assistir em algum momento do futuro, e nunca mais tinha mexido nisso", ele contou.

Muita gente está fazendo como Fábio: aproveitando o período de reclusão forçada para buscar, dentro de casa, objetos e atividades esquecidas. Jogos de tabuleiro em família são, provavelmente, o melhor exemplo: em muitos lares fazia anos que não rolava uma partida de War, Detetive ou Banco Imobiliário.

Em boa parte dos casos, a descoberta dos "pequenos tesouros" domésticos decorre das arrumações em armários e gavetas, outra atividade também motivada pela quarentena. A professora e escritora Claudia Iara Vetter, 29 anos, de Blumenau (SC), encontrou um caderno especial de anotações que já tinha dado como perdido. "São insights e ideias de projetos que fui registrando ali", ela descreve.

Ter deparado com esse material agora, em plena quarentena, a levou a revisitar as páginas com um olhar muito diferente daquele da época em que as anotações foram feitas. "Eu me dei conta de que há muitas coisas anotadas ali que eu posso realizar, sim, mas de outras maneiras, mais práticas, menos idealizadas.

Percebi claramente como a minha forma de pensar muitas vezes me privava de ir além", descreve.

A professora e escritora considera que muito dessa visão mais simples e objetiva é reflexo das circunstâncias decorrentes da pandemia. "Estamos num momento de reflexão, em que percebemos o quanto é importante dar valor ao que realmente importa." Uma das idealizações que ela percebeu na "Claudia do passado" é a ideia de que escritores precisam publicar livros convencionais, impressos, com o selo de uma editora e tiragem ampla. "Há muitos outros caminhos para chegar ao público", conclui.

Quando se viu angustiada com toda a situação em torno da quarentena, a antropóloga Paula Neves, 32 anos, sentiu-se motivada a retomar a prática do crochê. A atividade havia sido muito importante para tranquilizá-la ao longo da gravidez do primeiro filho, João, hoje com um ano e quatro meses.

Ela aprendeu a fazer crochê no início da gravidez, quando ficou com vontade de produzir bichinhos de amigurumi, uma técnica japonesa. "Fiz aulas e crochetei a gravidez inteira. Eram momentos de atenção plena, o que me ajudou a lidar com a ansiedade", lembra.

Além de vários bichinhos, ela produziu uma cortina, um tapete e um móbile para o quarto do bebê. Quando chegou a hora do parto, Paula deixou um pica-pau pela metade, com a intenção de concluí-lo assim que possível. "Mas eu nunca mais tinha encontrado tempo", descreve.

Até que a quarentena trouxe de volta a sensação de ansiedade, inclusive porque ela perdeu um frila fixo e viu serem canceladas duas propostas de trabalho que estavam bem encaminhadas. Em meio a tudo isso, o crochê reapareceu como uma inesperada prioridade. "Ao encontrar o material guardado, lembrei que eu tinha que terminar o pica-pau. O crochê foi me dando novamente uma sensação de presença e de leveza, pois tirava o foco da preocupação com o futuro", descreve a antropóloga.

No mesmo espírito de trazer de volta atividades esquecidas, a Maurício de Sousa Produções criou o Movimento Brincadeira. Trata-se da divulgação de brincadeiras tradicionais para ajudar as famílias com crianças a lidar com a quarentena.

Toda sexta é publicado nas redes sociais o passo a passo de uma brincadeira clássica, como amarelinha, esconde-esconde, estátua e pula-sela. Cada família precisa adaptar a brincadeira ao espaço que tem em casa, claro. "É uma forma de brincar junto, além de uma oportunidade para os pais relembrarem as suas infâncias e mostrarem um pouco de suas histórias de vida aos filhos", diz Mônica

Sousa, diretora executiva da Maurício de Sousa Produções – e filha de Maurício que inspirou a criação da célebre personagem Mônica.

A psicóloga Patrícia Cuocolo, fundadora do movimento Mulheres Despertas, considera que as circunstâncias decorrentes da pandemia estão funcionando como contraponto à cultura que privilegia o "ter" ao "ser". "Esse período é uma oportunidade para que a gente perceba com mais clareza a necessidade de integrar melhor o ter ao ser", ela diz.

Todos nós adotamos uma persona para corresponder às expectativas da sociedade, observa Patrícia. Quando nos dedicamos quase que exclusivamente a cumprir tarefas – entregar da melhor maneira as demandas de trabalho, ir às compras, cuidar dos filhos e dos demais relacionamentos afetivos –, acabamos muitas vezes reprimindo a parte menos prática da vida, o tempo para nós mesmos.

A quarentena é uma oportunidade de reequilibrar essa balança. "Recuperar elementos simbólicos que podem agir como uma 'costura afetiva' contribui para acomodar sensações e desejos que estavam adormecidos", diz Patrícia. A redescoberta de práticas familiares deixadas de lado e de objetos de valor afetivo que estavam esquecidos faz parte desse movimento. "Está pedindo passagem a vida não vivida que pulsa dentro de nós e fica submersa em meio a tantos afazeres práticos."

8

A nova etiqueta do elevador

11/04/2020

"O elevador é uma caixinha potencialmente contaminada." A frase do otorrino Alexandre Hamam sintetiza bem os cuidados que devemos ter ao utilizar, em meio à pandemia, esse espaço confinado. Aliás, a primeira orientação do especialista é evitar ao máximo o uso de elevadores.

Ir pelas escadas é mais seguro e saudável – trata-se de uma ótima opção para praticar exercícios físicos durante o confinamento. "O raciocínio é simples: quanto mais reduzido e fechado é o ambiente, com menor circulação de ar e maior número de pessoas entrando e saindo, maior é o risco. Nada se encaixa melhor nessa descrição do que um elevador", diz Alexandre.

Devemos evitar o uso do elevador, mas, e nas ocasiões em que não conseguimos escapar dessa necessidade? A regra número um é tocar apenas no essencialmente necessário – o botão do andar de destino. A Otis, uma das maiores fabricantes de elevadores, recomenda até que se use um lenço de papel para isso. Deve-se, também, evitar encostar nas paredes e nas barras. Se estiver carregando algo, não soltar no chão. Ao sair do elevador, é altamente recomendável limpar as mãos com álcool em gel.

A rotina de limpeza dos elevadores é muito importante para reduzir os riscos de contaminação. Pode ser feita com água sanitária e limpadores multiúso, de preferência várias vezes por dia. De acordo com um manual distribuído pela Otis aos colaboradores e empresas proprietárias de equipamentos, não basta limpar apenas o painel dos botões. Tudo dentro do elevador – corrimões, paredes, espelhos, teto, chão – deve ser higienizado com o máximo de cuidado e frequência. Em razão do coronavírus, a empresa reduziu a circulação de seus funcionários às situações essenciais. "Eles permanecem realizando reparos emergenciais, conforme permitido pelos requisitos e normas governamentais aplicáveis", comunicou a empresa.

Outra dúvida recorrente é se há localização mais segura dentro de um elevador compartilhado com mais gente. A resposta é não. Tanto faz ficar no fundo ou na frente. O essencial é manter distância de pelo menos um metro para os outros passageiros. Para a maioria dos elevadores, isso significa, no máximo, três pessoas posicionadas como se estivessem nas pontas de um triângulo.

Em locais de pouco movimento, como condomínios residenciais, é de bom senso – e bom-tom – não entrar no elevador quando já há alguém dentro dele. Muitos condomínios até já oficializaram essa regra, determinando que o uso do elevador deve ser limitado a uma pessoa por vez, exceto em casos de pessoas que vivem no mesmo apartamento.

A pandemia exige a atualização da "etiqueta do elevador". São regras de bom convívio que já deveriam ser seguidas por todos, e agora se tornam não apenas demonstrações de boa educação, mas práticas em prol de saúde coletiva. Uma dessas regras é: primeiro saem as pessoas, depois entram os novos passageiros. Nas atuais circunstâncias, é muito importante que essa sequência seja obedecida e realizada com o máximo de calma e distância entre quem entra e quem sai.

Pessoas idosas ou com dificuldades de locomoção, além de mães ou pais com crianças de colo, devem ter total preferência no uso. Outra atitude respeitosa é não falar ao celular dentro do elevador. Se já era algo desagradável antes da pandemia, agora é uma exigência contra a disseminação do coronavírus.

Aliás, o momento exige que qualquer conversa dentro do elevador seja simplesmente abolida. Nada de falar sobre o clima para quebrar o gelo. Cumprimentos podem ser gentilmente feitos com um gesto de cabeça e um sorriso.

Muitas vezes, o elevador é apenas o meio de transporte entre dois locais protegidos. O carro e a casa, por exemplo. Por isso, principalmente na volta para casa, é fundamental tomar todos os cuidados de higienização com as mãos, as roupas e os objetos. Aliás, o ideal mesmo é sempre tomar um bom banho e trocar de roupas quando se vem da rua, mesmo que tenha sido apenas para buscar uma encomenda na portaria do prédio.

Alexandre Hamam, que vem se empenhando em divulgar informações de proteção à covid-19, aconselha o uso de máscaras sempre que se vai entrar em um elevador. "Não dá para saber se quem acabou de sair estava contaminado", ele enfatiza. No que diz respeito ao uso da máscara, nunca é demais lembrar que a parte externa jamais deve ser tocada, pois é a área potencialmente contaminada. "Ao retirar a máscara, deve-se fazê-lo pela parte de trás, dobrando-a ao meio, com a parte externa para dentro. O descarte deve ser em lixo orgânico, pois não é um material que pode ser reciclado", ensina o médico.

9

Ensino à distância para crianças aumenta carga de pais e professores

15/04/2020

Antes da crise do coronavírus, o ensino à distância para crianças era pouquíssimo praticado no Brasil. Da noite para o dia, milhões de alunos se confrontaram com a necessidade de adotar a modalidade, experiência inédita também para a maioria dos pais e professores. Agora, passadas as primeiras semanas, o "susto" inicial está dando lugar à análise mais fria das dificuldades e das conquistas em meio à situação inesperada.

Os filhos da consultora de marketing Juliana Las Heras – Igor, de 10 anos, e Taís, de 7 – ainda não tinham um contato mais prático com computadores. "Nos primeiros dias, virei um help desk ambulante", ela brinca. Agora eles já dominam as ações mais básicas, como ligar o equipamento, acessar o portal de ensino à distância usado pela escola e digitar textos. "Crianças são muito curiosas e aprendem rápido", observa Juliana.

Aos poucos, algumas situações se mostraram um tanto angustiantes para as crianças. As provas do Igor, por exemplo, são feitas pergunta a pergunta, sem a possibilidade de voltar atrás depois de a resposta ser dada. "Pode parecer uma mudança boba, mas foi o suficiente para deixá-lo inseguro", descreve a mãe.

A caçula Taís sente muita falta do convívio com as amigas, de tal forma que o mais importante, para ela, tem sido manter os encontros virtuais com as colegas.

"Enquanto o Igor já tem autonomia para se programar, a Taís precisa ser orientada mais de perto sobre as atividades que precisa cumprir", conta Juliana.

Os horários de estudo até variam um pouco no dia a dia, mas outros compromissos se tornaram "sagrados" dentro da agenda, como o banho de sol. Os condôminos organizaram um revezamento em que cada família tem à disposição o espaço do térreo do prédio, momento em que as crianças pulam corda e andam de patinete.

Todos os ajustes da família têm sido feitos em paralelo à adaptação ao home office do marido de Juliana, Pedro, fiscal da Receita estadual. Ele tem cumprido horários regulares de trabalho, o que ajuda a estabelecer uma rotina geral da casa.

Para a psicóloga Beatriz Toledo, que há 25 anos atende crianças e adolescentes, é fundamental que os pais exerçam esse papel "estruturante" diante da nova situação. "As crianças são esponjas do sistema em que estão inseridas. É importante que os pais demonstrem organização em suas atividades para que os filhos se espelhem nisso ao lidar com as demandas escolares", observa a psicóloga.

É preciso entender, também, que o nível de autonomia deve variar conforme a idade e o perfil de cada criança, como ocorre com Igor e Taís. Por fim, ressalta Beatriz, eventuais momentos de confusão e angústia dos filhos devem ser entendidos e acolhidos – da mesma forma que é importante reforçar neles a necessidade de ter mais tolerância com os professores, que também estão se adaptando.

As grandes empresas do setor precisaram montar operações emergenciais de adaptação à nova realidade. A Somos Educação, um dos maiores grupos de ensino básico do país, com escolas próprias e sistemas educacionais, focou na ampliação do Plurall, sua plataforma de ensino digital. O Plurall passou a ser oferecido em larga escala para os alunos do Fundamental I e da Educação Infantil – até então a utilização estava restrita ao Ensino Fundamental II e ao Ensino Médio.

Graças à dedicação do time de tecnologia e de parcerias como a feita com a AWS (Amazon Web Service), serviço de computação em nível que dobrou a capacidade da plataforma, tudo foi viabilizado no curto período de duas semanas. "Com a migração para o ambiente virtual, estamos garantindo a continuidade das aulas para 45 mil turmas, um universo de aproximadamente 940 mil crianças, adolescentes e professores", diz o diretor-presidente, Mario Ghio.

A integração do Plurall com o Google Hangouts Meet viabiliza a transmissão de aulas ao vivo – estão sendo produzidas, em média, 7,5 mil aulas por dia. Tudo segue os procedimentos da sala real, incluindo horários e intervalos. "As aulas são ministradas ao vivo e os alunos são cobrados pela presença", descreve Mario. Para ajudar na adaptação dos professores ao novo ambiente, foram realizados nos dez primeiros dias 47 webinars, que contaram com a participação de 40 mil docentes.

Com quase trinta anos de carreira, a professora Vera Regina Gherardini, conhecida pelos alunos como Verinha, está tendo contato pela primeira vez com o ensino à distância. Com 680 alunos de diferentes escolas, ela dá aulas de Espanhol para turmas entre o oitavo ano do Fundamental II e o segundo ano do Ensino Médio – ou seja, lida com estudantes na faixa entre os 13 e os 16 anos. "Estamos aprendendo enquanto o comboio anda, pois as necessidades exigem uma especialização que a maioria de nós não tem", avalia a professora.

Muitos pais se queixam do fato de precisarem reservar uma parte do dia para auxiliar os filhos com as aulas à distância. Já não bastassem o home office e as tarefas da casa, ainda é preciso atuar um pouco como assistente dos professores. Mas esses pais são privilegiados, pois muitas escolas não têm estrutura para dar aulas online e por isso anteciparam as férias. "Não é um processo acessível para todos num país com tanta desigualdade. Então, em vez de lamentar as dificuldades, é preciso que sejamos gratos", diz a professora Verinha.

Ela considera que as maiores dificuldades estão na comunicação com os alunos. "Fica mais difícil sem o olho no olho, a leitura das expressões. No online, nossas possibilidades de interação ficam mais restritas, pois dependemos da manifestação dos alunos por escrito ou nas lives", descreve. No balanço geral, o volume de trabalho aumentou. "Tempo de preparo sempre houve, mas antes era basicamente separar material de apoio para usar nas atividades presenciais. Agora, é preciso produzir material que permita aos alunos desenvolver essas atividades sem o monitoramento presencial", compara.

Além disso, as mensagens dos alunos com dúvidas chegam a qualquer hora do dia – e não apenas para falar de assuntos diretamente ligados aos estudos. "Quando se abrem espaços para simples diálogos, eles estão lá, contando coisas, desabafando." Os contatos dos professores com os colegas também se tornaram mais frequentes, em razão da necessidade de combinar horários e checar como está a carga geral de tarefas. No meio de tudo isso, há os treinamentos online e os tutoriais sobre novas ferramentas tecnológicas.

Tão complexas quanto as mudanças no cotidiano profissional, ou talvez até mais, são as adaptações no ambiente doméstico. "De repente, é como se meu marido, minha filha, minha cachorra, minhas três gatas e os meus nove peixes estivessem todos juntos com meus alunos na sala de aula", brinca Verinha.

10

Contextualização: Mandetta deixa o Ministério da Saúde

16/04/2020

Em meio ao avanço acelerado da covid-19 no Brasil, o ministro da Saúde, Luiz Henrique Mandetta, foi demitido pelo presidente Jair Bolsonaro. As divergências sobre as estratégias de enfrentamento da pandemia haviam se tornado públicas, com o ministro defendendo as medidas de afastamento social e o Executivo demonstrando preocupação com os efeitos da quarentena para a economia. Além disso, o protagonismo de Mandetta como líder do combate à doença parece ter incomodado Bolsonaro.

O oncologista Nelson Teich assumiu o cargo, no qual ficaria por apenas 28 dias – pediu demissão por perceber que não teria autonomia no cargo e, principalmente, pela pressão do governo Bolsonaro para o uso de cloroquina contra a covid-19, medicamento sem qualquer comprovação científica de eficácia no tratamento da doença.

11

Excesso de lives pode potencializar a ansiedade

17/04/2020

Se você frequenta o Instagram, deve ter percebido que a quarentena provocou uma verdadeira explosão na quantidade de lives, as transmissões ao vivo. Dependendo do horário – especialmente o final de tarde, considerado o momento "clássico" para esse tipo de comunicação –, há dezenas delas disputando a sua atenção.

A oferta exagerada pode reforçar sentimentos de ansiedade e angústia, pois só é possível escolher uma transmissão para acompanhar por vez. Caso a opção seja ficar "zapeando" pelos canais, assim como fazemos diante da TV quando estamos procurando algo interessante para assistir, o resultado pode ser ainda mais frustrante: a sensação de que nada está sendo absorvido.

Grande parte das lives das últimas semanas tem como tema, obviamente, a crise do coronavírus e suas implicações. Mas será que todas essas pessoas estão compartilhando algo realmente interessante, inédito e urgente – os pressupostos para uma transmissão ao vivo?

Para a psicóloga Renata Sansoni, a necessidade de se fazer presente foi amplificada pela pandemia. Grande parte do apelo das lives, tanto para quem faz quanto para quem acompanha, é a perspectiva de interação em tempo real com as outras pessoas, que podem fazer comentários, perguntas ou mandar emojis.

"Em um momento como esse, as pessoas têm medo de ser esquecidas e querem se sentir parte de um todo. Aflora com mais força o sentimento de humanidade compartilhada", descreve a psicóloga. Deve-se reconhecer, portanto, que o excesso é em grande parte motivado por um desejo genuíno de conexão e pela preocupação em apoiar e acolher as outras pessoas num momento tão delicado.

As boas intenções não eliminam, entretanto, o fato objetivo de que há muitas lives que simplesmente não deveriam existir num cenário em que há uma preocupação geral dos especialistas em saúde mental com o nível de ansiedade durante a quarentena. Renata chama a atenção para o efeito rebote que esse excesso pode gerar: as pessoas estão tão preocupadas em acolher umas às outras, em ouvir e ser ouvidas, em tentar reduzir a ansiedade própria e alheia por meio dessas conexões, que a superdose pode ter efeito contrário.

"É como alguém que está com enxaqueca, exagera nos remédios e isso só faz aumentar a enxaqueca, em vez de reduzi-la", ela compara. Para a psicóloga, as lives estão se tornando um superlativo da necessidade humana de se expor e de se expressar. Ela percebeu também que, como provável estratégia para vencer a concorrência acirrada, muita gente está recorrendo às transmissões ao vivo em parceria. "Na falta de um conteúdo próprio que justifique uma live, a pessoa imagina que o encontro com outra pessoa, por si só, possa ser essa motivação", avalia Renata.

Incomodada com o excesso de lives no Instagram e com a longa duração de muitas delas, Luciana Sato, fundadora da Rede Héstia – comunidade feminina de apoio compartilhado –, passou a oferecer um espaço de divulgação na plataforma para depoimentos gravados sobre a quarentena. São aprendizados, experiências e reflexões.

Um dos pedidos de Luciana é que a duração do depoimento não passe de três minutos. "Isso ajuda a pessoa a refletir antes de falar, para entender o que de fato é relevante naquilo que ela pretende compartilhar", avalia. Para Luciana, o problema das lives é justamente a falta de limite de tempo, um bem precioso durante a quarentena. Com duas crianças pequenas em casa e uma série de afazeres acumulados, ela dificilmente consegue acompanhar uma live do começo ao fim, por mais interessada que esteja.

O excesso de estímulos desperta a comparação, a autocobrança, a sensação de que é preciso fazer, falar e mostrar para ser percebido, ser aceito e não ser esquecido. Há até uma síndrome já descrita pela psicologia para traduzir esse sentimento, batizada de *Fomo,* iniciais de "fear of missing out", medo de perder algo.

O melhor antídoto, sugere a psicóloga Renata, é o exercício da autoempatia. "Isso diz respeito a fazer escolhas a partir da auto-observação e do autoconhecimento.

O que é realmente importante para mim agora? Que critérios devo usar para selecionar os momentos em que me farei presente? O que preciso priorizar para me sentir melhor?"

Um bom exercício de autopercepção é fazer um detox: ficar um dia longe do Instagram. Substituir o tempo usado na rede social por um bom livro, um filme, uma série. Enfim, buscar outras fontes de diversão e inspiração, até mesmo para avaliar o grau de dependência provocado pela sensação de estar sempre conectado.

A especialista em branding Lívia Farnese lembra que as aparições no Instagram ajudam a compor a imagem não apenas da própria pessoa, mas também da marca à qual ela está vinculada, seja como empreendedora ou como empregada. Para muitos usuários, observa Lívia, o Instagram já deixou de ser apenas uma rede social: transformou-se numa espécie de canal de televisão pessoal.

As lives fariam, assim, papel semelhante ao dos programas de auditório – atrair a atenção e conquistar público para o restante da programação. "A lógica faz sentido, mas o equívoco está na ideia de que é preciso fazer de qualquer forma, mesmo sem muita reflexão e planejamento, só porque muita gente está fazendo", diz Lívia. "Nessas circunstâncias, são grandes os riscos de se criar um lugar de desconexão com a espinha dorsal de uma marca pessoal ou de um negócio."

Assim, sugere a especialista, é importante fazer quatro perguntas fundamentais antes de recorrer às lives:

1. O assunto tem conexão real com o universo da minha marca?
2. O meu público tem interesse no tema?
3. Abordá-lo trará que tipo de interação e de retorno?
4. A provável percepção das pessoas estará em sintonia com os atributos que eu gostaria de ressaltar em mim ou na marca associada a mim?

12

Marcas de moda trocam desconto e fretes grátis por relacionamento duradouro com clientes

21/04/2020

"Não temos frete grátis. Não temos cupom de desconto. Não queremos induzir você a consumir o que não é essencial neste momento." Assim começou o post no Instagram em que a fabricante de calçados Outer Shoes se posicionou sobre a relação com os clientes durante a crise do coronavírus.

O texto teve excelente repercussão entre o público da marca, tornando-se a postagem com maior engajamento no ano. Quase todos os comentários foram elogiosos. "Adorei a publicidade! O momento não é de consumir, é de refletir", "Amei o equilíbrio e o exemplo de cidadania e amor ao próximo", "Parabéns! Isso é consciência!"

"Quando a covid-19 chegou ao Brasil, rapidamente nosso time se reuniu para pensar em como proteger funcionários, franqueados e clientes", conta Breno Bulus, diretor executivo de criação e produtos da Outer. "Em poucos dias todas as nossas lojas estavam fechadas. Sabíamos que era momento de pensar acima de tudo nas pessoas."

O comunicado foi, em grande parte, uma resposta às perguntas que chegaram pelas redes sociais quando a marca anunciou o fechamento das lojas e a permanência das vendas apenas pelo canal online: muitas pessoas queriam saber se haveria descontos ou vantagens, como frete grátis. "O posicionamento não foi pensado como estratégia de marketing. Foi apenas um jeito de informar como agiríamos", diz Breno.

Muitas outras marcas de moda vêm adotando postura semelhante: demonstrar preocupação com a sociedade como um todo, em vez de tratar diretamente das vendas. Claro que a expectativa de todas é continuar produzindo alguma receita, mas a abordagem mudou completamente. Há o entendimento de que, neste momento, comprar sapatos, joias ou bolsas está no fim da lista de preocupações da maioria das pessoas.

A Kantar, consultoria internacional de dados e insights, vem monitorando o comportamento dos consumidores em várias partes do mundo. A recomendação para as marcas de produtos que não são essenciais neste momento é clara: apostar no vínculo de longo prazo. "Relacionamentos construídos agora serão fortes e duradouros depois da crise", afirma um relatório de orientação preparado pela consultoria.

A Luiza Perea, fabricante de sapatos femininos, decidiu destinar 5% das vendas ao Fundo Emergencial para Saúde criado pela plataforma BSocial. "Não poderíamos seguir sem fazer algo pela sociedade", diz Mirela Perea, irmã e sócia de Luiza – que é a responsável pela criação, enquanto Mirela cuida do marketing e das vendas. "Pesquisamos muito sobre possíveis destinos de doações e chegamos à opção que consideramos a mais adequada para o momento", acrescenta.

As irmãs decidiram fechar a loja física da marca, na Vila Madalena, zona oeste de São Paulo, ainda antes da obrigatoriedade definida pelo decreto estadual. Com produção média mensal de trezentos pares, a empresa já chegou a vender quatrocentos pares num mesmo mês. Em março, vendeu setenta pares pelo canal online, o único em atividade.

Mesmo com a queda abrupta na receita, a calma foi se estabelecendo aos poucos a partir da convicção de que a marca vem fazendo um trabalho consistente há treze anos. "A relação que construímos com as clientes é o nosso maior patrimônio", diz Mirela.

A Feixe Acessórios, marca de joias criada pela designer Mariana Bello, decidiu direcionar 10% das receitas ao Instituto A Nossa Jornada, que está fazendo um trabalho de atendimento a pessoas cuja situação de vulnerabilidade foi agravada pela crise do coronavírus. As vendas da marca caíram 20% em março, e a perspectiva para abril é de redução ainda maior. Nada disso mudou a convicção da empreendedora de que é preciso dividir parte dos ganhos com quem está mais necessitado.

Mariana acredita que a crise é um momento para as empresas se aproximarem ainda mais do público. No caso de pequenas marcas, que se confundem muito com a figura do empreendedor, a conversa se torna naturalmente mais íntima.

Ela passou a compartilhar com maior ênfase detalhes do cotidiano – incluindo músicas e sugestões de filmes para desanuviar num período tão tenso. "As pessoas já vinham demonstrando uma maior valorização do trabalho artesanal, feito em pequena escala. Essa tendência certamente terá sido muito reforçada quando a crise do coronavírus passar", avalia a designer de joias.

Um dos aspectos que Mariana tem enfatizado nas interações com o público é que a marca assegura o ganha-pão de outros profissionais que integram a cadeia de produção – incluindo três ourives e um lapidador, cada um deles com equipes próprias. "Todo pequeno negócio tem um ecossistema de parceiros e fornecedores envolvidos. A engrenagem precisa continuar funcionando, ainda que mais lentamente do que o habitual", ela diz.

Essa é também a maior preocupação da Joias Liê, de Florianópolis (SC). "Além das quatro pessoas no ateliê, nosso trabalho envolve diretamente o sustento de mais trinta profissionais", diz a fundadora e designer da marca, Lie Martuscello. Para ajudar a lidar com a situação, a empresa lançou a ideia do vale-compras: um desconto de 12% e a possibilidade de pagar em até dez vezes, com frete grátis, valendo como um crédito que pode ser usado a qualquer momento até o final de outubro.

Na prática, isso significa, por exemplo, pagar R$ 440, em até dez vezes, por um crédito de R$ 500 na loja online. "A pessoa pode se programar para ocasiões como o Dia das Mães ou o aniversário de alguém querido e, ao mesmo tempo, contribui para a manutenção imediata das famílias que dependem do nosso negócio", diz Lie.

Foco no bem-estar do consumidor

Orientações da Kantar para as marcas durante a crise:

Entenda a mensagem vindo dos consumidores – *Monitore o tom das pessoas para captar as mudanças de sentimento.*

Prepare o planejamento futuro – *Lembre-se sempre de que o futuro virá, e faça isso também na relação com os clientes.*

Ofereça os recursos necessários – *Compartilhe ideias, produtos e serviços que ajudarão as pessoas na adaptação às circunstâncias.*

Colabore para criar momentos de alegria e tranquilidade – *O que é possível fazer para ajudar a manter o bem-estar mental e emocional das pessoas?*

Ajude as pessoas a aprender e criar – *Reconheça o desejo das pessoas de serem mais ativas e criativas, e tente contribuir para isso com seus produtos e serviços.*

Identifique o que realmente importa para os seus consumidores – *Entenda as necessidades mais urgentes das pessoas e ajude-as a conquistar seus objetivos.*

13

Como organizar o tempo na nova rotina imposta pela quarentena

22/04/2020

Muita gente imaginou que teria tempo e disposição durante a quarentena para fazer coisas que antes não conseguia – cursos online, exercícios físicos, arrumações nos armários, maratonas de séries. Para a maioria das pessoas, no entanto, a realidade tem sido o inverso: os dias estão ainda mais corridos, mesmo porque o volume de trabalho aumentou em decorrência de todos os procedimentos de adaptação ao home office.

Em regra ganhou-se tempo apenas em um ponto: os deslocamentos que deixaram de ser feitos. Em contrapartida, surgiram várias outras atividades – mais reuniões de trabalho, tarefas domésticas, a necessidade de dar atenção aos filhos nos horários em que eles estariam na escola, a limpeza minuciosa das compras.

A administradora Karla Corsini, que trabalha na área de Digital PO (Product Owner) da Volkswagen, até imaginou que teria tempo extra durante a quarentena. "Foi uma ilusão que durou só um dia. Logo tive que cair na real", ela conta. A mudança mais radical foi ter as filhas Manuela, de três anos, e Katharina, de dez, o dia todo em casa. "A pequena é muito agitada. Adora correr, pular, provocar a mais velha. E ainda não entende que, mesmo estando em casa, a gente precisa trabalhar."

Como Karla mora em São Paulo e o escritório fica em São Bernardo do Campo, ela está economizando pelo menos três horas por dia com os deslocamentos. Mas os "benefícios" acabam por aí. Foi preciso dispensar a empregada e dividir as tarefas domésticas com o marido, Fabiano, que também está fazendo home office. Em meio a tudo isso, as demandas do trabalho não diminuíram. "Temos prazos para cumprir, que continuam valendo", diz Karla, que atua na área de novos negócios e digitalização da montadora.

Um dos efeitos do contexto é que ela começou a dormir mal, algo que nunca acontecia. "Como eu me sinto mais cansada, inquieta, tensa, demoro para ter sono. Agora tenho acordado sempre por volta de oito horas. Antes, acordava às seis. Só aí já são duas horas a menos no dia."

Para criar certa sensação de rotina, ela procura manter algumas referências fixas no cotidiano, como o almoço às 12h30 e o jantar às 19h30. Quanto ao expediente de trabalho, tenta limitar à faixa das 9h às 18h. "Mas já houve dias em que dei uma cochilada à tarde e estendi a jornada para compensar", descreve.

Cada vez que rola uma confusão entre as filhas – o que invariavelmente envolve gritaria e choro –, Karla imagina que a vida de quem está atravessando a quarentena sozinho deve ser bem mais tranquila e produtiva. Isso nem sempre é verdade, contudo. As razões talvez não sejam exatamente as mesmas, mas a sensação de quem está sozinho, no final das contas, pode ser bem semelhante: faltam tempo e disposição.

No começo da quarentena, a professora universitária e escritora Suzane Frutuoso, cofundadora da plataforma Mulheres Ágeis e sócia de uma consultoria de comunicação, pensou que, estando sozinha em casa, teria bastante tempo para si. Planejava meditar, fazer exercícios todos os dias e ler a pilha de livros que a esperava na cabeceira ao lado da cama. "Até me inscrevi num curso online de *advocacy*. Pergunta se consegui fazer alguma aula até agora...", conta ela.

O volume de trabalho como professora aumentou, pois foi preciso adaptar os materiais para as aulas online, além de ficar mais tempo à disposição dos duzentos alunos para o esclarecimento de dúvidas e outros tipos de demandas. "Muitos têm compartilhado angústias e tristezas, como algum familiar ou conhecido contaminado pelo vírus", descreve. Na consultoria também cresceu a demanda, pois muitos clientes estão convocando reuniões para definir estratégias de alinhamento e de posicionamento relacionadas à crise do coronavírus.

Por fim, ela está enfrentando um problema que não costumava ter: a dificuldade de concentração. "É uma questão puramente emocional. Tive um pico de ansiedade no começo da quarentena, então precisei me preservar. Vivo momentos melhores e piores, mas não há um dia em que eu não chore."

A estratégia que Suzane tem adotado é focar a produtividade nos dias em que se sente bem. Nos outros, ela tenta "se perdoar" por não estar tão dedicada. "Não preciso me sentir pressionada a ter alta performance durante a quarentena, como se estivesse tudo normal. Este mundo que estamos vivendo não é o mundo normal."

Parte das preocupações de Suzane diz respeito aos pais, que vivem em Praia Grande (SP) e estão no grupo de risco – além de idosos, ambos têm pressão alta e o pai é também diabético. Muitas horas do dia são dedicadas às conversas com eles e com outros familiares, além da sócia, das três pessoas que trabalham na consultoria e dos alunos. "Houve um final de semana em que eu até comecei a agendar horário para fazer calls com os amigos", conta Suzane.

A percepção de que a quarentena não está sendo como idealizada pode ser muito frustrante. O que fazer nesse caso? "Quando quase tudo parece incontrolável, é importante focar aquilo que você consegue controlar", observa Paulo Vieira de Campos, professor da Escola Superior de Propaganda e Marketing (ESPM) e do Insper. Um dos aspectos que podemos controlar, ele ressalta, é a possibilidade de dizer "não". "Nas atuais circunstâncias, as pessoas estão mais propensas a entender recusas ou pedidos de ampliação de prazo."

Outra ação necessária é estabelecer algumas regras "estruturantes", que ajudam a balizar como vai ser cada dia e o tempo que haverá disponível. "Como estou dando aulas online à noite, decidi que meu expediente de trabalho só começa depois das dez horas", ele exemplifica.

Agora que cada um já está criando um certo cotidiano durante a quarentena, é aconselhável definir metas para a semana. Mas há outros objetivos que também podem ir avançando aos poucos. É o caso de cursos ou outras formas de estudo: não se trata de abandoná-los completamente, mas de dosá-los para a realidade. "Pode-se estabelecer um objetivo mensal, não tão rigoroso, e tentar avançar um pouquinho todo dia, aproveitando qualquer brecha de tempo", aconselha Paulo.

A psicóloga Lilian Wurzba, professora da Casa do Saber, lembra que somos "seres de rotina", a começar pelo próprio funcionamento do organismo. A quarentena inevitavelmente interfere na nossa rotina – e não apenas por todos os aspectos práticos já relatados, mas pela própria relação que temos com o ambiente doméstico. "Ficar em casa tem um significado próprio, está muito associado justamente à falta de rotina", ela descreve.

O que precisamos fazer agora é mudar temporariamente esse conceito tão internalizado dentro de nós, diz a psicóloga. O melhor caminho para isso é agir, de segunda a sexta, como se fôssemos sair de casa. "Seguir a rotina normal de levantar, se arrumar, tomar café da manhã e 'partir' para o trabalho, com pausas para alimentação e horário estabelecido para encerrar a jornada diária", aconselha Lilian.

14

Atenção plena ao presente: como o *mindfulness* pode ajudar na quarentena

23/04/2020

Muitos especialistas em saúde emocional têm reforçado a importância de realizar, durante a quarentena, atividades que nos mantenham conectados com o presente. Isso ajuda a tirar o foco das preocupações com o futuro, naturalmente potencializadas neste período de incertezas.

Algumas pessoas estão desanuviando ao cozinhar, outras fazendo crochê, lendo, vendo uma série. Há, no entanto, uma modalidade de meditação que parece ter sido feita sob medida para as atuais circunstâncias: o *mindfulness*, termo que significa "atenção plena".

"A ideia é ampliar a consciência sobre pensamentos e sentimentos", diz a instrutora de *mindfulness* Renata Louro. Ela lembra que o momento tem sido de autodescoberta e autoconhecimento para muita gente: a maior parte das pessoas nunca ficou tanto tempo em contato com os próprios pensamentos. Sem a possibilidade de sair de casa – uma válvula de escape tradicional para ocupar a cabeça com outras atividades e outros assuntos –, voltar-se para dentro é um movimento inevitável.

Os cursos de *mindfulness* costumam ser presenciais, já que o "olho no olho" é importante, mas a quarentena levou à necessidade de adaptações. Renata criou turmas online para atender à crescente demanda de pessoas interessadas em manejar a ansiedade durante a crise do coronavírus. "Algo fundamental neste momento é aceitar a realidade como ela é. Quando aceitamos a realidade, podemos tomar decisões para que consigamos enfrentá-la da melhor forma possível. Esta é uma das grandes atitudes *mindfulness*", descreve a especialista.

A técnica é em grande parte baseada no controle da respiração e na percepção de cada parte do corpo, o que ajuda a desenvolver o foco no presente e a atenção aos detalhes. Quem pretende experimentar antes de procurar apoio especializado pode encontrar muitos tutoriais à disposição na internet ou por meio de aplicativos.

Renata lembra que o *mindfulness* ajuda a condicionar mudanças de atitude porque age no espaço entre o estímulo e a resposta. "A gente aprende a ficar íntimo dos nossos gatilhos, da nossa reatividade, dos nossos impulsos, e quanto mais familiarizados nos tornamos com tudo isso, mais conseguimos controlar nossa forma de reagir", descreve a instrutora. Antes da pandemia, esse estilo de meditação já vinha se popularizando como forma de lidar com as pressões do dia a dia e com sintomas como cansaço, estresse e dificuldade de concentração, além de problemas de relacionamento.

A consultora Lissandra Assunção, 42 anos e mãe de uma menina de sete, começou agora a praticar *mindfulness*. "Já havia tentado outras modalidades de meditação, mas sempre fui muito resistente. Usava todas as desculpas possíveis para desistir: sou ansiosa demais, sou agitada, não tenho tempo, é chato, não sinto os benefícios. Agora tudo mudou e está sendo incrível", descreve Lissandra, que atua numa empresa familiar e desenvolve em paralelo um trabalho de experiência do cliente para pequenos negócios.

No início da quarentena, sentindo-se ansiosa, Lissandra baixou o aplicativo Positive, com dicas práticas para diversos tipos de meditação. "Percebi que as meditações que mais me levavam a ter uma sensação boa de leveza e de centramento eram as de *mindfulness*", descreve.

Essa afinidade a levou a buscar aprofundamento. Foi quando chegou às sessões online com a instrutora Renata Louro. "Tornou-se um hábito diário, gostoso, que está me ajudando muito a lidar com a ansiedade neste período", diz Lissandra. Os benefícios são tantos que ela começou a compartilhar a prática com o marido e a filha.

O *mindfulness* também é indicado para crianças e adolescentes, ressalta a especialista em meditação Daniela Degani, criadora do projeto MindKids. Para ela, a prática ajuda a cultivar, desde cedo, a saúde mental. "A meditação oferece recursos para que estejamos mais preparados para lidar com o mundo e suas adversidades. Quanto mais cedo iniciamos esse processo, melhor, porque desde a infância somos expostos a desafios e momentos de desconforto", diz Daniela.

No Colégio Oswald de Andrade, em São Paulo, mais de duzentos estudantes do Ensino Fundamental II vivenciaram o programa pouco antes da pandemia, e 95% deles disseram que a prática os ajudou de alguma maneira. São conclusões semelhantes às obtidas por uma pesquisa realizada na Universidade Católica de Leuven, na Bélgica, que constatou a redução dos sintomas de depressão, ansiedade e estresse nos jovens a partir da adoção do *mindfulness*.

A prática surgiu no final da década de 1970 nos Estados Unidos, com base em um estudo aplicado na Universidade de Massachusetts, em Boston. O professor Jon Kabat-Zinn, que já tinha experiências de meditação e vivência no budismo, criou um método voltado a pessoas com doenças que não estavam respondendo ao tratamento com remédios. O programa Mindfulness Based Stress Reduction (MBSR), com duração de oito semanas, alcançou resultados que surpreenderam a equipe médica. Desde então, os conceitos disseminaram-se e muitos outros estudos científicos vêm comprovando os benefícios da prática.

15

Alimentação saudável é aliada da saúde física e mental durante a quarentena

26/04/2020

A quarentena tem obrigado a maioria das pessoas a se mover menos e a tomar menos sol. Ao mesmo tempo, muita gente está sentindo mais ansiedade e angústia, com reflexos sobre a qualidade do sono. Comer adequadamente é fundamental para lidar com tudo isso.

"Uma boa alimentação representa 70% do que precisamos fazer para nos mantermos saudáveis física e emocionalmente", diz a nutricionista funcional Daniela Cyrulin. Conversamos com ela e com duas outras especialistas, a também nutricionista Adriana Stavro e a chef Lidiane Barbosa, para esclarecer as dúvidas mais comuns neste momento.

Se estou me mexendo menos, devo comer menos?

Não é o caso de diminuir a quantidade de comida, mas de escolher melhor o que comer. "Dieta restritiva causa estresse, o que aumenta o hormônio cortisol e reduz nossa imunidade", explica Adriana. É fundamental também manter o corpo hidratado, já que o organismo desidratado leva o sistema imunológico a reduzir sua capacidade de proteção. A hidratação deve ser feita preferencialmente com água.

Como a alimentação pode aumentar minha imunidade?

A alimentação adequada fornece os nutrientes essenciais para as funções orgânicas, inclusive as imunológicas. O valor de uma boa alimentação é ainda maior depois dos cinquenta anos, justamente a faixa etária mais vulnerável ao coronavírus. Além de fornecer nossas defesas, bons hábitos alimentares trazem uma série de outros benefícios, como a prevenção de doenças cardiovasculares, diabetes, hipertensão e obesidade, todas agravantes em potencial de infecções.

A alimentação pode combater o estresse e a ansiedade?

Há alimentos que atuam para reforçar nossa saúde de forma geral e, em consequência, a imunidade, como frutas, verduras, legumes, cereais integrais e sementes. E há aqueles que atuam diretamente na produção do aminoácido triptofano, precursor da serotonina, que é o hormônio do bem-estar: iogurte, gema do ovo, amêndoas, frango e banana.

Na direção contrária estão os alimentos com alto teor de gordura saturada, sal e açúcar. É o caso dos ultraprocessados, repletos de corantes, aromatizantes e conservantes, e dos doces e das frituras. "Esses alimentos desequilibram a nossa flora intestinal e geram uma inflamação crônica no organismo. Intestino e cérebro são interligados pelo nervo vago, o maior do nosso corpo, além de inúmeras terminações nervosas", explica Daniela.

Esse quadro sistêmico tende a agravar problemas como ansiedade, estresse, pânico e depressão. É por tudo isso que, além de ações em prol da saúde mental e emocional – meditação, terapia etc. –, é fundamental manter uma alimentação equilibrada.

A alimentação pode substituir o sol que estou perdendo?

A vitamina D é essencial na regulação do sistema imunológico. Para manter os níveis adequados dessa vitamina, recomenda-se exposição ao sol por um período de vinte minutos, três vezes por semana, em horário anterior às 10h ou posterior às 16h, sem uso de filtro solar. É importante manter esse padrão mínimo durante a quarentena.

A alimentação pode ser uma fonte adicional de vitamina D. Alguns dos principais fornecedores dessa vitamina são óleo de fígado de bacalhau, salmão, atum, sardinha, fígado de boi, cogumelos e um frequentador assíduo das nossas cozinhas: o ovo.

Está difícil comprar frutas, verduras e legumes. O que faço?

Eis um esforço necessário. É muito importante encontrar formas de abastecer a casa com frutas, legumes e verduras frescas. Se isso já vale para qualquer momento, mais ainda nas atuais circunstâncias. "Temos que fazer uma boa curadoria do que vamos colocar nos nossos pratos e nos pratos das pessoas que estão com a gente. Frutas, verduras e legumes têm prioridade total", diz Daniela.

A Organização Mundial da Saúde (OMS) recomenda o consumo de pelo menos 400 g de frutas, verduras e legumes ao dia para que a pessoa obtenha as necessidades diárias de vitaminas e minerais, fibras e compostos bioativos. A média de consumo destes alimentos no Brasil está abaixo da metade do ideal, contudo: 150 g ao dia.

A chef Lidiane Barbosa ressalta a importância de buscar os produtos frescos da estação. "Além de estarem com seus nutrientes mais biodisponíveis, esses alimentos são mais saborosos e provavelmente contêm menos agrotóxicos", ela explica. A lista para abril e maio inclui abacate, banana-maçã, abóbora-moranga e japonesa, berinjela, chuchu, alho-poró, alface e repolho.

As refeições devem ser feitas sempre na mesma hora?

Sim, é indicado manter horários regulares para as refeições, dentro do princípio de estabelecer o máximo de rotina durante o isolamento social. As refeições são um marco importante do dia, assim como a hora de dormir e de acordar, de iniciar e de terminar o expediente de trabalho. Certa previsibilidade nesse cotidiano ajuda a família a ter sensação de estabilidade e de segurança durante a quarentena.

Como evitar que a família enjoe da comida?

Muita gente que só cozinhava esporadicamente está tendo que fazer isso todos os dias. Um desafio adicional é obter variedade ao longo das semanas. Usar a criatividade é o segredo para não deixar o cardápio repetitivo, sem excluir os nutrientes essenciais para a qualidade de vida. "Uma alimentação mais leve, saudável e equilibrada não deve ser encarada como uma obrigação, e sim como um estilo de vida", ressalta Adriana.

Ela lembra que algumas alternativas simples podem variar o cardápio: trocar o feijão de todos os dias por lentilha, grão-de-bico ou ervilha, ou o arroz integral por batata-doce, mandioquinha, inhame ou cará. Além disso, pode-se variar a forma de preparo. Batatas e legumes assados com ervas frescas e azeite, por exemplo. Ou cortados de diferentes formas, o que muda totalmente a apresentação.

"E não vamos esquecer dos temperos frescos. Temos uma grande variedade de temperos naturais à nossa disposição, como pimenta, açafrão, noz- moscada, orégano, alecrim, tomilho, salsinha e cebolinha. Use e abuse deles", recomenda Adriana.

A chef Lidiane recorre à abobrinha italiana como exemplo de variedade possível de preparos. "Ela pode virar um risoto, estar presente nos legumes ao forno, ser feita na brasa ou recheada com refogado de cogumelos, ou até mesmo ir parar em um bolo de chocolate", descreve.

16

Boas notícias ajudam a reforçar a imunidade emocional

27/04/2020

Várias empresas de mídia estão exercitando a prática de selecionar boas notícias para divulgação diária. Esse exercício se tornou ainda mais relevante em um momento de tantas incertezas e preocupações, já que muitas pessoas estão sentindo a necessidade de contrabalançar a alta dose de más notícias que vêm recebendo em tempos de coronavírus.

"Filtrar as informações que chegam neste momento é um procedimento recomendado para manter a saúde emocional", confirma a psicóloga Renata Sansoni, que também atua como consultora de desenvolvimento humano e organizacional. "O excesso de notícias ruins ou falsas alimenta pensamentos exagerados e catastróficos e aumenta o nível de ansiedade e estresse. Já as boas notícias e as histórias que mostram gentileza e empatia ajudam a criar uma certa blindagem e reforçam a nossa imunidade emocional", explica Renata.

Para o publicitário Vicente Carvalho, fundador do portal Razões para Acreditar, referência nacional na missão de disseminar boas notícias, estamos vivendo um momento emblemático. "Nunca foi tão importante valorizar o que acontece de positivo", ele diz.

Com o slogan "Não é que o mundo esteja pior, você que não fica sabendo das coisas boas que acontecem", o portal vem atraindo um público cada vez maior.

Ultrapassou a marca de 1 milhão de seguidores no Facebook e 2 milhões no Instagram. Só nessa rede suas postagens estão sendo vistas mais de 50 milhões de vezes por semana.

Trata-se de uma evolução impressionante quando se leva em conta a despretensão com que Vicente iniciou o trabalho, em 2012. "Percebi que não tínhamos no Brasil uma central de notícias positivas e sentia falta disso", lembra o maranhense criado em Rondônia, morador de São Paulo desde 2008.

Nos primeiros dois anos, Vicente trabalhou sozinho e sem ser remunerado pela dedicação ao projeto. Até que se associou ao também publicitário Marcelo Martins, que havia falido ao tentar montar uma padaria artesanal. Nesse momento o portal foi estruturado como negócio.

Só em 2015 aconteceu a primeira ação remunerada. Hoje, a equipe é composta de onze pessoas que já atuavam remotamente antes do coronavírus, espalhadas por diversos estados do Brasil, além de frilas convocados para missões específicas. "Nosso volume de trabalho aumentou incrivelmente com a pandemia", relata Vicente.

Logo na primeira semana da quarentena, o Razões criou um hotsite para agrupar informações sobre cursos e outros serviços gratuitos que as empresas estavam oferecendo. Foram mais de 500 mil acessos nos três primeiros dias. Outra ideia foi lançar um canal solidário para ajudar pequenas empresas a sobreviver. Por meio do canal pode-se, por exemplo, comprar uma caixa de morango de um produtor e renunciar ao direito de receber o produto – que, assim, poderia ter outro destino.

No final do ano passado, o portal já havia lançado uma plataforma própria de financiamento coletivo, a Voaa (iniciais de "Vaquinha online com amor e afeto"). Por meio dela já foram materializadas várias campanhas relacionadas à pandemia. Uma delas ajudou o auxiliar de enfermagem Joseildo Batista, de Campina Grande (PB), que estava dormindo no terraço de casa para não submeter a mãe ao risco de contaminação, alto por conta da atividade profissional dele. Só no primeiro dia foram arrecadados R$ 34 mil, dinheiro que Joseildo usou, em parte, para uma pequena reforma da casa, destinando o restante à compra de cestas básicas para distribuição no bairro onde mora e nos asilos onde trabalhou.

A jornalista Kíria Meurer, conhecida do grande público por ter sido repórter da TV Globo até setembro do ano passado – quando decidiu se desvincular para testar novos caminhos profissionais e pessoais –, juntou-se ao time dos disseminadores de boas notícias.

Logo que despontaram os primeiros casos de coronavírus no Brasil, ela teve sintomas que a fizeram ficar em casa durante duas semanas. Foi quando se deu conta de que o excesso de más notícias a estava deixando ansiosa e preocupada.

"Comecei a procurar e compartilhar boas notícias, especialmente no que diz respeito a solidariedade", conta Kíria, que passou a utilizar a hashtag #solidariedadepega para divulgar essas histórias.

A iniciativa atraiu a atenção do Grupo Big, que propôs uma parceria: Kíria está produzindo uma série de entrevistas com alguns dos principais *influencers* do Brasil, em lives patrocinadas. As conversas giram em torno das estratégias de cada um para manter o espírito de otimismo durante a quarentena.

Buscar uma visão positiva em meio a um cenário tão adverso não seria ceder à síndrome de Pollyana? "Não se trata de fingir que está tudo bem, mas de buscar um entendimento mais amplo dos acontecimentos", avalia a jornalista. "Falamos dos problemas, mas também dos caminhos para enfrentá-los. Isso é mais que otimismo, é autocuidado."

Especialista em Psicologia Positiva, a psicóloga Renata lembra que o "pai" dessa linha, Martin Seligman, criou a Teoria do Otimismo Aprendido para ajudar as pessoas a enfrentar adversidades. Trata-se de uma forma de ver os problemas limitando-os às circunstâncias e reforçando a autorresponsabilidade. Assim, por exemplo, em vez de justificar uma nota ruim numa prova de Matemática com "não tem jeito, não sou bom com números", a pessoa deve pensar que não estudou o suficiente – e que, se mudar de atitude, poderá ter um resultado diferente numa próxima ocasião.

Fé na vida

A psicóloga Renata Sansoni dá algumas orientações sobre como aumentar a imunidade psicológica e emocional:

1. Consulte fontes confiáveis de informação.
2. Busque notícias positivas como contrapeso à carga de informações negativas.
3. Foque o presente e dê atenção ao que pode ser feito no momento.
4. Estabeleça uma rotina com horários fixos para acordar, alimentar-se, fazer exercícios e demais atividades do dia.
5. Inclua atividades prazerosas e que fujam da rotina de apenas trabalhar e descansar.
6. Cultive um sentimento de gratidão.
7. Crie ações intencionais para o exercício das qualidades humanas. Por exemplo: registrar pensamentos negativos e positivos e perceber como eles podem afetar a performance futura (esperança), definir pequenos objetivos semanalmente (perseverança), ler todos os dias pelo menos uma citação inspiradora ou poema como motivação para atingir objetivos (coragem).

17

Quarentena põe à prova valorização das competências comportamentais

28/04/2020

Sofia, nome fictício, trabalha em uma grande empresa. Antes da crise do coronavírus, sua jornada média era de dez horas no escritório e, muitas vezes, uma carga adicional para resolver em casa. Com a necessidade de fazer home office, ela está tendo que dividir o tempo entre o trabalho, os cuidados com o filho de três anos e as atividades domésticas. Seus chefes decidiram ignorar completamente as circunstâncias, no entanto. Continuam passando a mesma carga de trabalho e cobrando a cada meia hora o andamento das tarefas.

"Querem que eu mantenha o nível de produtividade de antes, mas é impossível. Está sendo muito estressante ter que escolher entre preparar a comida do meu filho ou terminar um relatório", descreve Sofia. Para ela, trata-se de uma grande contradição corporativa, já que a gestão de pessoas da empresa vive falando sobre a importância de valorizar as chamadas *soft skills* – os atributos positivos de comportamento. "O que os meus superiores menos têm demonstrado é empatia e gentileza", comenta a angustiada profissional.

De fato, o universo corporativo tem defendido cada vez mais a valorização de características que não dizem respeito aos conhecimentos técnicos, mas à capacidade de relacionamento com as outras pessoas. Trata-se de uma tendência global. O Fórum Econômico Mundial fez no ano passado uma grande pesquisa sobre as habilidades que as empresas pretendem buscar e reforçar em seus funcionários até 2022 e as características comportamentais predominaram.

Há companhias que asseguram já estar valorizando mais uma experiência de vida rica do que um diploma em uma universidade reconhecida. Muitas das entrevistas de emprego têm sido direcionadas para identificar atributos de comportamento – a ideia é encontrar profissionais que tenham valores sintonizados com a cultura da empresa, ou pelo menos com a cultura que a empresa gostaria de ter –, pois, como se sabe, teoria e prática nem sempre caminham juntas.

A disseminação repentina do trabalho em home office, situação que levou a um nível inédito de fusão entre vida profissional e pessoal, tem sido uma oportunidade para verificar quais empresas estão colocando a intenção em prática e quais ficam apenas no discurso.

Uma situação que exige o máximo de empatia e de tolerância é justamente a de quem está com crianças pequenas em casa. "É preciso entender que todos estamos adaptando a rotina da casa a esse novo cenário, e com crianças esse processo certamente é bem mais complexo", lembra Dani Junco, fundadora da B2Mamy, aceleradora que conecta mães empreendedoras ao ecossistema de inovação.

Mesmo em circunstâncias completamente atípicas como as atuais, ainda há quem se sinta constrangido com as interferências das crianças em calls, por exemplo. "Tudo o que estamos vivendo é o momento perfeito para reavaliar certas convenções", ressalta a consultora de estilo e de imagem profissional Fabiana Corrêa. "A gentileza e a compreensão são mais importantes que qualquer regra de suposto profissionalismo ou de etiqueta."

Uma pesquisa da consultoria de recrutamento Robert Half ouviu em profundidade 240 funcionários de empresas que estão fazendo home office no Brasil e concluiu que só 39% consideram que estão passando pela experiência sem enfrentar qualquer problema. Entre os demais, 19% apontam a presença de familiares em casa como a principal dificuldade, enquanto 16% citaram as "distrações" em geral e 7% apontaram as falhas de comunicação com as equipes, causadas por problemas de conexão ou pela falta de dispositivos adequados.

"A principal regra para liderar neste momento é a capacidade de se colocar no lugar de cada um do seu time", observa Marcelo Furtado, CEO e fundador da Convenia, empresa que oferece soluções para automatização do departamento pessoal. "Em meio a uma crise as pessoas precisam saber, em primeiro lugar, que estão seguras. Para isso é essencial que as lideranças absorvam incertezas e não descarreguem as suas próprias dúvidas e anseios no time", acrescenta.

A aposta geral é de que a crise poderá acelerar um processo que já estava em andamento: as *soft skills* serão cada vez mais relevantes porque se tornarão o verdadeiro diferencial de um profissional. O presidente da Sociedade Brasileira de Inteligência Emocional (Sbie), Rodrigo Fonseca, lembra que a valorização de características comportamentais é um contraponto para a chamada Indústria 4.0, marcada pelo crescimento da automatização e pelo uso crescente de Inteligência Artificial.

Com o passar do tempo, muitas das *hard skills*, as habilidades técnicas, serão realizadas por robôs. Boa parte dos processos fabris e do trabalho de contabilidade, estatística, escrita, medicina, engenharia, logística, entre tantas outras áreas, será automatizada ao longo das próximas décadas.

Por enquanto, como muitas organizações permanecem na Indústria 3.0, as habilidades técnicas ainda são a prioridade na maioria dos lugares. "Isso faz com que muitos profissionais não invistam no aperfeiçoamento de suas *soft skills* e não valorizem essas características nas outras pessoas, por estarem ainda presos a um passado em que isso não tinha tanto valor", avalia Rodrigo. Para ele, dar a devida atenção às *soft skills* é como aprender a lidar com uma "nova tecnologia" que em breve se tornará predominante: o relacionamento humano.

18

Dez tendências do mercado de trabalho aceleradas pela crise do coronavírus

29/04/2020

As relações do mercado de trabalho não serão as mesmas após o fim da pandemia. Mecanismos testados durante a quarentena, como a massificação do home office, deverão servir de norte para mudanças que serão implementadas no ambiente corporativo. Conversamos com especialistas para identificar quais são as tendências que devem ficar após o fim do isolamento social:

1. Home office

A adesão definitiva ao home office no Brasil deverá crescer 30% no pós-coronavírus, estima o coordenador do MBA em Marketing e Inteligência de Negócios Digitais da Fundação Getulio Vargas, André Miceli. "É uma alternativa que já se mostrou efetiva." Ele ressalta que há vantagens individuais em potencial - mais tempo disponível, sem prejuízo das entregas - e coletivas: menos carros na rua, menos pressão sobre o transporte público, menos poluição.

A professora Nayara Cardoso, do curso de Administração da Faculdade Presbiteriana Mackenzie Rio, ressalta os benefícios também para as empresas. "Há diminuição de gastos com aluguel, transporte, refeições e infraestrutura."

Estudo da consultoria Mercer, com 609 empresas do Brasil, mostrou que 78% adotaram o home office durante a quarentena - prática que 15% nunca haviam experimentado. "A pandemia é um novo vetor que está acelerando a quebra de paradigmas laborais e que mudará a concepção de trabalho para sempre", projeta o líder de produtos de carreira da Mercer Brasil, Rafael Ricarte.

2. Wierarquia

O modelo tradicional das empresas, com hierarquia claramente definida, tende a ser substituído por um modelo mais colaborativo e desestruturado, conhecido como "wierarquia". A liderança será transitória e concedida por projeto. Em muitas corporações, essa "descentralização" do poder está sendo testada em algum nível durante a quarentena, pelo simples fato de que, sem a convivência física em tempo integral, muitos líderes se viram diante da necessidade de delegar – e de confiar – mais do que antes.

3. Digitalização das empresas

Com a crise do coronavírus, abrir ou reforçar a atuação online foi o caminho obrigatório de sobrevivência para muitos negócios. Isso representa a aceleração de um processo que era inevitável. "A digitalização, mais do que nunca, tornou-se questão de vida ou morte", observa Dener Lippert, CEO da V4 Company, assessoria que implementa e otimiza o processo de vendas pela internet.

4. Apoio a pequenos negócios

A ideia de valorizar os negócios locais, que oferecem serviços e produtos específicos e personalizados, sairá muito fortalecida da crise do coronavírus. A estrutura de apoio para os pequenos negócios tem sido fortemente impulsionada durante a quarentena. É o caso, por exemplo da LinkApi, startup que oferece uma plataforma completa de integração de softwares. A empresa lançou uma solução voltada aos pequenos e médios negócios, com o propósito de conectar os comércios com seus clientes, com inclusão gratuita de serviços de delivery.

5. Aprendizado self service

Pessoas de todas as idades estão assumindo as redes do aperfeiçoamento profissional. Trata-se da materialização do conceito de *lifelong learning*, a aprendizagem ao longo de toda a vida. A quarentena está sendo a oportunidade para que muita gente experimente essa possibilidade, já que explodiu a oferta de cursos a preços atraentes ou gratuitos.

Pesquisa da Pearson, empresa global de aprendizagem, confirmou que a mentalidade "faça você mesmo" está ganhando força na educação. Entre os estudantes brasileiros ouvidos, 46% disseram que aprenderam sozinhos, usando recursos da internet, quando precisaram de uma nova qualificação para o trabalho.

6. Carreira de portfólio

Em vez de exercer uma única profissão, trabalhar para uma só empresa ou apostar todas as fichas num negócio, as pessoas terão mais de uma atividade simultânea, algo que o mercado conhece como "carreira de portfólio".

A atividade profissional multifacetada já faz parte da rotina de muitos profissionais autônomos. Alguém que é designer, tradutor e instrutor de yoga pode explorar as outras atividades quando uma delas estiver em baixa. Com a crise do coronavírus, esse conceito se mostrou extremamente apropriado.

No ambiente da tecnologia, o princípio de dividir os ovos em mais de uma cesta é praticamente uma regra. Divulgada pouco antes da crise do coronavírus, uma pesquisa da HeroSpark, empresa que oferece soluções para empresas online, revelou que 62% dos empreendedores digitais tinham outra fonte de renda.

7. Valorização das *soft skills*

A pandemia reforçou a importância da empatia como elemento fundamental não apenas das relações pessoais, mas também do convívio profissional. É preciso, antes de tudo, entender as circunstâncias que o outro está enfrentando.

Trata-se de um grande reforço para a tendência de valorização das chamadas *soft skills*, as atitudes comportamentais. "Grande parte das empresas comete erros por ainda estarem vinculadas a modelos comerciais dos anos 80, em que aqueles que eram bonzinhos não ganhavam", diz Marcelo Rocha, diretor sênior no Brasil da Zendesk, desenvolvedora dinamarquesa de softwares. Para ele, o que está ocorrendo é um caminho sem volta para quem ainda pensa assim. "Quando a crise passar, nada mais será como antes. A sociedade estará diferente."

8. Inteligência artificial

Várias iniciativas de Inteligência Artificial e uso de assistentes virtuais e chatbots estão sendo desenvolvidas durante a crise, com objetivos que vão desde avaliar a disseminação da covid-19 até oferecer apoio emocional.

As pessoas estão se familiarizando cada vez mais com esses recursos e entendendo que eles servem para fins muito mais nobres do que simplesmente "roubar empregos": evitar que as pessoas executem trabalhos repetitivos e sem criatividade e fornecer matéria-prima para decisões. "Os humanos serão cada vez mais necessários para dar um direcionamento crítico e criativo aos insights que os *bots* nos trarão", afirma João Lúcio de Azevedo Filho, presidente no Brasil da Cognizant, empresa global de soluções de TI.

9. Menos formalidade

Quase ninguém coloca terno e gravata para participar das reuniões virtuais em tempos de coronavírus, certo? O código de vestimenta foi naturalmente afrouxado em função das circunstâncias, reforçando uma tendência que já era forte, especialmente nas empresas de TI. Seja em casa ou no escritório, o local de trabalho está se tornando uma fusão entre o ambiente doméstico e o profissional.

10. Mais relações virtuais

Em que circunstâncias você precisa estar fisicamente em um lugar? Aqueles cafés de networking têm mesmo que ser presenciais? E as viagens a negócio, quando realmente se justificam? A virtualidade das comunicações durante a epidemia nos faz refletir sobre nossos hábitos anteriores. O olho no olho sempre é bom, mas até que ponto a relação custo-benefício justifica deslocamentos?

19

Dez regras para ir ao supermercado de forma segura

01/05/2020

É uma contradição: muita gente tem se preocupado em limpar minuciosamente os produtos que chegam do supermercado, mas não demonstra o mesmo nível de cuidado quando está no estabelecimento fazendo as compras. Preparamos um pequeno guia com a síntese do que os especialistas têm dito sobre o que é preciso fazer para proteger você e os demais frequentadores dos supermercados – lembrando que o ideal é fazer compras online sempre que possível. As orientações foram supervisionadas pelo médico otorrino Alexandre Hamam.

1. Sem mão no rosto

Esta é a regra número um. O supermercado é um local em que todos colocam as mãos em todos os lugares, e o vírus pode estar depositado em qualquer produto. Se o olho coçar ou os óculos estiverem frouxos, resista bravamente ou higienize muito bem as mãos com álcool em gel antes de qualquer gesto ligado ao rosto.

2. Álcool em gel sempre

Use-o para limpar as mãos antes de entrar no supermercado, na hora de fazer o pagamento – seja com dinheiro ou com cartão – e, na volta, no momento entre abrir a porta do carro e sentar-se. Recomenda-se, também, o uso uma ou duas vezes durante as compras. É bom ter lenços de papel para espalhar o produto onde você segura o carrinho.

3. Não use o celular

O aconselhável é nem levar o aparelho para dentro do supermercado, para não cair na tentação de usá-lo em situação de risco. Além de o celular ser um condutor em potencial do vírus, por facilitar a aproximação entre mãos e rosto, trata-se de uma distração potencialmente perigosa: a pessoa deixa de se concentrar no que está fazendo e pode colocar a mão no nariz ou nos olhos sem perceber.

4. Máscara obrigatória

Você deve estar usando máscara ao entrar no supermercado, mas é provável que encontre outros frequentadores ou até mesmo funcionários sem esse adereço tão importante. Sempre que puder escolher, tente manter distância especialmente das pessoas sem máscara.

5. Não use luvas

Ao contrário do que ocorre com as máscaras, as luvas não são recomendadas pelos especialistas, pelo simples fato de que elas dão uma falsa sensação de segurança. Na prática, tornam-se apenas uma "pele" substituta, com o mesmo potencial de carregar o vírus e os mesmos riscos de contaminação caso as mãos sejam levadas ao rosto.

6. Distância segura

Faça o máximo para não se aproximar de outras pessoas. Isso significa estar atento para dar passagem nos corredores ou eventualmente mudar a trajetória para buscar caminhos menos congestionados. Na fila do caixa, fique a um metro e meio de quem está à frente.

7. Sem papo furado

No caixa ou durante as compras, converse o essencialmente necessário, como perguntar a um funcionário sobre a localização de um determinado produto que está mais difícil de encontrar. Faça isso a pelo menos um metro e meio de distância.

8. Roteiro eficiente

Organize previamente a lista de compras num roteiro lógico, em que os produtos semelhantes fiquem próximos. A ideia é passar o menor tempo possível dentro do estabelecimento e fazer o menor percurso possível. Não precisa ser uma corrida, no entanto: vá com calma e mantenha a tolerância e a gentileza em relação aos demais frequentadores. E lembre-se de que não estamos enfrentando desabastecimento e não há qualquer indício de que isso ocorrerá, de forma que não é necessário estocar produtos muito além do necessário.

9. Escolha os melhores horários

Se você já conhece o estabelecimento, deve ter alguma noção dos momentos do dia em que o movimento é menor. Em geral, há uma tendência de concentração de pessoas no início da manhã e no final da tarde, e, também, em torno do meio-dia. Dez e meia da manhã ou três e meia da tarde tendem a ser horários mais tranquilos.

10. Vá sem companhia

Ir em dupla ou em família ao supermercado, neste momento, significa multiplicar os riscos sem necessidade. Mesmo que a proposta seja que uma pessoa cuide de determinada parte das compras e a outra cuide de outra parte, o resultado prático é a ampliação dos riscos. E crianças, claro, não devem ser levadas ao supermercado em hipótese alguma neste período.

20

Dez atitudes para melhorar a qualidade do sono durante a quarentena

06/05/2020

Durante a quarentena, pessoas que nunca tiveram dificuldade para dormir estão experimentando essa sensação, enquanto outras que já sofriam de insônia percebem uma piora do quadro. A Organização Mundial da Saúde (OMS) estima que 45% da população mundial enfrenta problemas frequentes para dormir e avalia que as circunstâncias em torno da pandemia podem contribuir para aumentar esse percentual.

Dormir mal provoca uma série de consequências negativas para a saúde e o convívio social, alerta a presidente da Associação Brasileira do Sono (Absono), a neurologista Andrea Bacelar: sonolência diurna excessiva, irritação, problemas de memória, dificuldade para concentração, mau humor, ganho de peso e algo muito relevante neste momento, enfraquecimento do sistema imunológico e maior vulnerabilidade a viroses.

Se você está precisando fazer as pazes com o travesseiro, confira a seguir uma síntese das orientações dos especialistas – e não deixe de procurar ajuda caso o problema continue se agravando.

1. Estabeleça uma rotina

Para habituar o organismo à nova realidade, é fundamental definir alguns parâmetros regulares ao longo do dia: acordar sempre no mesmo horário aproximado e ter hora estabelecida para as refeições e para o início e o término do expediente de trabalho. Tudo isso aumenta as chances de que o sono chegue no momento certo.

2. Conheça suas preferências

A Absono chama a atenção para a importância do autoconhecimento: há quem só se sinta bem com nove horas de sono, enquanto seis horas bastam para outras pessoas. Da mesma forma, há quem se sinta melhor dormindo mais cedo e acordando cedo, e quem prefira dormir tarde e acordar mais tarde. Quanto mais a nova rotina estabelecida durante a quarentena se encaixar nessas preferências, melhor tende a ser a qualidade do sono.

3. Deixe a cama para a noite

Não transforme a cama numa "sala de estar", onde você vê TV, lê, confere as redes sociais e come. Deixe a cama reservada para a noite e estabeleça um ritual para dormir, o que pode incluir um bom banho morno, além de todos os cuidados para que o quarto esteja escuro, silencioso e com temperatura agradável. E não esqueça de trocar de roupa assim que tomar o café da manhã. Isso vai ajudar o seu organismo a entender, mais tarde, quando você voltar a colocar o pijama, que a hora de dormir está chegando.

4. Cuide da alimentação

Refeições leves e saudáveis, especialmente a última antes de dormir (que deve ser feita com pelo menos duas horas de antecedência), são fundamentais para favorecer o sono. "Dormir bem é importante porque é quando dormimos que o nosso organismo realiza diversas funções essenciais para manter o equilíbrio e a saúde, incluindo o aproveitamento de nutrientes, a eliminação de substâncias nocivas e a reprodução das células de defesa", lembra a nutricionista Adriana Stavro. Outra atitude importante é não tomar bebidas cafeinadas a partir do meio da tarde.

5. Movimente o corpo

A tendência natural durante a quarentena é de redução das atividades físicas. Procure se movimentar ao máximo, dentro das circunstâncias. Crie uma rotina de exercícios e aproveite as atividades "úteis", como varrer a casa e trocar o elevador pelas escadas. Mas não faça nada disso quando estiver chegando a hora de dormir. É preciso ir diminuindo o ritmo para que o organismo entenda que a hora de descansar está chegando.

6. Faça algo diferente no dia

É preciso combater a sensação de que todos os dias estão sendo iguais e previsíveis. Crie "respiros" que ajudam a escapar do tédio. Tente sempre incluir algo novo no seu dia – pode ser um curso online, uma arrumação num armário ou uma conversa com uma pessoa querida.

7. Concentre-se no presente

Preocupar-se demais com o futuro é uma porta de entrada para a ansiedade – e, em consequência, para as dificuldades relacionadas ao sono. Práticas como alongamento, yoga, música relaxante, escrita terapêutica (para "esvaziar" a mente) e meditação ajudam a pessoa a se concentrar no aqui e agora.

"Algo fundamental neste momento é aceitar a realidade como ela é. Quando aceitamos a realidade, podemos tomar decisões para enfrentá-la da melhor forma possível", diz Renata Louro, instrutora de *mindfulness*.

8. Reduza o tempo em frente às telas

A quarentena é um incentivo para que as pessoas passem mais tempo em frente ao celular, ao notebook e à TV. O excesso de exposição à luz das telas pode irritar os olhos e atrapalha a produção de melatonina, o hormônio que induz o sono. A Absono recomenda parar com as telas pelo menos uma hora antes do horário que você pretende dormir. Um bom livro ou uma atividade manual que não exija muito esforço mental, como tricô ou quebra-cabeça, são perfeitos para esse período.

9. Diminua a exposição a notícias ruins

Não se trata de fingir que está tudo bem, mas de evitar passar o dia em contato com as notícias negativas que estão predominando na imprensa. Cuide também das suas conversas – não deixe que elas sejam monopolizadas pelo coronavírus. Tente se afastar dos pensamentos negativos especialmente à noite, antes de dormir.

10. Não se impressione com pesadelos

Muitas pessoas têm relatado que estão tendo mais pesadelos. É normal e já aconteceu em outros eventos traumáticos para a humanidade, como o nazismo e os atentados de 11 de setembro. Surgiram até sites como o *idreamofcovid.com*, reunindo relatos de sonhos ligados à pandemia.

A criadora, a norte-americana Erin Gravley, identificou alguns padrões, como a associação de abraços com perigo ou ameaça. Uma cena recorrente é a de desconhecidos que, em vez de praticar alguma violência, tentam "roubar" um abraço. Outra situação comum nos sonhos é estar num ambiente cheio de pessoas e se dar conta de que está sem a máscara, o que causa angústia.

21

Escrita terapêutica ganha adeptos durante o isolamento social

07/05/2020

"Hoje, vi um dos céus mais encantadores que já vi. Para não me entristecer, sorri para ele. Vi fé, vi luz, vi amor, vi vida. Vi uma nova porta, uma oportunidade de ser ainda mais curiosa com a minha própria vida, que brota aqui dentro." Esse texto foi escrito num dos finais de tarde de abril pela consultora de marca pessoal Sílvia Beraldo, 38 anos.

Ela retomou, durante a quarentena, uma prática da adolescência: fazer anotações pessoais sobre como está se sentindo. "Sempre gostei de escrever, mas achava que não era capaz, que não era clara, que ia cometer erros. Essas preocupações agora não fazem sentido, porque estou escrevendo, em primeiro lugar, para me sentir melhor", conta.

O registro diário de sensações é conhecido como *journaling*. A proposta é usar alguns minutos do dia para anotar pensamentos e insights, sem regras nem julgamentos, deixando a escrita fluir espontaneamente. A prática ajuda a "descarregar" em meio ao cenário de sensações à flor da pele e de ampla oferta de notícias e de postagens nas redes sociais, o que nos leva a passar a maior parte do tempo absorvendo informações e interiorizando sentimentos.

"Escrever sobre as próprias experiências ajuda a elaborá-las e processá-las melhor", avalia a psicóloga Patrícia Cuocolo, fundadora do movimento Mulheres Despertas. "Para escrever, precisamos parar tudo ao redor. Precisamos nos ouvir."

Entre as várias funções que a prática da escrita pode ter, ressalta Patrícia, estão as de desabafo, de organização de pensamentos e de movimentação de ideias. "Pode ser também uma grande ferramenta para um itinerário terapêutico", ela acrescenta.

No caso de Sílvia, é clara a percepção de quanto a escrita tem sido uma companheira importante para superar as dificuldades do momento. "Sinto que fico menos ansiosa. Parece que quando escrevo é como se estivesse me aliviando", ela conta. Depois de um processo complexo para engravidar e de dois anos dedicados a cuidar do pequeno Arthur, Sílvia estava iniciando a volta às atividades profissionais quando a crise do coronavírus estourou.

A excepcionalidade do momento a levou até a superar o antigo bloqueio: ela passou a expor alguns dos escritos no Instagram. "As pessoas começaram a comentar, dizendo que eu escrevo bonito, com o coração, e isso tem me deixado feliz", diz Sílvia. "Sempre achei que o meu lado emotivo e sensível era uma fraqueza, e agora estou percebendo que é uma força."

A nutricionista Rebeca Amadei, 41 anos, também se reaproximou da escrita durante a quarentena. "Tenho feito anotações de forma mais organizada, num mesmo caderno, de um jeito que não fazia desde o diário da adolescência", conta. Os registros vão desde insights e pensamentos até poemas, descrições de sonhos, ideias para playlists e projetos, a exemplo da próxima tatuagem.

"Tenho me sentido mais conectada com um lugar de autoconhecimento, um lugar mais espiritual, do qual nem sempre conseguia me aproximar em meio à correria da vida normal. A escrita me ajuda a fazer essa conexão", descreve Rebeca. Para a psicóloga Patrícia, a simples disposição de transportar sentimentos e emoções para a escrita já é, por si só, uma atitude positiva. "Isso aponta para níveis de aceitação e de não rejeição de uma situação ou de um problema", explica.

Se há alguém que não tem a menor dúvida de que o confinamento multiplicou a vontade de escrever é o criador do portal de edição e publicação de livros Clube de Autores, Ricardo Almeida. O concurso "Crônicas da quarentena", que o portal promoveu, recebeu 833 inscrições, um número que obrigou o organizador a ampliar o prazo previsto para divulgar os três vencedores. "Em ocasiões semelhantes anteriores recebemos no máximo cento e poucas crônicas", ele compara.

Os textos, que precisavam remeter à experiência da quarentena e ter no máximo oitocentas palavras, foram enviados por brasileiros que estão nas mais diversas partes do mundo. "O resultado é uma visão extremamente rica da crise que estamos vivendo", diz Ricardo. A surpreendente repercussão o levou à decisão de publicar um livro impresso – e não apenas online, como previsto inicialmente. "É um momento histórico, que ficará marcado na vida de todos nós e certamente interessará às gerações futuras. Para muitas pessoas, a perspectiva de deixar esse registro é também uma motivação para escrever."

22

Contextualização: Brasil chega a 10 mil mortes

09/05/2020

No dia 9 de maio de 2020, menos de três meses após o primeiro registro de coronavírus no Brasil, o país atingiu a marca de 10 mil mortes em decorrência da doença. Quase 156 mil pessoas haviam sido infectadas de acordo com as estatísticas oficiais, o que resultava num índice assustador de 6,5% de letalidade, equivalente a uma morte para cada quinze casos.

23

Novos dilemas: furar quarentena é um direito individual ou um deslize ético?

10/05/2020

Como classificar a atitude do jovem casal que, em plena pandemia, decide aproveitar a manhã ensolarada de domingo para colocar a roupa fitness e sair correndo pelas ruas de São Paulo? Ou das pessoas que têm frequentado as praias no Rio? Ou de todos aqueles que Brasil afora vão sem máscaras aos supermercados ou a outros lugares de grande circulação de pessoas?

Desdém pela própria vida, despreocupação com a coletividade, falta de ética? Ou trata-se apenas de uma escolha individual que, como tal, deve ser tolerada? Há tolerância possível, no entanto, quando a suposta escolha individual ameaça a saúde de outras pessoas ou incentiva um comportamento de risco? Afinal, muitas das pessoas que veem as outras circulando pelas ruas se perguntam: "Se elas podem, por que eu não posso?". E transformam esse questionamento em ação, indo para a rua.

Para a psicanalista Cláudia Serathiuk, a falta de regras claras para lidar com a quarentena no Brasil contribui para as diferentes interpretações que as pessoas dão à situação. "Não há como você esperar que todos sigam os mesmos padrões, porque cada um tem uma régua própria", ela diz.

Mesmo quem tenta seguir a orientação de só sair de casa para o essencial pode ter diferentes interpretações a respeito, avalia Cláudia. Ela própria tem ido caminhar algumas vezes por semana, no bairro de Curitiba em que mora, por considerar que é uma atividade essencial para manter a saúde mental. "Escolho horários de pouco movimento, uso máscara e atravesso a rua se vejo alguém vindo no mesmo lado", descreve ela.

Mesmo com todos esses cuidados, Cláudia não se sente à vontade. "Sei que algumas pessoas me julgam e, além disso, fico com medo de alguém passar perto demais ou de ser assaltada, justamente porque tenho escolhido caminhos mais isolados." Cláudia tem dois irmãos que moram na Nova Zelândia, onde o governo estabeleceu regras muito claras para a quarentena. Lá, a contaminação pelo coronavírus foi rapidamente controlada graças à obediência da população a essas determinações.

Muitos outros países impuseram critérios para exercícios físicos na rua: apenas em determinados horários, em escalas por faixa etária ou dentro de um determinado raio de distância da residência, por exemplo. Como o Brasil não adotou referências que pudessem padronizar o comportamento, vivemos em meio a uma grande zona cinzenta, em que os conceitos de "certo" ou "errado" são relativizados e dependem de interpretações pessoais.

Não é só a lei que serve como referência de comportamento, entretanto. O convívio em sociedade exige atenção ao fato de que, além das atitudes ilegais, há também as imorais e as aéticas. Não foi por acaso que, embora não tenha descumprido nenhuma lei, a musa fitness Gabriela Pugliesi recebeu duras críticas ao promover uma festinha em casa e divulgar alegremente cenas do evento.

Mas o que é ética, afinal? De acordo com definição do dicionário Michaelis, trata-se do "ramo da filosofia que tem por objetivo refletir sobre a essência dos princípios, valores e problemas fundamentais da moral, tais como a finalidade e o sentido da vida humana, a natureza do bem e do mal, os fundamentos da obrigação e do dever, tendo como base as normas consideradas universalmente válidas e que norteiam o comportamento humano".

Como tem ressaltado o historiador Leandro Karnal, é nos momentos de crise e de grandes dificuldades – especialmente guerras, revoluções e epidemias – que a ética é de fato verificada. "Quando está tudo bem fica muito mais fácil ser ético", diz Leandro.

Formadores de opinião com grande exposição pública, como Gabriela Pugliesi, têm responsabilidade multiplicada no que diz respeito a influenciar as ações dos outros. Para tentar convencer as pessoas sobre a gravidade da pandemia, a médica geriatra Ana Claudia Quintana Arantes, especialista em cuidados paliativos que se notabilizou por falar da morte de forma aberta e direta, decidiu adotar nas redes sociais uma posição dura contra aqueles que passaram a desrespeitar a quarentena por "motivos fúteis".

Ao postar uma foto de uma praça em São Paulo lotada, ela legendou: "Certo está o nosso prefeito, que contratou mais coveiros e abriu mais covas e mais vagas em cemitérios. Será mesmo necessário...". Quando uma seguidora comentou que não havia motivo para preocupação, alegando que "a mortalidade desse vírus é baixíssima", Ana Claudia respondeu: "A mortalidade baixíssima pode pegar você. E aí é ficar 100% morta. E calada".

A falta de informação poderia ser uma das explicações para as atitudes de boa parte da população? Mas como, se os meios de comunicação têm dado amplo espaço às notícias e às orientações relacionadas à pandemia? Para o professor de filosofia Alexandre Meyer Luz, da Universidade Federal de Santa Catarina (UFSC), é preciso lembrar que a pandemia envolve os mais diversos aspectos da vida – psicológicos, culturais, políticos, econômicos e sociais –, e que cada pessoa age motivada pela soma das circunstâncias e referências individuais.

A relação com a informação é um desses ingredientes. Assim, o que ocorre muitas vezes é a decisão de não validar fontes consagradas ou de menosprezar o conhecimento científico. "De um lado, as perguntas sobre o valor da informação e sobre o que é uma boa fonte se tornaram mais complexas no novo cenário de circulação de informações que vivemos. De outro, a nossa educação dedica pouca atenção a fazer o indivíduo compreender o que torna uma fonte de informação melhor do que a outra", descreve o professor.

24

Dez atitudes para cuidar dos olhos durante a quarentena

11/05/2020

Entre os problemas oculares relacionados pelo Conselho Brasileiro de Oftalmologia (CBO) está a síndrome visual do computador, quadro caracterizado pelo cansaço visual decorrente do uso prolongado de equipamentos eletrônicos com telas. A síndrome resulta do esforço extra que os músculos dos olhos precisam fazer para focar os pixels, pequenos pontos luminosos que compõem as imagens e as letras.

Os sintomas mais perceptíveis incluem olhos secos e vermelhos, visão embaçada, sensibilidade à luz, irritação, coceira, ardência, lacrimejamento e sensação de areia nos olhos. Certos casos exigem intervenção médica. "Depois de muitas horas em frente à tela, é comum ocorrer o que chamamos de espasmo de acomodação. A musculatura ocular não consegue relaxar e começa a ocorrer um embaçamento para longe, além de outros possíveis sintomas, como dor de cabeça", explica a oftalmologista Rachel Gomes, com pós-doutorado na especialidade. "Muitas vezes isso só se resolve com medicação."

Saiba quais são as dez atitudes essenciais para cuidar dos olhos durante a quarentena:

Ajuste a luminosidade do computador

Quanto a tela está regulada com mais brilho, a pupila tende a contrair-se mais, o que possibilita maior amplitude de foco e reduz a fadiga dos olhos. A sensação é de trabalhar confortavelmente por mais tempo. À noite, contudo, recomenda-se reduzir o nível do brilho, pois a luz azul afeta a produção de melatonina, o que pode atrapalhar o sono. O ideal é afastar-se das telas pelo menos uma hora antes do momento em que se pretende dormir.

Evite reflexos na tela

Reflexos causados tanto por luz natural quanto por fontes artificiais aumentam a dificuldade de visualização e, por consequência, o esforço para enxergar o que está na tela.

Mantenha a distância ideal

A distância adequada entre os olhos e a tela, para evitar o excesso de esforço e assegurar maior conforto visual, é de 60 cm, com tolerância de 10 cm para mais ou menos. Como isso não é viável em celulares, que costumam ficar bem mais próximos do rosto, a recomendação é só utilizá-los por longo tempo se for realmente necessário e não houver alternativa, como um notebook.

Descanse a cada 30 minutos

Esse é o limite ideal máximo para dar uma parada, essencial para relaxar a musculatura ocular. Bastam cinco minutos de intervalo, período em que os olhos podem ser mantidos fechados ou então direcionados à longa distância – a partir de uma janela, por exemplo. É importante orientar e fiscalizar as crianças e os adolescentes sobre o cumprimento da regra.

Limite a exposição das crianças

Já havia uma tendência global de as crianças ficarem muito tempo expostas às telas. Com a quarentena, essa tendência se agravou. A recomendação dos especialistas é de que crianças até dois anos não tenham qualquer exposição a telas, na faixa entre dois e seis anos tenham no máximo uma hora diária de exposição, e de seis a 12 anos, no máximo duas horas. Passar desses limites aumenta o risco de desenvolver miopia.

Ilumine bem a sala

Não é bom que a tela seja a única ou destacadamente a principal fonte de luminosidade no ambiente, embora um local excessivamente claro também não seja adequado. O ideal é encontrar um meio-termo confortável – que, de um lado, evite o esforço extra dos olhos e, de outro, não contribua para aumentar o cansaço virtual.

Pisque mais

Quando estamos concentrados em frente ao computador ou celular, a tendência natural é de piscar menos que o ideal. É preciso um esforço consciente para criar o hábito de piscar a pelo menos cada dez segundos, evitando assim o ressecamento dos olhos.

Cuidado com a ventilação

Um ambiente bem ventilado é saudável, inclusive para dissipar os riscos de contaminação pelo coronavírus. É preciso, no entanto, evitar que a ventilação, natural ou artificial, seja direcionada diretamente ao rosto. Isso contribui para o ressecamento dos olhos.

Não se automedique

Colírios são remédios, e por isso devem ser receitados por médicos especialistas. Mesmo os aparentemente inofensivos, como os lubrificantes, podem causar irritação e outros efeitos negativos.

Boa alimentação ajuda

Manter uma alimentação saudável, equilibrada e rica em nutrientes faz bem para o organismo como um todo, incluindo os olhos – nesse aspecto específico, destacam-se os alimentos ricos em vitaminas A, E e C. Frutas e verduras como laranja, mamão, amora, cereja, milho, cenoura, abóbora e rúcula estão na lista de alimentos saudáveis para a visão. Pesquisas demonstram também que o ômega 3, encontrado em peixes e nos azeites extravirgens, contribui para a lubrificação dos olhos.

Se você continuar sentindo incômodo nos olhos após ficar diante das telas, mesmo com todas as providências descritas acima, talvez seja preciso usar óculos específicos para atividades de visão intermediária (nem para leitura, nem para longa distância). Caso você se identifique com essa necessidade, não deixe de consultar um oftalmologista ao final da quarentena.

Lembrete extra sobre maquiagem

Com a necessária disseminação das máscaras, o olhar ganhou força como canal de comunicação entre as pessoas. Surgiram muitos tutoriais de maquiagem específicos para essa parte do rosto. É preciso tomar cuidado, alerta o oftalmologista André Borba, especializado em plástica ocular. "O uso excessivo e descuidado de maquiagem pode causar danos à saúde dos olhos, desde alergias até ser a porta de entrada para contaminações."

De acordo com a Sociedade Brasileira de Oftalmologia, duas em cada dez mulheres que utilizam maquiagem com frequência na região dos olhos apresentam problemas como irritação, coceira, lacrimejamento e blefarite, a inflamação das glândulas das pálpebras, origem de problemas como o tersol. "Além do uso excessivo, os erros mais frequentes são falhas na higienização dos pincéis, utilização de produtos além do prazo de validade e o ato de compartilhar maquiagem", descreve Borba.

25

Seu pet também pode estar sofrendo com o isolamento – saiba quais são os sinais

13/05/2020

Ao cumprir rigorosamente a quarentena em casa, o nutrólogo Tarsys Poterio passou a conviver em tempo integral com o pug Vittorio, de quase dois anos, que até então ficava a maior parte do tempo sozinho em casa. Ter o dono sempre por perto transformou o cãozinho em um verdadeiro "grude". Quando não está dormindo ("e por sorte ele dorme bastante", brinca Tarsys), Vittorio quer atenção e pede comida.

Para conseguir fazer as refeições com certa tranquilidade, Tarsys tem apelado para cookies e outros petiscos que o pet adora, como cenoura, chuchu e banana. "Vou dando pedacinhos de tudo isso enquanto eu me alimento, senão fica impossível", ele descreve.

Tarsys valoriza a companhia de Vittorio, mas uma preocupação o tem acompanhado: como será o pós-quarentena, quando o cãozinho voltará a ficar sozinho e terá que se livrar de alguns hábitos adquiridos durante o período da quarentena. "O convívio em tempo integral tende a aumentar o grau de dependência dos cães em relação aos seres humanos", alerta a educadora canina Debora Capella.

Ela tem recebido muitos contatos de clientes relatando que, assim como Vittorio, os pets estão querendo ficar o tempo todo próximos aos donos. "A pessoa tenta se fechar num cômodo para fazer uma videoconferência de trabalho e o cachorro fica latindo ou arranhando a porta", exemplifica Debora. Para demonstrar ao pet que estar em casa não significa disponibilidade em tempo integral, ela recomenda criar momentos de distanciamento ao longo do dia – períodos em que o animal permaneça confinado a determinada parte da casa. "É um importante trabalho preventivo para o pós-quarentena", observa.

Entre os possíveis transtornos no período de separação estão latidos e uivos excessivos, destruição de móveis e objetos da casa, necessidades fora do lugar (estratégia que os pets adotam para comunicar que estão chateados) e até auto-flagelo, a exemplo de feridas provocadas por lambidas compulsivas no corpo.

Essas feridas são dermatites de ansiedade, uma espécie de transtorno obsessivo-compulsivo, diz a veterinária Satie Kano, que atua como clínica geral há 21 anos. "Assim como os humanos, os bichinhos também sentem os efeitos do confinamento", descreve a veterinária. "Temos que lembrar que os pets modernos têm uma série de atividades que precisaram ser interrompidas, como creches, hoteizinhos de fim de semana e passeadores."

Outro problema que Satie tem constatado é o aumento de alergias e conjuntivites causadas pelo contato com produtos químicos, em decorrência de equívocos cometidos pelos donos na limpeza. "Não se deve usar álcool em gel ou água sanitária para higienizar o pet depois do passeio na rua", ela explica. A forma correta de fazer isso é deixar pronta uma solução de água com sabonete líquido ou com o xampu que o animal costuma usar durante o banho. "É só ir borrifando essa solução nas patas e pernas e ir secando com papel-toalha."

Uma das preocupações recorrentes dos donos durante a quarentena tem sido ensinar os pets a fazer as necessidades em casa, sem ir à rua, como boa parte deles foi acostumada. Impossibilitada de realizar pessoalmente o adestramento, Debora tem passado instruções à distância para que o próprio dono comande o processo. "Peço que me mostrem o espaço e oriento sobre rotinas e ferramentas. Alguns cachorros se adaptam facilmente, enquanto outros são mais resistentes e podem ficar chorando para sair", descreve a educadora canina.

A regra básica é reduzir o espaço de circulação do cachorro dentro de casa para aumentar as chances de que ele faça as necessidades no lugar certo – e premiá-lo com um petisco quando isso acontece. No início, Debora recomenda o uso de três ou quatro tapetes higiênicos, um ao lado do outro. "A quantidade de tapetes pode ir sendo reduzida à medida que o cachorro ganha confiança."

Gatos também têm apresentado mudanças de comportamento com a presença dos humanos em tempo integral. "Ao contrário do que as pessoas costumam dizer, os gatos adoram a companhia dos donos", ressalta Satie. A presença dos humanos em tempo integral, entretanto, atrapalha a rotina com a qual os bichanos estavam acostumados – e isso traz certa tensão para a relação.

Quem certamente pode atestar isso é a astróloga Titi Vidal, que está cumprindo quarentena com o marido, a filha, duas cadelas e 22 gatos. Uma das percepções de Titi é que, por alguma razão, os gatos parecem estar com mais fome. "Eles procuram comida mais vezes por dia e têm efetivamente comido bem mais", ela descreve. Parecem mais irritados, também. "Querem ficar mais na deles, estão buscando menos carinho."

Os "protestos" também se multiplicaram. Nas últimas semanas, os gatos já fizeram xixi no computador, numa pilha de livros e no baralho de tarô preferido de Titi. "A gente dá bronca, mas eles são charmosos demais e a braveza passa", diz a astróloga. Outra transformação foi percebida em relação aos lugares que cada gato costumava ocupar durante o dia e à noite, na casa ou no quintal (protegido por telas). Quase todos mudaram essa dinâmica. "Dos quatro que costumavam dormir com a gente no quarto, só resta um. É como se eles dissessem: 'chega, já estamos vendo vocês demais'", brinca Titi.

Apesar de todos os possíveis contratempos na relação com os pets durante e depois da quarentena, o mais importante é que eles fazem muito bem às pessoas. "É impressionante o quanto a companhia de um pet tem ajudado psicologicamente aos idosos neste período. Tenho inúmeros exemplos disso entre a minha clientela", atesta a veterinária Satie.

26

Mulheres na liderança dão exemplo no combate ao coronavírus

14/05/2020

Nova Zelândia, Islândia, Alemanha, Noruega, Finlândia, Dinamarca e Taiwan, países liderados por mulheres, estão sendo mais eficientes no combate à covid-19 do que outros de porte e condições econômicas semelhantes. No lado oposto do ranking da eficiência no enfrentamento da pandemia figuram países comandados por típicos representantes da masculinidade tóxica, como Estados Unidos, Brasil e Rússia.

Há uma explicação para o contraste. Características femininas de liderança, como empatia e cuidado, têm sido fundamentais para encontrar o melhor equilíbrio entre todos os aspectos objetivos e subjetivos envolvidos na crise.

O caso da Nova Zelândia é simbólico. Lá, a epidemia foi controlada com apenas 21 mortes, índice de 0,5 por 100 mil habitantes – dez vezes menor que o índice atual do Brasil, que continua subindo a cada dia. A primeira-ministra, Jacinda Ardern, 39 anos, liderou com sucesso o projeto ambicioso de não apenas achatar a curva de contaminação, mas eliminar o vírus do território o mais rápido possível.

Ela não teve receio de tomar medidas que pudessem soar antipopulares: fechou as fronteiras, apertou as regras da quarentena quando necessário e chegou a decretar lockdown. Mas fez tudo isso com transparência e respeito às diretrizes da ciência. Cada novo passo foi comunicado à população diretamente pela primeira-ministra, que, além dos pronunciamentos formais, já tinha o hábito de fazer lives no Facebook para falar sobre iniciativas do governo e responder perguntas. "Às vezes, ela aparece sentada na cama, de moletom, depois de ter colocado a filha para dormir", conta a arquiteta e artista plástica brasileira Roberta Carvalho, que mora na Nova Zelândia há quase um ano e meio.

Trata-se de mais um capítulo de uma bela história. A Nova Zelândia foi o primeiro país em que as mulheres conquistaram o direito ao voto, em 1893. Jacinda honrou a tradição ao se tornar a primeira líder a participar de uma assembleia-geral da Organização das Nações Unidas (ONU) com um bebê no colo, em 2018.

"Sinto que emocionalmente estivemos sendo cuidados durante todas as etapas desse combate", diz Roberta. "Quando a Jacinda anunciou o lockdown, fez isso com uma expressão suave e acolhedora, demonstrando que ali estava uma líder que olharia por todos. Ao mesmo tempo, falava com força e assertividade", avalia Roberta. A população reconheceu o desempenho da líder. Em plena crise do coronavírus, ela alcançou um impressionante índice de 88% de aprovação.

A necessidade do equilíbrio entre características femininas e masculinas é a base da Liderança Shakti, filosofia de gestão criada pela indiana Nilima Bhat que vem ganhando adeptos no Brasil. A ideia central é que a disseminação, nos ambientes corporativos, de características associadas tradicionalmente ao feminino, como cuidado e capacidade de adaptação, é fundamental para trazer mais equilíbrio, harmonia e integridade às empresas.

Nilima explica que, ao longo do tempo, determinadas características foram sendo associadas ao masculino e ao feminino por uma soma de influências – biológicas, sociais, políticas e culturais. A Filosofia Shakti prega que o sucesso de gestores e organizações dependerá, cada vez mais, da capacidade de transitar das qualidades consideradas mais masculinas para as mais femininas, e vice-versa.

Como há um grande desequilíbrio nessa balança em favor dos atributos masculinos, a ação que se faz necessária é dar mais peso às características femininas. Trata-se, inclusive, de uma questão de sobrevivência, observa Nilima. "Acredito que as empresas que não mudarem para culturas baseadas no amor e no cuidado perderão os bons profissionais, que partirão para encontrar melhores lugares para trabalhar ou criarão seus próprios empreendimentos", ela diz.

A psicóloga Renata Sansoni, consultora especializada no desenvolvimento de lideranças femininas, ressalta que a discussão não deve se basear no mero confronto de gêneros – se as mulheres são melhores gestoras que os homens –, e sim na avaliação sobre o perfil de liderança adequado para o mundo de hoje.

"Será cada vez mais necessário que a liderança seja exercida de forma autêntica e orientada às pessoas, com um olhar mais humanitário de atenção e cuidado. Mulheres tendem a fazer isso mais naturalmente, mas os homens também podem aprender", diz a psicóloga. Não se trata de bondade, ressalta ela, e sim de uma estratégia para obter motivação e alto desempenho da equipe.

Renata espera que a pandemia represente um marco nessa consciência. "Esta crise veio para escancarar o quanto precisamos mudar o perfil das nossas lideranças, seja de países, seja de empresas. No contexto corporativo, é muito claro como falta habilidade para conectar as necessidades e os sentimentos dos trabalhadores com as necessidades do negócio", avalia.

A psicóloga trouxe dos Estados Unidos – onde fez mestrado em gestão de pessoas e psicologia organizacional, concluído em 2018 – uma ferramenta, o Labirinto da Empatia, que busca o equilíbrio das forças dentro das corporações a partir do desenvolvimento da empatia. "As empresas ainda operam num modelo bidimensional, baseado apenas no pensar e no fazer. A ideia é desenvolver um modelo tridimensional, que inclua 'conectar' como um pilar também fundamental", descreve Renata. "É justamente por meio da conexão que as líderes femininas têm alcançado o sucesso durante a pandemia."

27

O que podemos fazer para cuidar da saúde emocional das crianças?

18/05/2020

De uma hora para outra, as crianças se viram afastadas da escola, dos amigos, impossibilitadas de passear e de brincar ao ar livre. E não há perspectiva de prazo para que a vida volte ao normal – ou, ao menos, para um estágio mais próximo do que costumava ser o normal. Em meio a esse cenário, tornam-se cada vez mais essenciais as atitudes dos adultos no sentido de dar suporte emocional às crianças e ajudá-las a lidar com a situação.

Presença verdadeira

Nada pode ser mais relevante do que reservar momentos para estar integralmente ao lado dos pequenos, sem distrações. Não se trata de largar tudo e dedicar-se exclusivamente aos filhos – afinal, a vida tem que continuar. Mas, entre uma reunião e outra, entre uma tarefa doméstica e outra, é importante encontrar respiros para interagir com os pequenos, seja numa brincadeira, num jogo ou numa leitura.

Viabilizar esses momentos de interação depende da organização coletiva da nova rotina da casa – os famosos "combinados". "O fundamental é que, nesses momentos, o adulto esteja verdadeiramente com a criança, inteiro e interessado", diz a professora e consultora educacional Carla Jarlicht.

Memória afetiva

É provável que o período da pandemia fique marcado para sempre na memória das crianças. Essa perspectiva aumenta a necessidade de reforçar os laços afetivos entre pais e filhos, até mesmo para contrabalançar as inevitáveis lembranças negativas, relacionadas às perdas dos mais diversos tipos que estamos enfrentando.

Tentar esconder o que está acontecendo não é a solução. "Se há uma pandemia e esse é um estado de incertezas e de muita cautela, não podemos fingir que está tudo bem, até porque a criança percebe que algo diferente está ocorrendo", diz Carla. Em contrapartida, não se deve sobrecarregá-la emocionalmente – falando muito sobre a doença e as mortes dela decorrentes, por exemplo.

A importância da fantasia

O discurso e o tom certo para cada idade dependem essencialmente de bom senso, pois é primordial que, apesar da situação atípica, a criança se sinta segura. E são os adultos próximos a ela que precisam transmitir essa segurança.

Um cuidado importante é balancear o uso da internet – e das telas, de forma geral – com atividades lúdicas, que envolvem o mundo físico, palpável. Jogos e brincadeiras que incentivem a fantasia são fundamentais. "A fantasia é essencial para que as crianças deem conta da realidade", ressalta Carla. Outro excelente manancial nesse sentido são os livros físicos, que muitas vezes estão esquecidos pela casa e podem ser redescobertos.

Frustrações acolhidas

Para o escritor e educador parental Thiago Queiroz, criador do portal sobre paternidade "Paizinho vírgula!" e pai de três filhos, com idades entre um e sete anos, até as frustrações manifestadas pelas crianças podem ser aproveitadas para estimular a fantasia. "Se a criança manifesta que gostaria de ir ao parquinho, por exemplo, você pode dizer: 'Ah, o parquinho, que tem aqueles bancos assim, que tem aquele balanço que você consegue ir bem alto... Seria tão legal a gente ir lá, eu também queria ir!'".

Há outras situações, contudo, em que o mais importante é demonstrar acolhimento. Logo no início da quarentena, em meados de março, Thiago se viu diante da missão de cancelar a festa de cinco anos do filho do meio, Gael. "Estava tudo preparado e tivemos que tomar a decisão, muito difícil, de cancelar a festa. Demos essa notícia para ele no dia do aniversário e ele ficou triste e chateado. Conversamos, acolhemos, deixamos ele falar", descreve o pai. Ainda que tenha havido uma festa só para a família, Gael sempre volta ao assunto para lembrar que não teve a festa prometida, com todos os amigos – uma promessa para o futuro.

Não é gincana

Apesar da necessidade de consolidar uma nova rotina, em decorrência da falta de prazo para que a vida volte ao normal, é importante não perder a noção da excepcionalidade do contexto. "Não dá para esperar que quem trabalha em home office vá ter uma produtividade altíssima com os filhos em casa. É um momento em que precisamos estar presentes afetivamente com os nossos filhos, permanecendo próximos e dando uma base segura a eles", diz Thiago.

Por outro lado, lembra Carla, os pais não devem se preocupar tanto em estabelecer uma série de atividades e tarefas para os filhos. "Quando a criança se vê sem nada para fazer, ela mergulha no seu processo interno de criatividade. Esse 'não fazer nada' é tão restaurador do mundo interno quanto brincar", avalia a consultora educacional.

Ajuda externa

Uma das possibilidades é buscar ajuda externa para a realização de atividades. Um exemplo é o trabalho da Oficina de Arteiros, escola de teatro que adaptou sua metodologia para oferecer exercícios dramáticos e jogos teatrais que as crianças podem fazer em casa.

Para o coordenador da escola, o psicólogo Greg Rehavia, a adaptação permite manter a missão de desenvolver habilidades fundamentais que ele considera que estão se perdendo, como criatividade e resolução de problemas. "Preparamos exercícios que necessitam de movimentação, interação com os pais em casa e comunicação com os outros alunos", descreve Greg.

28

Os desafios que as empresas precisam enfrentar para tornar o home office permanente

23/05/2020

Antes da crise do coronavírus, a disseminação da prática de home office no Brasil soava como um futuro anunciado que nunca chegava para valer. As empresas tinham receio de possíveis problemas trabalhistas e de falhas de segurança, enquanto muitos chefes se sentiam inseguros em relação ao controle da produtividade dos subordinados. Os próprios profissionais temiam a falta de adaptação, em função do afastamento do convívio com os colegas e de possíveis interferências da família.

Então veio o confinamento emergencial, levando milhões de pessoas à necessidade de trabalhar em casa, sem o período apropriado para preparação e adaptação. Tudo está sendo feito no improviso, com os recursos disponíveis.

As perguntas que estão no ar são: depois que a crise tiver passado, como ficará a cultura do home office no Brasil? Terá dado o passo além que faltava ou tudo voltará a ser como antes do coronavírus? Com base no *test drive* em andamento, a maior parte dos profissionais passará a simpatizar com a ideia ou, ao contrário, irá detestá-la?

As principais questões relacionadas ao tema, que precisam ser mais seriamente enfrentadas para a consolidação do home office, são as seguintes:

Infraestrutura

A improvisação momentânea decorrente da crise do coronavírus precisará ser substituída por um cuidado maior com as instalações dos escritórios domésticos. É fundamental ter um bom local para trabalhar, confortável e isolado do resto da casa. O regime de home office deve ser formalizado no contrato de trabalho, documento que precisa estabelecer as atribuições de cada parte – quem se responsabiliza pelos custos com equipamentos, energia e internet, por exemplo.

Se o acerto porventura incluir o uso do mesmo computador usado em atividades pessoais, o profissional deve estar ciente de que perderá a privacidade. "Nesse caso a empresa vai monitorar tudo: o que diz respeito a ela, mas também, muito provavelmente, assuntos pessoais do funcionário", adverte Bruno Maia, head de inovação do SAS América Latina, empresa global de analytics e desenvolvimento de softwares.

Jornada de trabalho

Como não há controle da jornada do trabalhador em home office, deixa de existir a figura das horas extras. Isso exige uma mudança na mentalidade de todas as partes envolvidas, de modo a assegurar o ponto de equilíbrio entre alta produtividade e expedientes racionais de trabalho. "São necessários treinamentos para tratar de temas como autoliderança, gestão do tempo, organização da rotina, comprometimento e produtividade", avalia Marcia Sasdelli, especialista em carreira e liderança.

Vale lembrar que o home office não precisa ser uma solução radical. Um bom caminho, inclusive para amenizar os problemas de mobilidade dos grandes centros, é a adoção parcial do trabalho em casa, a exemplo de dois dias por semana.

Estando em casa, é importante manter uma rotina de trabalho – tentando, inclusive, cumprir horários de início e fim da jornada, além da parada para o almoço. "O recomendável é que o profissional se vista como se fosse sair para o trabalho. Assim, fica mais fácil para o cérebro entender que, apesar de estar em casa, é hora de trabalhar", diz Andreia Girardini, diretora de pessoas e cultura do GetNinjas, site de contratação de serviços.

Liderar a distância

Para líderes que se acostumaram a supervisionar o trabalho dos subordinados por pressão e presença física, o afastamento geográfico é uma situação complicada. Celson Hupfer, fundador e CEO da Connekt, plataforma de recrutamento digital, defende a adoção do conceito de liderança por meio do reconhecimento. Com base nas reflexões do filósofo alemão Axel Honneth, ele propõe que a liderança em tempos de home office precisa se basear em três pilares: confiança, igualdade e liberdade.

O pilar "igualdade" se refere à ideia de que todos os profissionais da equipe devem receber tratamento igualitário em termos de oportunidades e de informação. "O reconhecimento, nestes termos, vale tanto dos liderados para o líder quanto o inverso", explica Celson, que é doutor em Psicologia Social pela Universidade de São Paulo (USP).

Uma das estratégias para colocar esses conceitos em prática, diz o CEO da Connekt, é manter uma rotina de reuniões virtuais com a equipe, de preferência sempre no mesmo período do dia. Conversas rápidas, com pautas claras. "O foco é perguntar a cada um o que fez no último dia, o que fará no próximo e o que poderá atrapalhar de alguma forma esse plano. Ao final, dar a oportunidade para que cada um diga como está se sentindo", descreve.

Segurança

Home offices aumentam consideravelmente o risco de vazamento de informações. A preocupação é maior para as empresas que têm dados como o principal ativo.

Os escritórios são protegidos por um "guarda-chuva" de segurança que não é facilmente reproduzido em ambientes domésticos. Isso demanda investimentos como a disponibilização de uma VPN (Virtual Private Network, rede privada virtual). Trata-se de uma conexão segura, que, por ser criptografada, impede que o conteúdo seja acessado em caso de interceptação.

Um processo especialmente vulnerável é o de comunicação com a equipe. Para reduzir os riscos, os softwares utilizados para a execução do trabalho e para a conexão com os colegas, chefes e subordinados devem ser licenciados e estar sempre atualizados.

O advogado e economista Renato Opice Blum, um dos maiores especialistas em direito digital do país, lembra que as empresas precisam definir regras de segurança que devem ser seguidas pelos funcionários que estão trabalhando remotamente. "É preciso insistir na orientação mesmo em relação aos procedimentos mais básicos, como a inadequação do uso de senhas-padrão ou a necessidade de fechar as contas ao sair do dispositivo", lembra o advogado. "Por incrível que pareça, pessoas esclarecidas, que trabalham em grandes corporações, cometem esse tipo de erro o tempo todo."

29

Reinvenção profissional: pandemia acelera necessidade de colocar plano B em prática

26/05/2020

Antes da pandemia, o desejo de reinventar-se profissionalmente já estava no horizonte de muita gente: 72% dos brasileiros se sentiam infelizes em relação ao trabalho, de acordo com pesquisa do Instituto Gallup. Entre desejar e fazer costuma haver uma longa distância, no entanto.

Iniciar uma nova carreira ou um novo negócio não é simples. A pessoa precisa entender o que gosta de fazer, reconhecer seus pontos fortes e amadurecer a ideia até colocá-la em pé. Tudo isso em meio ao desafio de gerar renda. A crise da covid-19 acelerou esse processo para muitas pessoas, que se viram diante da necessidade urgente de viabilizar o plano B.

No caso da comissária de bordo Dani Sacomano, 35 anos, o caminho alternativo nasceu de um hábito que ela iniciou há quatro anos com o objetivo de manter uma alimentação mais saudável: preparar a própria comida e levar marmitas para o trabalho. "Vários colegas pediam que eu fizesse para eles também, mas eu não via isso como uma oportunidade de negócio", ela lembra.

Em meados de março, quando a situação da companhia aérea se complicou com o cancelamento da maioria dos voos, veio a proposta de continuar trabalhando com redução de 50% no salário-base. Como boa parte da remuneração vinha do adicional por horas voadas, que estavam sendo drasticamente reduzidas, a renda de Dani cairia para apenas 10% do que costumava ser nos melhores meses. "Eu correria muito risco de ser contaminada, em troca de uma remuneração insuficiente para pagar as contas que não posso atrasar, como o aluguel e o plano de saúde da minha mãe."

Ela optou, então, por uma alternativa oferecida pela empresa, a licença não remunerada, e mobilizou-se rapidamente para colocar em prática o plano B. Criou a Afago, serviço de entrega de marmitas congeladas vegetarianas.

Dani fechou acordos com feirantes para o fornecimento dos ingredientes necessários e contratou um serviço de entregas, enquanto uma designer indicada por um amigo criou a identidade visual e uma amiga a presenteou com o primeiro lote de embalagens. A Afago nasceu com um cardápio de três pratos, com a proposta de renová-los a cada quinze dias.

Focadas na própria rede de amigos e conhecidos, as vendas foram iniciadas pelo Instagram. Dani aceita pedidos até quarta e faz as entregas no sábado. Como a ideia decolou de imediato – foram 75 marmitas vendidas logo na primeira semana –, ela decidiu estender a licença até agosto. "Estou trabalhando das 7h às 23h. Tem sido cansativo, mas estou muito feliz com o resultado", conta.

Experiente em transições profissionais, Dani era dançarina e professora de dança até decidir se tornar comissária de bordo, interessada justamente no conforto de ter um salário fixo, algo do qual não desfrutava na atividade anterior, como autônoma. "O jogo virou de novo, mas tem que correr atrás. Faz parte", ela diz.

Já o publicitário Cleyton Cabral, também com 35 anos, deixou em janeiro um emprego na área de comunicação em uma empresa de tecnologia no Recife, onde mora, para se dedicar plenamente ao projeto de viver da arte. Ele é ator, dramaturgo e escritor, com dois livros de contos e uma peça infantojuvenil publicados.

A pandemia complicou seus planos, já que todas as possibilidades de trabalho em andamento eram presenciais, incluindo oficinas de escrita criativa, que precisaram ser canceladas. Em busca de uma alternativa urgente, Cleyton criou o projeto Fibra Ótica, que define como uma "experiência lítero-afetiva". Trata-se de uma performance exclusiva, oferecida por videochamada no WhatsApp.

No primeiro contato, ele manda para a pessoa a lista de 110 discos que tem em casa e pede que um seja escolhido. Pede também que a pessoa escolha três palavras, livremente. E apresenta a lista de títulos do seu diário pessoal do isolamento, pedindo que três desses títulos sejam escolhidos.

Com essas informações em mãos, é combinado o horário da chamada. Durante cerca de meia hora, Cleyton conduz o visitante virtual para uma viagem ao seu universo criativo, tendo como vínculo principal a experiência de ambos durante a quarentena. "Tem sido uma vivência emocionante e terapêutica tanto para a pessoa quanto para mim, que me sinto desafiado e exercitando minha criatividade", conta o artista. Ele não definiu um valor fixo para a performance – prefere pedir uma contribuição espontânea.

Os dois exemplos descritos, como tantos outros Brasil afora, indicam que as circunstâncias da pandemia estão contribuindo para acelerar uma tendência do mercado de trabalho, a chamada "carreira de portfólio". Trata-se de manter mais de uma atividade profissional simultânea, seguindo o velho princípio de dividir os ovos entre várias cestas. Se uma das atividades entra em baixa ou sofre algum tipo de impedimento, como está ocorrendo agora em muitos casos, a pessoa tem opções na manga.

"Uma das perguntas que certamente faremos nas entrevistas de emprego depois da quarentena é: Como você aproveitou esse período para evoluir profissionalmente?", diz a headhunter Laura Chocholous, da consultoria Robert Half. Faz muita diferença, explica ela, se a pessoa demonstrar que não se acomodou e continuou procurando evolução mesmo em meio às adversidades.

"É como conversar com alguém que ficou desempregado por certo tempo e perguntar o que essa pessoa fez enquanto isso", compara ela. "Há quem vá responder simplesmente que ficou procurando emprego, enquanto outros descreverão os cursos que fizeram, as ideias que tiveram, os aprendizados que acumularam."

30

Pandemia detona mais crises de ansiedade – como lidar com essa situação

27/05/2020

Os distúrbios mentais são uma preocupação global em meio à pandemia. Na coletiva de imprensa do dia 15 de maio, o diretor-geral da Organização Mundial da Saúde (OMS), Tedros Adhanom, chamou a atenção para a provável explosão de casos ao longo dos próximos meses. "O impacto da pandemia na saúde mental já é extremamente preocupante", ele ressaltou. "Isolamento social, medo de contaminação e morte de membros da família são agravados pelo sofrimento decorrente da redução da renda ou, em muitos casos, da perda do emprego", descreveu.

Para o diretor-geral da OMS, as necessidades de saúde mental devem ser tratadas como um elemento central da resposta e do processo de recuperação da pandemia, algo que ele classifica como responsabilidade coletiva dos governos e da sociedade civil.

O Brasil, que já tinha níveis altíssimos de ansiedade, apresenta um fator de risco adicional em relação a muitos outros países, observa a psicóloga Ana Maria Rossi, presidente da International Stress Management Association do Brasil (Isma-BR): a falta de clareza e de harmonia entre as autoridades no enfrentamento da crise. "Esses conflitos têm contribuído fortemente para a sensação de insegurança da população e, em consequência, para o aumento da ansiedade. As pessoas precisam ter em quem confiar para enxergar uma luz no fim do túnel", diz ela.

A ansiedade é uma sensação que todos conhecemos e, até certo nível, pode ser considerada positiva. É normal ficar ansioso diante de situações como um novo emprego ou um novo relacionamento afetivo, por exemplo. A dimensão patológica envolve a angústia paralisante diante da impossibilidade de controlar o futuro – um termo enfatizado pela pandemia, que potencializa as sensações de impotência e de indefinição.

Ana Maria Rossi ressalta a importância de observar-se e de observar as pessoas próximas para identificar os primeiros sintomas e tentar, assim, evitar a evolução da ansiedade, o que pode exigir tratamento com remédios. Entre os indícios relevantes está lidar de forma paranoica com preocupações normais, além de mudanças de hábitos e de comportamento – alterações na qualidade do sono, dificuldades digestivas, impaciência e intolerância em relação a situações corriqueiras, por exemplo.

Uma forma de tentar amenizar as preocupações com o futuro é concentrar-se o máximo possível no presente. "Algo muito importante são os respiros, tanto os figurados quanto os literais", indica a psicóloga Regina Truffa Tarabay, do Instituto de Psiquiatria do Hospital das Clínicas. Práticas de meditação e atividades que dão prazer, como ouvir o estilo predileto de música, são exemplos desses respiros.

Também são fundamentais hábitos como alimentação saudável e exercícios físicos, que contribuem para a produção de substâncias que trazem bem-estar, melhoram o humor e ajudam a relaxar, a exemplo de serotonina e endorfina. Durante o confinamento doméstico, é preciso uma boa dose de criatividade para fazer exercícios. "Pode ser dança, musculação, bicicleta ergométrica, pular corda, limpeza, brincadeira com as crianças ou com os pets. O importante é mexer o corpo todos os dias", diz Regina.

De certa forma, pode-se até dizer que a pandemia contribuiu para ajudar as pessoas a se concentrarem no presente. A covid-19 impulsionou gatilhos ligados diretamente à sobrevivência imediata – medo de contágio, isolamento, desemprego, falta de dinheiro. Essas causas ocuparam o espaço das preocupações anteriores, mais difusas, como violência urbana, relevância profissional a longo prazo ou enfrentamento de mudanças estruturais na vida, como um divórcio.

"Isso não quer dizer que as causas anteriores de ansiedade desapareceram. Elas apenas foram encobertas pela pandemia, como se fosse uma grande onda, um tsunami. Quando a maré baixar, os motivos originais voltarão a ser percebidos", diz Regina. Nesse ponto há uma possibilidade importante de aprendizado, avalia a psicoterapeuta: quando atravessarmos o momento crítico, as pessoas podem se dar conta de que as causas anteriores de ansiedade talvez não fossem assim tão graves.

Os dentistas estão percebendo diretamente o aumento da ansiedade devido à ampliação de um dos seus sintomas mais comuns: o bruxismo, excesso de atividade dos músculos da mastigação que pode causar desequilíbrios sérios nas estruturas faciais. "Muita gente que já tinha um nível mais básico de bruxismo está percebendo o agravamento do quadro por conta da ansiedade", diz a cirurgiã-dentista Tatiana Ambros. Esse agravamento se manifesta, muitas vezes, por fraturas em dentes saudáveis ou perdas de restaurações.

Tatiana explica que a ansiedade tem interferido na qualidade do sono e isso pode potencializar o bruxismo durante a noite. Nesse caso, não há muito a fazer além de tentar reduzir o nível de ansiedade. Já o bruxismo em vigília, que ocorre com a pessoa acordada e que também tem sido agravado pela ansiedade, é um mau hábito que pode ser conscientemente combatido.

Esse tipo de bruxismo se manifesta tanto com o "travar" dos dentes (algo que temos a tendência de fazer com mais ênfase quando estamos focados numa atividade, como ler ou ver um filme) quanto por práticas como roer as unhas e mordiscar canetas. "É preciso se policiar para manter a posição correta de descanso: lábios levemente encostados e dentes desencostados", ensina Tatiana.

31

Pandemia faz surgir um novo tipo de cansaço

28/05/2020

Um novo termo começa a circular no meio médico: exaustão pandêmica. Refere-se à percepção de que as circunstâncias em torno da covid-19 estão fazendo surgir um novo tipo de cansaço, que não é propriamente mental nem físico, e sim uma mistura imprecisa dos dois.

Na vida que costumávamos ter, a estratégia recomendada para lidar com o cansaço era oscilar entre atividades físicas e mentais. Com a pandemia, as fronteiras entre umas e outras se tornaram menos claras. Agora, tudo está acontecendo simultaneamente no mesmo espaço, a casa. As pessoas lavam a louça enquanto têm uma conversa de trabalho, cozinham enquanto ouvem um curso, tentam fazer yoga com o cachorro pulando em cima.

Não por acaso, a empresária Daniela Hinerasky, 41 anos, proprietária de uma marca infantil de moda, deu entrevista para esta reportagem enquanto trocava a fralda do pequeno Heitor, de sete meses. Em quarentena radical há dois meses, ela constata que está se sentindo bem mais cansada do que antes. Em primeiro lugar, por razões objetivas: precisou assumir tarefas domésticas que eram realizadas por uma rede de apoio contratada e agora são divididas apenas com o marido, sendo que ambos continuam com as respectivas atividades profissionais.

"Em relação à casa, continuo tendo o cansaço mental decorrente do gerenciamento e agora tenho também o físico, pois estou tendo que colocar a mão na massa", ela descreve. Nas primeiras duas semanas de confinamento, Daniela manteve certa ilusão de que conseguiria resolver tudo – a casa, a família, o trabalho – e ainda encontrar tempo para si. Não demorou para perceber que a conta não fecharia. "Já passei pelas fases de pânico, de adaptação, de esperança, e agora acho que o cansaço se instalou pela falta de perspectiva de que tudo isso se resolva no curto prazo", diz a empresária.

A atriz, professora e diretora artística da companhia Zin de teatro, Elenira Peixoto, 40 anos, também está percebendo um cansaço diferente de tudo o que ela conhecia. "No meu trabalho, experimento dois tipos de cansaço: o físico, quando atuo ou dou aulas, e o mental, quando preciso desenvolver um projeto ou corrigir um material, por exemplo. O que tenho sentido não se enquadra em nenhum deles. É uma tensão permanente, como se o corpo e a cabeça não conseguissem alcançar uma condição de relaxamento."

Elenira imagina que parte dessa sensação se deve ao fato de que a casa deixou de ser um refúgio associado apenas a descanso e ao convívio com as duas filhas, de sete e dez anos. Agora, os momentos de relaxamento se diluem em meio às demais atividades que precisam acontecer dentro de casa.

"A relação com a minha casa era muito mais prazerosa. Antes eu chegava e deixava o resto do mundo do lado de fora. Agora o resto do mundo fica o tempo todo aqui dentro comigo", ela compara. "A sensação é de que os dias estão muito parecidos, como se o tempo estivesse de alguma forma suspenso."

Como consequências físicas desse quadro, Elenira tem sentido incômodo muscular – "parece que o corpo está meio amarrado, preso" – e dores de cabeça com mais frequência. "Isso possivelmente é por causa da maior exposição às telas. Ficar no zoom dando aula, com um monte de quadradinhos e vozes metálicas, cansa bem mais do que no presencial."

O funcionário público Rafael Ribeiro Alves Jr., 35 anos, analista do Tribunal Regional Federal (TRF) da 4ª Região, em Porto Alegre, também tem se sentido bem mais cansado. Para ele, que mora sozinho há quinze anos, o motivo principal é fácil de identificar. "Está faltando colorido na vida."

Um exemplo de "colorido" que se perdeu é sair nas noites de sexta, depois de uma semana de trabalho, para encontrar amigos e ver o movimento. Outro é ir de bicicleta ao trabalho, como costumava fazer. "Essa quarentena está servindo para mostrar como momentos assim, aparentemente tão banais, são importantes."

Rafael está trabalhando em casa – algo que não é uma novidade total, pois o Tribunal tem um grande nível de digitalização e ele já estava em processo de transição para home office parcial, três dias por semana. Ainda assim, nem tudo transcorre da melhor forma. "A má qualidade da internet aqui em casa tem sido uma fonte de muito desgaste e cansaço. Como demora para baixar os arquivos, às vezes opto por trabalhar de madrugada, porque a internet funciona melhor, e isso desorganiza a minha rotina", ele descreve.

Todo mundo é capaz de identificar causas objetivas para a sensação de cansaço, como as tarefas domésticas, a presença das crianças em tempo integral, as preocupações com o trabalho, as condições ergonômicas nem sempre adequadas do home office, a tensão cada vez que é preciso sair de casa, o receio de que as pessoas queridas fiquem doentes. Tudo isso é secundário, contudo, na avaliação do psiquiatra Francisco Baptista. "Estamos vivendo um período de luto e de melancolia, com muitas perdas, de vários tipos. E não há prazo para que isso termine, o que potencializa a sensação de tristeza", ele avalia.

Para Francisco, a sensação de cansaço associada ao cenário atual pode ser resumida por uma palavra: impotência. "Não há nada mais cansativo do que ser obrigado a simplesmente aguardar, sem poder agir efetivamente para mudar uma situação que provoca angústia. Quem já ficou numa sala de espera com um ente querido numa UTI sabe como é essa sensação de cansaço provocada pela impossibilidade de agir", ele compara.

Manter contatos frequentes com pessoas queridas durante a quarentena é a ação que o psiquiatra classifica como o melhor antídoto para lidar com a exaustão pandêmica. "A tecnologia nos possibilita essa oportunidade de compartilhamento em tempo real, mesmo com a distância física, algo que não estava disponível para nossos antepassados que enfrentaram situações semelhantes, em pandemias ou guerras. Isso faz muita diferença", diz Francisco Baptista.

32

Tudo o que você precisa saber antes de comprar novas panelas

01/06/2020

A quarentena está obrigando muita gente a cozinhar em casa todos os dias. Se as suas panelas já não estão assim tão boas para enfrentar tamanho desafio, que critérios devem ser levados em conta para comprar novas com uma boa relação custo-benefício?

Um ponto de partida fundamental é o da saúde. Desconfie de panelas muito baratas, pois elas costumam ser sinônimo de materiais de qualidade inferior, incluindo a possibilidade de contaminação da comida por substâncias liberadas durante o uso.

A reputação das marcas é importante. Há aquelas mais conhecidas e tradicionais, que denotam um maior nível de confiança. De qualquer forma, antes de fechar a compra, pesquise na internet o que as pessoas estão falando sobre a marca. Um nome que era sinônimo de qualidade para a sua mãe pode já não ter o mesmo desempenho agora.

Se o preço não deve ser o fator determinante da escolha, é preciso estar ciente de que as panelas consideradas de primeiro nível são caras. É compreensível que, em meio às incertezas da pandemia, talvez não seja o momento adequado para fazer esse tipo de investimento.

Se você ainda não está sentindo a necessidade de trocar completamente o conjunto de panelas – avaliando que algumas delas podem resistir por mais tempo

–, uma boa estratégia é investir agora em uma ou duas unidades de melhor qualidade, com a perspectiva de fazer uma nova compra daqui a alguns meses. A única desvantagem dessa renovação gradual do arsenal na cozinha é que a compra dos conjuntos vendidos pelas fabricantes costuma trazer vantagens financeiras em comparação à aquisição em separado dos mesmos itens. Aí é uma questão de pesquisar, fazer as contas e tomar a decisão.

Outro critério que deve ser considerado para a escolha das panelas é o tipo de fogão que você tem. Os modelos *cooktop* pedem fundos bem retos, achatados. Já os modelos tradicionais de fogão permitem a adaptação sem maiores dificuldades aos mais diversos desenhos de panelas.

Quem cozinha profissionalmente costuma apontar as panelas de aço inoxidável (inox, para os íntimos) como as melhores opções. "São confiáveis e duráveis, embora possam ser um tanto pesadas no uso diário", descreve a cozinheira Priscila Gemente. Outro problema é a tendência para mancharem: mantê-las com aparência de novas dá trabalho.

A cozinheira lembra que as panelas feitas de inox, sem qualquer peça plástica, são ainda melhores, pois podem ir direto ao forno e permitem fazer pães, por exemplo. Outro atributo valorizado é o fundo triplo. "Ajuda muito a aquecer por igual e controlar a intensidade do calor no patamar que você precisa", diz Priscila.

Além do inox, há vários outros materiais disponíveis, cada um com vantagens e desvantagens. O cobre, excelente condutor de calor e considerado encantador como decoração, é caro, difícil de limpar e pode contaminar os alimentos em determinadas circunstâncias. O alumínio também é difícil de limpar, pois os alimentos tendem a grudar nele. Teflon é prático, mas só é seguro até certo ponto, pois partículas podem se soltar na comida – por isso as panelas com teflon devem ser descartadas assim que o material começa a dar sinais de desintegração. Porcelana e cerâmica exigem cuidado redobrado no manuseio, já que são materiais quebradiços.

A gastrônoma e professora de culinária Kay Gentile, responsável pela plataforma Depois de Paris, indica o conjunto de panelas que considera essenciais numa cozinha. Ela faz questão de começar pela panela de pressão, que pode ser de cinco litros para famílias de até quatro pessoas, ou de sete litros quando houver mais gente. "As pessoas muitas vezes não valorizam tanto a panela de pressão, mas na culinária brasileira ela é fundamental. Faz feijão, leguminosas, caldo, carne de panela e muitos outros pratos não apenas com rapidez e praticidade, mas deixando a comida realmente mais gostosa", avalia Kay.

Ela recomenda ter também uma caçarola alta, que pode ser do tipo com duas alças ou de um cabo só; uma panela com cerca de 20 cm de raio e outra menor, de 15 cm; uma leiteira, que serve não apenas para ferver leite, mas eventualmente para tarefas como fazer café e cozinhar ovo; e pelo menos duas frigideiras, uma de aproximadamente 25 cm, tamanho básico, e outra menor, para tarefas como tapiocas ou ovos mexidos.

"As frigideiras permitem fazer muita coisa. Cozinho muito nelas. Risotos, por exemplo. Tenho várias, é até uma piada na família." Numa fase mais avançada de dedicação à cozinha, pode-se reforçar o arsenal com uma espagueteira, uma panela de ferro e uma panela de barro, entre outras aquisições.

Priscila, que é especialista em doces e foi dona de uma confeitaria em Florianópolis por sete anos, lembra que muita gente está fazendo bolos em casa durante a quarentena. Para essa finalidade, ela recomenda ter duas fôrmas, uma do modelo com furo no meio (formato de pudim) e 2,4 litros de capacidade, e outra antiaderente lisa, com raio entre 22 cm e 24 cm. "Esses dois formatos dão conta da maioria das receitas de bolo", explica.

33

Pandemia impulsiona plataformas que conectam quem precisa de ajuda a quem quer ajudar

06/06/2020

Os sites e aplicativos que funcionam como cardápios de possibilidades de doação ganharam grande impulso com a disseminação da covid-19. Essas plataformas facilitam a conexão entre quem precisa de ajuda e quem quer contribuir para atenuar os impactos decorrentes da pandemia.

"A solidariedade tem sido, talvez, a única boa nova desde que a covid-19 chegou", diz Kelly Lopes, superintendente do Instituto de Oportunidade Social (IOS), instituição que trabalha pela empregabilidade de jovens em condições de vulnerabilidade. "São inúmeras iniciativas de apoio ao próximo, em um nível inédito. De repente, a frase 'estamos fazendo a nossa parte' ganhou novo significado."

Conheça, a seguir, três iniciativas de plataformas que ajudam as pessoas a escolher o destino das doações:

Para quem doar

O Grupo Globo lançou o site ParaQuemDoar, que reúne, até o momento, 177 instituições e iniciativas com trabalhos especificamente voltados ao combate da pandemia. A pessoa interessada em doar pode fazer pesquisas por região do país, caso prefira escolher iniciativas próximas ao local onde mora. Cada instituição tem links com mais informações sobre sua atuação.

Entre as iniciativas incluídas está, por exemplo, o Observatório de Favelas, sediada no Complexo da Maré, no Rio de Janeiro, que realiza um amplo trabalho de informação nas periferias de todo o país sobre a covid-19. Na lista está também o #vencendojuntos, iniciativa de um grupo de ex-atletas, incluindo Gustavo Kuerten, Bernardinho, Flávio Canto e Hortência. As doações são transformadas em vales-alimentação, com a meta inicial de atender 33 mil famílias com o valor mensal de R$ 100, por três meses.

Descubra sua causa

O portal *descubrasuacausa.net.br*, iniciativa do Instituto para o Desenvolvimento do Investimento Social (Idis), oferece um teste para ajudar a pessoa a definir o seu perfil de doadora. O teste, lúdico, inclui perguntas como "Se você pudesse largar tudo agora, para qual lugar viajaria?" e "Qual super-herói você gostaria de ser?", sempre com cinco opções de resposta em cada questão.

Se a intenção é realizar doações específicas para o combate da pandemia, o portal sugere a campanha Abrace a Saúde, fundo emergencial criado pela plataforma BSocial que já arrecadou R$ 37 milhões. Direcionada a instituições que estão na linha de frente do combate à covid-19, a verba contribui para a produção de testes rápidos ou o fornecimento de máscaras descartáveis, respiradores e camas hospitalares.

Denario

A multiplataforma Denario, que tem site, aplicativo e outros canais, vem registrando, desde o início da pandemia, um aumento expressivo no volume de instituições interessadas em fazer o cadastro. "A média vinha abaixo de trinta novos cadastros por mês. Em abril foram sessenta e em maio serão pelo menos mais setenta", descreve o CEO e cofundador, Bruno Amiky Wurker, com mais de vinte anos de experiência no Terceiro Setor.

Já são 450 instituições cadastradas – que, para isso, tiveram que se submeter a uma rígida curadoria. Há uma série de pré-requisitos: ser constituída como pessoa jurídica, ter atuação claramente voltada à transformação social e não possuir qualquer histórico que coloque em dúvida sua idoneidade. É preciso, também, apresentar documentos como relatório anual de atividades e comprovante de qualificação como entidade sem fins lucrativos ou Organização da Sociedade Civil ou Interesse Público (Oscip).

O número de doações realizadas via Denario triplicou em relação ao mesmo período do ano passado. A média de transações está próxima de 2 mil por semana, ao tíquete médio de R$ 93. Entre os diferenciais, para o usuário, estão a geolocalização – "pesquisas mostram que as pessoas gostam de doar para instituições próximas delas, que fazem trabalhos locais", explica Bruno – e o sistema de avaliação, semelhante ao utilizado por aplicativos de transporte e de alimentação.

34

A importância dos rituais: por que datas importantes não devem passar em branco

07/06/2020

Devem-se criar formas alternativas de celebrar momentos marcantes, pois os rituais cumprem um papel importante, sobretudo diante do cenário incerto em que estamos vivendo. Em razão da sensação de segurança e pertencimento que os rituais proporcionam, uma boa atitude, neste momento, é tentar adaptá-los de alguma forma, em vez de simplesmente eliminá-los.

"Os rituais transmitem uma mensagem de ordem e a promessa de continuidade", diz a antropóloga do consumo Hilaine Yaccoub, doutora pela Universidade Federal Fluminense (UFF). Ela ressalta que é muito importante neste período que as datas especiais não passem em branco. "Os rituais não são simples formalidades. Carregam importância emocional, simbólica e prática."

A pandemia está provocando a dor de não se poder celebrar a existência e a evolução das pessoas de forma entendida como apropriada, ressalta a antropóloga. "Fica a sensação de que está faltando algo para encerrar um ciclo e iniciar outro. Estamos vivendo a vida pela metade, ou pelo menos há uma percepção de descontinuidade, de que estamos na verdade vivendo em um estado de exceção, como viver entre parênteses", ela descreve.

O site *inumeraveis.com.br*, memorial virtual dedicado às vítimas da covid-19 no Brasil, tornou-se uma alternativa para que as famílias e amigos possam homenagear o ente querido que teve que ser enterrado ou cremado às pressas por causa dos riscos de contaminação. Na plataforma digital criada pelo empreendedor social Rogério Oliveira, basta enviar um texto contando sobre a pessoa que morreu para que a homenagem seja editada e incluída no memorial. Há também uma rede de jornalistas voluntários, em todo o Brasil, fazendo o trabalho de abastecer o site.

A conversão dos números frios da pandemia em histórias reais, protagonizadas por pessoas de carne e osso, contribui para honrar funções essenciais do ritual tradicional. "Para os parentes, o enterro é uma forma de celebrar a história de uma pessoa que morreu e reconhecer suas conquistas, seus esforços e seu legado. Por isso, nos velórios é comum as pessoas mais próximas narrarem histórias que vivenciaram com o ente querido", descreve Hilaine.

A jornalista Fernanda Medeiros estava a vinte dias do aniversário de 48 anos quando estourou a crise do coronavírus no Brasil. Para celebrar a data, ela estava com viagem marcada ao Peru, ao lado do marido, Paulo, mas os planos tiveram que ser adiados. "Fazer aniversário sempre foi muito importante pra mim. Logo que passam as festas de fim de ano, eu já fico planejando como vai ser o oito de abril", conta Fernanda.

Além de não poder viajar, ela também não teria a alternativa de festejar presencialmente com os amigos. As filhas Maria Vitória, de catorze anos, e Maria Eduarda, de onze, que não viajariam com os pais porque o período coincidiria com as provas bimestrais na escola, perceberam o desânimo da mãe e arquitetaram um plano. Pediram a parentes, amigos, parceiros de trabalho e antigos colegas de universidade que enviassem vídeos dando os parabéns a Fernanda. E editaram tudo.

No dia do aniversário, Fernanda acordou bem cedo para arrumar a mesa do café da manhã especial, com o bolo e os salgadinhos que havia comprado na véspera. Pouco depois as meninas e o marido surgiram com o notebook e a surpresa: um vídeo com quase cem felicitações e depoimentos. Entre eles, a mãe de Fernanda cantando uma canção que foi a primeira que a filha aprendeu na escola e a avó, de 98 anos e sofrendo de Alzheimer, vivendo um raro momento de lucidez para desejar felicidades à neta e cantar "Parabéns a você" do início ao fim. "Tenho muitos aniversários memoráveis, mas no meio de toda essa loucura minha família conseguiu fazer de um jeito que eu nunca vou esquecer. Eu me senti muito amada", descreve Fernanda.

O consultor Fernando Souza, especialista em marketing digital, não imaginou que o nascimento da primeira filha aconteceria em meio a uma situação tão atípica: Maria Tereza chegou ao mundo no dia 3 de março, menos de uma semana após o anúncio do primeiro caso de covid-19 no Brasil. "Eu e a Rosângela estamos vivendo todo esse período de muita felicidade isolados com a bebê", ele conta.

Isso exigiu uma série de quebras de expectativa, como as tradicionais visitas de parentes e amigos e a participação ativa dos avós, além do cancelamento do ensaio fotográfico de *newborn*.

Outros programas que precisaram ser adiados são os esperados passeios em parques e praças. "Algumas das coisas que mais estão fazendo falta são justamente aquelas que consideramos corriqueiras quando a vida está normal", diz Fernando. A impossibilidade de presença física das pessoas queridas tem sido compensada, na medida do possível, pelos recursos de tecnologia. "A cada mesversário temos feito uma festinha aqui, com a galera participando à distância", ele descreve.

Já os casamentos fazem parte de uma categoria um pouco diferente: são eventos que podem ser adiados. O único problema é que não se sabe por quanto tempo. Remarcar para 2022 tem sido a decisão em alguns casos. Há quem esteja optando por realizar a cerimônia sem convidados presenciais, enquanto muitos dos casais que decidiram transferir a cerimônia para o futuro estão enfrentando dor de cabeça com os serviços contratados e já pagos, parcial ou integralmente.

A situação atípica não estava prevista nos contratos. Muitas das empresas organizadoras de festas costumam estipular a impossibilidade de devolução dos valores pagos em função de eventual cancelamento. Por outro lado, o cancelamento não está ocorrendo por decisão pessoal dos noivos, e sim por circunstâncias sobre as quais eles não têm qualquer influência.

Assim, a solução passa obrigatoriamente por negociação. "Trata-se de situação extraordinária de pandemia mundial que exige serenidade, bom senso, boa-fé e agilidade para atender o direito do consumidor sem os riscos de excessiva judicialização. É fundamental solidariedade e harmonia nas negociações", pede o diretor executivo do Procon de São Paulo, Fernando Capez.

35

É possível ser feliz – e não se sentir culpado – em meio à pandemia?

12/06/2020

O Brasil está caótico, o mundo está caótico. Pandemia, racismo, tensão política. Mas pode ser que, no que diz respeito às circunstâncias particulares, algumas pessoas se sintam bem. Quem teve a atividade profissional preservada e sabe que familiares e amigos estão com saúde certamente se considera privilegiado.

Será que é possível se considerar feliz em meio ao que estamos vivendo? Quem se sente assim pode expressar isso sem parecer egoísta, insensível ou desrespeitoso, já que tantas pessoas estão sofrendo?

Talvez o primeiro passo seja discutir o próprio conceito de felicidade. Luiz Hanns, doutor em Psicologia Clínica que ministrou um curso sobre o tema na Casa do Saber, lembra que a "busca da felicidade", tal como a conhecemos hoje, é um tema recente para a humanidade.

Até a década de 1960, o que havia era muito mais a noção de obrigações a cumprir. A vida só valia a pena para quem contemplasse uma série de expectativas – ser um bom filho ou uma boa filha, um bom marido ou uma boa esposa, seguir uma profissão (no caso dos homens), cuidar dos filhos (atributo historicamente reservado às mulheres), ser temente a Deus, deixar um patrimônio.

Em meio a tudo isso, pouco importava como a pessoa se sentia intimamente. O que valia era a visão que o mundo teria sobre seu legado. "Se você perguntasse ao seu bisavô ou à sua bisavó o que eles desejavam para um filho recém-nascido, as respostas seriam: que seja corajoso, que seja cristão, que seja trabalhador, que seja piedoso, que cuide da família", diz Hanns. "Hoje, a resposta mais comum diante da mesma pergunta é: 'Só quero uma coisa: que ele seja feliz'."

A noção de felicidade foi, portanto, deslocando-se cada vez mais para o indivíduo. Isso indica que estamos falando de um estado muito mais relacionado às condições internas da pessoa do que às influências externas. As pesquisas da Psicologia Positiva reforçaram essa visão, ao concluir que 60% da sensação de felicidade depende de genética e de condições biológicas. Podemos agir apenas nos outros 40%.

Além do mais, se fôssemos esperar o mundo ficar perfeito para nos sentirmos felizes, isso jamais aconteceria. Sempre há flagelos como guerras, desigualdade, fome, acidentes, tragédias naturais, turbulências políticas, ameaças à democracia. Epidemias, como a atual, são apenas mais um item nessa longa lista.

Dar um grande peso às condições externas reforça um equívoco frequentemente cometido quando as pessoas pensam em felicidade: a ideia de que se trata de um ideal a ser buscado em algum momento do futuro distante, quando todos os aspectos da vida finalmente estarão em equilíbrio. Esse momento mágico, infelizmente, nunca vai acontecer.

Sempre teremos problemas, e até certo ponto é até bom que isso exista. Afinal, a monotonia também é um obstáculo para a felicidade – tanto que as taxas mais altas de suicídio ocorrem em alguns dos países mais desenvolvidos do planeta. Para desassociar a felicidade da ideia de mundo perfeito, Hanns sugere até que o termo seja substituído por assemelhados que deem mais a ideia de uma sensação momentânea, transitória, como "alegria de viver".

"Refleti muito sobre essa questão e acho que não é possível ser feliz na pandemia", diz a psicóloga Regina Truffa Tarabay, do Instituto de Psiquiatria do Hospital das Clínicas. "A gente vive em conexão com o mundo. Em meio a tudo o que está acontecendo podemos ter momentos de alegria, de respiro, fundamentais para que a gente não deprima, mas não se trata de felicidade."

Ela considera que, durante a pandemia, o sentimento de luto é inevitável para todos que têm um mínimo de sensibilidade. E que dar atenção a esse sentimento é essencial para a saúde emocional. "É preciso chorar quando tiver vontade, sem deixar de enxergar a vida com a beleza que ela tem."

O momento, ressalta a psicóloga, é para aprender a viver o luto, que não ocorre apenas em decorrência da morte de pessoas queridas. "Outras situações da vida também são luto, mas não aprendemos a encará-las assim. Vão acontecendo coisas importantes na nossa vida de criança, de adolescente, de adulto, e a gente vai deixando pra lá, limpa a lágrima, afinal, é pra frente que se anda, dizem. Nossa sociedade dá cada vez menos espaço para o luto", lamenta.

O palestrante, escritor e professor Uranio Bonoldi, que dá aulas nos cursos de MBA da Fundação Dom Cabral, ressalta a importância do autoconhecimento como caminho para a sensação de felicidade – ao menos a felicidade possível. Isso se aplica não apenas a pessoas, mas também à coletividade. "Nós, brasileiros, sempre fomos considerados um povo alegre, um povo feliz. Mas não é verdade", diz Uranio.

Ele cita uma pesquisa da consultoria Consumoteca que concluiu que 58% dos brasileiros estão insatisfeitos com a vida, o maior índice encontrado entre os quatro países que participaram da pesquisa – os outros foram Argentina, Colômbia e México. Um dos motivos identificados para a sensação de infelicidade é que oito entre cada dez brasileiros têm um projeto que não conseguem tirar do papel e 57% projetam que precisarão reinventar a carreira nos próximos anos – aspectos que têm, sem dúvida, grande relação com o mundo externo. E que certamente foram agravados pela pandemia.

A boa notícia da pesquisa, ressalta Bonoldi, é que 75% dos entrevistados brasileiros disseram estar em busca de autoconhecimento. "Essa é a base para as boas escolhas e decisões difíceis da vida. Autoconhecimento é se perguntar 'o que me faz feliz? Quais são meus pontos fortes e fracos? Quais são meus medos? Quais são meus propósitos e o que quero deixar neste mundo? Eu me saboto de alguma forma em função dos meus medos?'"

Dito tudo isso, chega-se à conclusão de que talvez seja impossível "ser feliz" durante a quarentena pelo simples fato de que é impossível "ser feliz" na vida. Mas é possível, sim, sentir-se alegre em alguns dias durante a quarentena. Só não espere que esse sentimento seja inabalável. Sofrer com o sofrimento dos outros é normal. Trata-se de empatia e, mais do que isso, de humanidade.

36

Homens aprendem a cuidar da casa na pandemia, mas fazem muito menos que as mulheres

13/06/2020

Quem saía pela manhã e só voltava à noite não acompanhava a rotina doméstica e não tinha uma noção muito clara do que acontecia ao longo desse período. Agora, confinados em casa, os homens estão descobrindo que a louça não se lava sozinha, que a casa não fica limpa por encanto, que a despensa não se reabastece automaticamente e que crianças exigem dedicação.

Muitos assumiram tarefas que até então ficavam a cargo da esposa ou eram terceirizadas para empregadas domésticas, babás e professoras – serviços que precisaram ser interrompidos durante a pandemia. Mas, e quando tudo voltar ao normal? Será que os homens também voltarão ao normal ou terão se tornado mais colaborativos e conscientes da necessidade de participar da rotina doméstica?

Ainda que se reconheçam os esforços de muitos homens, é fato que as mulheres continuam mais dedicadas às demandas da casa durante a quarentena. Um estudo do Boston Consulting Group (BCG) concluiu que, em meio ao confinamento decorrente da pandemia, as mulheres estão dedicando às atividades domésticas e ao cuidado com os filhos, em média, quinze horas semanais e mais que os homens.

Ou seja: enquanto o marido mantém a rotina normal de dedicação à atividade profissional, a mulher se vê obrigada a abdicar de dois dias semanais de trabalho para cuidar das atividades domésticas. Ou, caso ambos estejam se dedicando igualmente à atividade profissional, a mulher precisa cumprir três horas extras para cuidar da casa. E essa é a média, pois há casos mais extremos: o mesmo estudo mostrou que 37% das mulheres estão sendo totalmente absorvidas pela rotina da casa, sem tempo nem cabeça para preocupações profissionais.

O especialista em sustentabilidade urbana Fernando Penedo gostaria de se dedicar mais às tarefas da casa, mas lamenta que as circunstâncias não estejam ajudando. "Meu emprego exige que eu esteja em frente ao computador desde as oito da manhã", ele diz. Já a esposa, Alessandra, tem horários mais flexíveis, pois, quando a pandemia chegou, estava iniciando um novo negócio como microempreendedora – a produção de geleias e molhos artesanais.

Em função desse cenário, a maior parte das atividades domésticas acabou ficando sob responsabilidade dela. "A Alessandra está sobrecarregada e não consegue ter tempo e disposição para avançar no projeto profissional", reconhece Fernando. "Eu me sinto culpado por isso, mas a gente concordou que preciso priorizar o trabalho neste momento, pois não podemos colocar o meu emprego em risco em plena pandemia."

O que Fernando tem feito em casa, de segunda a sexta, é apenas lavar a louça à noite. Para equilibrar um pouco a balança, ele reforça a dedicação nos finais de semana – incluindo a faxina pesada, atribuição que sempre foi dele na divisão de tarefas do casal. "Na vida normal nossa vida doméstica é muito mais equilibrada. Estamos ansiosos para que tudo volte a ser como antes."

Fernando e Alessandra conversaram abertamente e chegaram ao melhor acordo para a família. Nem todos os casais estão conseguindo lidar tão bem com a situação, no entanto. Prova disso é que no Brasil, como em vários outros países, o período da quarentena está impulsionando o número de divórcios.

O convívio em tempo integral tem agravado as tensões – e o desequilíbrio na divisão das tarefas domésticas certamente é um fator relevante para os desentendimentos. "Os homens costumam ter várias distrações que os levam para fora de casa. O trabalho, o futebol com os amigos, o chope. Já as mulheres, em geral, acumulam mais obrigações que distrações", compara a consultora Erika Linhares, especialista em comportamento nas organizações.

Erika considera que, em razão da experiência acumulada, as mulheres tendem a se adaptar melhor às circunstâncias da quarentena. Já os homens, sem acesso às válvulas de escape habituais, podem buscar outras fugas. "Não por acaso vem aumentando o índice de consumo de bebidas alcoólicas e de violência doméstica", observa a consultora.

Para o funcionário público Rafa Rios, que trabalha no Tribunal Regional Federal (TRF) e está em regime de home office, a pandemia escancarou uma série de desequilíbrios da nossa sociedade – econômicos, sociais, raciais e de gênero. Nessas circunstâncias, quem tem os direitos menos garantidos tende a ser mais afetado.

"Isso se reflete na prioridade dada ao trabalho do homem, no desequilíbrio da divisão de tarefas em casa e no aumento da violência doméstica", observa Rafa, que se tornou um estudioso da masculinidade ao desenvolver, há quatro anos, a atividade de florista, que ele mantém em paralelo ao emprego no TRF. Rafa observa que as mulheres são maioria na linha de frente no combate à covid-19 e que os países liderados por mulheres apresentaram melhor desempenho no controle da pandemia. Por outro lado, os homens tendem a se submeter mais aos riscos, incluindo a maior resistência ao cumprimento de normas, como o uso de máscaras.

"O grande ensinamento desse período para o homem é exercitar mais a sensibilidade e o cuidado, tanto com os outros quanto consigo mesmo", diz Rafa. "É preciso abandonar a premissa de que cabe à mulher ocupar o lugar do carinho, do cuidado, do afeto. Espero que a experiência da quarentena possa servir para isso e que muitos homens saiam dela mudados, entendendo que a responsabilidade pela casa, pelos filhos e pelo equilíbrio emocional da família também é deles."

A esposa de Rafa, Jéssica, sócia de um fundo de investimento de impacto social, também está em home office. "Ela no escritório e eu na sala", ressalta Rafa. Durante a semana, os dois acordam às 7h30, tomam café juntos e começam a trabalhar por volta das nove. Fazem algumas paradas estratégicas ao longo do dia – incluindo sessões de yoga por vídeo – e à noite relaxam. Com os horários sincronizados, todas as tarefas domésticas são compartilhadas, incluindo o preparo do almoço.

37

Influenciadores com conteúdo ganham relevância durante a pandemia

14/06/2020

O episódio Gabriela Pugliesi, no final de abril, impulsionou uma ampla discussão sobre o papel e a responsabilidade dos *influencers*, personalidades da internet que têm muitos seguidores e ganham a vida fazendo publicidade nas redes sociais. Recapitulando: após ter sido uma das primeiras vítimas famosas da covid-19 no país, a musa fitness promoveu uma festinha em casa, em plena quarentena. Não hesitou em postar, para seus mais de 4 milhões de seguidores, imagens do evento – incluindo uma cena em que ela declarou, em alto e bom som, "f...-se a vida".

Nada muito recomendável para quem vendia justamente a imagem de defensora de hábitos saudáveis. Gabriela perdeu quase todos os patrocinadores, assustados com a repercussão negativa das atitudes e das postagens da *influencer*. Ela admitiu o erro e pediu desculpas, mas o estrago estava feito. Gabriela decidiu, então, afastar-se das redes para interromper o tsunami.

Agora, com a poeira assentada, a discussão ganhou um caráter mais aprofundado. Será que os *influencers* que exploram puramente o estilo de vida – beleza física, viagens para lugares paradisíacos, festas e badalações – realmente perderão espaço para outros com mais "conteúdo"? "Acredito que a pandemia despertou uma grande revolução, em vários aspectos", diz o consultor e professor de marketing André Carvalhal. "As pessoas estão mais conscientes do que acontece por trás das marcas e por trás dos influenciadores. Há mais vigilância e um clamor por coerência. Deslizes são cada vez mais expostos e menos tolerados."

Esse cenário, acredita ele, está levando à transformação do perfil de quem cria opinião. "Hoje, existe uma vontade das pessoas de se conectarem mais com quem, além da aparência, traz informação, reflexão, notícias." A visão das empresas a respeito é fundamental, já que o sucesso dos *influencers* depende muito do apoio de patrocinadores e parceiros comerciais.

Para André Turquetto, diretor de marketing da Alelo – bandeira especializada em benefícios, gestão de despesas corporativas e incentivos –, a pandemia acelerou o processo da busca de propósito pelas corporações. "Fica cada vez mais evidente que tanto o modelo atual do capitalismo como o papel das empresas nele inseridas estão mudando rapidamente", ele diz.

André Turquetto observa que os consumidores esperam uma participação mais efetiva das empresas no desafio de melhorar o mundo. Isso envolve causas como a preservação do meio ambiente e atitudes como a aplicação de parte dos lucros em projetos que beneficiam a sociedade. "O período de pandemia que estamos vivendo acelerou esse movimento", acredita o executivo. "Notadamente, a preferência passou a ser por aquelas empresas que exercitam a empatia, em detrimento das que falam sobre si próprias ou que têm se beneficiado por ações de influenciadores notadamente vazios, eticamente questionáveis ou pouco comprometidos com o interesse coletivo."

Pesquisa do Instituto Qualibest mostrou que 20% dos internautas brasileiros passaram a seguir um número maior de influenciadores em comparação ao período anterior à pandemia. Para a diretora geral do instituto, Daniela Malouf, o fenômeno mostra a força das redes sociais como fonte de informação. "Os influenciadores não são apenas meios de distração, mas também são consumidos como transmissores de análises, fatos, opiniões – coisas que antes eram buscadas somente na imprensa."

O biólogo e virologista Átila Iamarino é um exemplo de *influencer* que "aflorou" durante a pandemia – justamente por ter se revelado uma fonte confiável e embasada para falar sobre a covid-19. "O caso do Átila é interessante porque os próprios meios da imprensa notaram a sua importância como fonte de informação. Ele passou a frequentar programas de TV e a ser entrevistado pelos veículos grandes da nossa imprensa", observa a diretora do Qualibest.

Para a jornalista Daniela Arrais, sócia do estúdio de criação Contente – que tem como missão promover uma vida digital mais genuína e consciente –, a profusão de médicos, psicólogos e psicanalistas que ganharam destaque neste momento é um respaldo importante num momento em que a ciência, a cultura e a informação confiável estão sofrendo um ataque sistemático.

A questão-chave, para ela, é se o mercado terá realmente mudado quando a pandemia passar. "Nas primeiras semanas, o repúdio à ostentação ficou muito forte. Saiu matéria no *New York Times*, subiram no Twitter a hashtag #guillotine2020, que reunia situações em que famosos tentaram parecer gente como a gente e falharam miseravelmente", ela lembra.

"Mas a real é que, para uma parcela enorme de influenciadores e seus seguidores, o que funciona ainda é essa vida aspiracional, de mostrar o que os outros não têm. Talvez um conteúdo aspiracional e inatingível ainda seja o que a maioria das pessoas quer ver", acrescenta Daniela, criadora da hashtag #ainternetqueagentequer ao lado da sócia, a publicitária Luiza Voll.

Outro aspecto ressaltado por Daniela é a constatação de que o mercado ainda prioriza números, sem fazer um mergulho mais profundo no que esses números significam. "Muitas marcas ainda querem o número pelo número, e não estão preocupadas em promover conversas, apoiar iniciativas. Para marcas que se posicionam assim, os mesmos influenciadores pré-pandemia vão continuar fazendo sentido", avalia.

De qualquer forma, observa Daniela, a discussão é saudável e relevante. "Quanto mais falarmos disso, mais teremos a possibilidade de construir uma internet que seja mais plural, em que mais vozes sejam ouvidas, em que influência signifique ter realmente algo a dizer, e não simplesmente a exibição de um estilo de vida possível para tão poucos."

38

Pandemia mostra que não há limites para criar versões online de eventos

15/06/2020

No início da quarentena, foi um susto para todos que organizam eventos presenciais – sejam palestras, aulas, cursos, apresentações artísticas ou festas. Como sobreviver à necessidade de distanciamento social? O único caminho possível era se adaptar ao mundo online. Alguns fizeram isso com mais agilidade, outros ainda estão em processo, mas o fato é que muitas empresas e profissionais, das mais diversas áreas, conseguiram realizar a transição.

A experiência acumulada nesse período pode se tornar crucial para a sequência das atividades, mesmo depois da pandemia. Afinal, todos sabiam da necessidade de ingressar, mais cedo ou mais tarde, no mercado virtual. O que aconteceu, em muitos casos, foi a aceleração do processo. Contou a favor o fato de que o público estava disposto a experimentar novos formatos – mesmo porque, para quem estava confinado em casa, também não havia alternativa.

No meio musical, as lives se tornaram o caminho natural. No final de abril, Ivete Sangalo fez uma apresentação que já se tornou antológica. Ela reforçou a empatia com os espectadores ao fundir a vida profissional com a doméstica. Em plena sala de casa, cantou vestindo um pijama de bolinhas, com a participação do marido e do filho. Ivete teve o apoio de cinco empresas patrocinadoras, que mencionou com naturalidade ao longo da apresentação. Só pelos canais de TV que transmitiram o evento – Globo e Multishow –, a apresentação teve mais de 37 milhões de espectadores.

Com o passar das semanas, outro tipo de live musical ganhou força: aquelas fechadas para convidados de uma empresa patrocinadora. Muitos artistas que já faziam esse tipo de evento presencialmente passaram a ser procurados para versões online. Com a demanda em alta, os cachês puderam continuar no mesmo patamar de antes, ainda que a simplificação da logística resulte, obviamente, na redução de custos para os artistas.

Logo ficou claro, também, que algumas regras precisavam ser seguidas. O cantor Gusttavo Lima teve problemas com o Conselho Nacional de Autorregulamentação Publicitária (Conar) por não seguir em suas lives as regras relacionadas à publicidade de bebidas alcoólicas.

A adaptação para o online se estendeu a outros tipos de eventos que nasceram com DNA presencial, como as conferências TED. A décima edição do TEDx Laçador, evento realizado em Porto Alegre, estava marcada para o final de maio. "Tínhamos planejado uma programação superespecial em celebração aos dez anos", conta a organizadora, Ana Goelzer. Em vez de cancelar ou adiar o evento, ela assumiu o desafio de convertê-lo para o online. A ideia exigiu até uma autorização especial da organização global das conferências. "Acabamos sendo um dos primeiros TEDs online do mundo", diz.

A equipe desenhou e viabilizou em poucas semanas a versão online. O ambiente escolhido foi o Zoom, dentro do Sympla, plataforma que já vinha sendo utilizada para as inscrições no evento presencial. "O momento mais difícil foi quando eu tive que selecionar, no Sympla, que o evento seria online e não presencial. Um turbilhão veio à tona naquele momento", lembra a organizadora.

A programação foi composta de cinco palestras e uma apresentação musical no final, com direito até a coffee break. Cada um tinha dez minutos para ir ao banheiro e pegar a própria bolachinha e café em casa. Para reproduzir o ambiente de networking do evento tradicional, os participantes foram divididos em salas virtuais. "No dia seguinte, recebi muitos agradecimentos e comentários sobre a alta qualidade das palestras e sobre o clima fiel ao que ocorre no presencial", orgulha-se Ana.

O consultor e instrutor de marketing digital Fernando Souza também conseguiu migrar com sucesso as aulas e as consultorias presenciais para o online. Claro que ele levou grande vantagem por se tratar de um ambiente em que se sente naturalmente à vontade. "Mesmo assim, não é tão simples dar aula sem o olho no olho. No digital fica bem mais difícil medir a 'temperatura' da turma", diz Fernando.

Ele considera que o período é de aprendizado em diversos aspectos relacionados ao presencial. "Muitas vezes a gente marcava reuniões ao vivo que podiam ser resolvidas com uma conversa online. Há muito desperdício de tempo com deslocamentos numa cidade como São Paulo. Essa mentalidade realmente pode mudar a partir de agora."

Considerando-se que a tendência dos eventos digitais veio para ficar, o especialista em marketing digital recomenda que as pessoas aproveitem o período da quarentena para consumir o máximo de lives e cursos online. "O melhor caminho para aprender é observar como os outros estão fazendo."

39

Nova etiqueta: dez cuidados para ir bem nas videoconferências

16/06/2020

A pandemia fez as videoconferências entrarem de vez na nossa vida. E nos mais diversos formatos: conversas privadas ou públicas, individuais ou coletivas, pessoais ou profissionais. São lives, reuniões de trabalho, de escola, aulas, cursos, palestras, entrevistas... Se há algo em comum entre todas essas modalidades é a necessidade de se comunicar bem, com a menor quantidade possível de ruídos – literais ou simbólicos.

Pedimos ajuda à mentora de comunicação Cris Magalhães e à consultora de conteúdo Etiene Rocha para preparar orientações sobre como melhorar as conversas mediadas por telas.

1. Internet está travando. O que fazer?

Começamos por um aspecto que tem incomodado muita gente: as oscilações da internet, sobrecarregada durante a pandemia. O que pode ser feito? Além de procurar o lugar dentro de casa onde o sinal chega melhor, a fornecedora do serviço deve ser cobrada sobre a qualidade da entrega.

Confira se o pacote prometido está sendo cumprido e, caso seja insuficiente para a sua necessidade, se pode ser melhorado por um preço o.k. Muitas vezes a origem do problema nem é a conexão, entretanto, e sim a sobrecarga nos servidores da plataforma utilizada.

Caso ocorra algum problema desse tipo durante a sua conversa, encare a situação com naturalidade: todo mundo está sujeito a isso. Não é culpa sua. Mantenha por perto o telefone com o contato do WhatsApp da(s) pessoa(s) com quem está conversando, para avisá-la(s) sobre qualquer imprevisto. E combine antecipadamente qual será a estratégia caso a transmissão esteja travando muito ou algum dos participantes tenha dificuldade de acesso. Deve-se continuar mesmo sem aquela pessoa?

2. Dê ao delay o tempo de que ele precisa

Aquele pequeno atraso nas falas pode causar muita confusão para quem não está habituado a lidar com o problema. Mas o famoso delay não é um bicho de sete cabeças. Para não atropelar a fala da outra pessoa, espere três segundos, até ter certeza de que ela concluiu o raciocínio. Além da sensação desagradável para quem está acompanhando, esses atropelos contribuem para travar a transmissão.

Se você vai compartilhar uma live com outra pessoa, vale até combinar um código para passar a palavra, utilizando recursos como "o que você acha disso, fulana?". "Esse é um aspecto que tem sido positivo nas conversas mediadas pela tecnologia: as pessoas têm respeitado mais o espaço de fala das outras", diz Etiene. "Provavelmente é por força das circunstâncias, mas seria bom manter esse hábito nas conversas presenciais."

3. Tenha à disposição uma estrutura mínima

Há um kit básico para videoconferências – equipamentos que não são muito caros e estão disponíveis para compra online e entrega em casa. É fundamental usar fone de ouvido, por exemplo, pois isso ajuda a eliminar os ruídos externos. O modelo sem fio é mais elegante, além de dar liberdade de movimento e evitar eventuais ruídos que podem ocorrer com o fio.

O tripé para apoiar o celular também é essencial. Acomode-se em posição confortável, de tal forma que seu rosto fique no mesmo nível da câmera. Uma boa alimentação até pode ser obtida com recursos da casa, como abajures, mas o ring light – anel de luz acoplado ao celular ou ao notebook – é mais prático e eficaz. Cuidado apenas se você usa óculos, pois a tendência é que a luz se reflita nas lentes.

4. Não aposte todas as fichas no improviso: prepare-se

Tanto uma reunião de trabalho quanto uma live exigem certo nível de preparação. Estruture o conteúdo: tenha em mente o que você precisa falar e como pretende se expressar. E monte o local com antecedência. Encontre um ponto reservado da casa e explique a quem mora com você que a ocasião é importante e você precisa de colaboração e silêncio.

Se você tiver o papel de coordenador da conversa, sempre é bom finalizá-la com uma síntese do que foi apresentado, discutido ou acordado – mesmo porque é provável que nem todos a tenham acompanhado do início ao fim.

5. Não esqueça de incluir o público na conversa

Se for fazer uma live, não esqueça que muitas pessoas estão ali com o desejo de participar. "Live é diálogo, não monólogo", ressalta Cris. Não é fácil falar e ver os comentários ao mesmo tempo, no entanto. Se tiver alguém que possa ajudar nesse sentido, selecionando algumas perguntas e passando discretamente para você, a missão ficará bem mais fácil.

6. Use uma roupa compatível com a situação

Você está em casa, mas nem por isso deve desencanar completamente da forma como se veste. Seja você, sempre, mas não na versão "acabei de acordar". Por outro lado, não é necessário excesso de formalidade – ninguém espera terno e gravata numa videoconferência. Ao pensar no look, pergunte-se como você quer ser percebido por outras pessoas, já conhecidas ou não, próximas ou distantes.

7. O fundo diz muito sobre quem você é

O fundo que aparece atrás de você não precisa ser tão sem graça quanto uma parede branca, mas a ideia é que não seja tão chamativo a ponto de desviar a atenção do que você está falando. Evite cores fortes e elementos como garrafas de bebidas alcoólicas, esculturas de teor erótico, frases polêmicas.

8. Tenha o máximo de cuidado com os descuidos

Não vire meme na internet, como o sujeito que esqueceu que estava sendo filmado e foi ao banheiro em plena reunião com vários colegas de trabalho. Ou a executiva que não fazia a menor ideia de que, lá no fundo, refletido por um espelho, o marido estava aparecendo sem roupas ao sair do banho. De novo, aqui, vale lembrar, converse antecipadamente com as demais pessoas da sua casa sobre o que você vai fazer e peça colaboração.

9. Observe-se para melhorar na próxima

Há várias pequenas atitudes que podem melhorar a sua imagem e a sua comunicação. Rever a sua participação numa live ou videoconferência pode ajudar a perceber que você tem o cacoete de arrumar o cabelo o tempo todo, ou então demonstrar a importância de limpar os óculos engordurados antes de se apresentar em frente à câmera, por exemplo. Preste atenção também nos seus vícios de linguagem, que podem incomodar tanto pela repetição quanto pela inadequação ao contexto.

10. Siga as regras estabelecidas

Em situações que reúnem muita gente, como reuniões virtuais de pais da escola, preste atenção na explicação sobre as regras propostas para a dinâmica. Muitas vezes, a ideia é que perguntas sejam feitas no final, por exemplo, mas sempre aparece algum desavisado para descumprir a regra. Permaneça atento ao recurso do chat, quando houver. Links, perguntas e informações paralelas podem ser encaminhados por ali.

40

Contextualização: Brasil chega a 1 milhão de infectados

19/06/2020

No dia 19 de junho de 2020, menos de quatro meses depois do anúncio do primeiro caso de covid-19 no Brasil, o país atingiu a marca de 1 milhão de infectados pelo novo coronavírus, de acordo com as estatísticas oficiais. Além desse altíssimo número de casos, presumia-se um alto nível de subnotificação, em razão de casos com sintomas leves ou sem sintomas. O número de mortes passava de 48 mil – com o registro, naquele mesmo dia, de 1.204 óbitos em apenas 24 horas.

41

Saiba quais são os riscos da falsa sensação de normalidade na volta ao trabalho presencial

21/06/2020

O Brasil volta aos poucos ao trabalho presencial, com uma peculiaridade em relação ao restante do mundo: a suposta sensação de normalidade está sendo imposta à população em um momento em que os números da epidemia – tanto de novos casos quanto de mortes – não deram ainda sinais de redução. Em meio a esse cenário, a emoção mais frequente ao retomar o trabalho presencial tem sido o medo.

Nos primeiros dias, a pessoa tende a ficar extremamente atenta às ações necessárias para reduzir os riscos de contaminação. Depois, a falsa sensação de normalidade vai se instalando aos poucos no ambiente e os cuidados já não são os mesmos. O álcool em gel deixa de ser usado na mesma frequência, a máscara atrapalha para falar ao telefone – e precisa ser mexida na hora de fazer um lanche ou de tomar um cafezinho –, as regras de compartilhamento de locais como elevador, copa e banheiro perdem o rigor do início, a higienização constante do ambiente passa a não ser feita na mesma intensidade, as mãos distraidamente coçam o nariz ou os olhos. Resultado de tudo isso: aumentam os riscos.

Diante da tendência geral de relaxamento, a professora de administração Nayara Cardoso, da Faculdade Prebisteriana Mackenzie Rio, ressalta que as empresas têm a missão de criar campanhas de conscientização dos funcionários, com sinalizações físicas e uso frequente da comunicação interna virtual. "Estamos falando de mudanças de comportamento que envolvem a saúde de todos", ressalta a professora.

Quem está vivendo a volta ao trabalho percebe que a vigilância tende a arrefecer com o passar das semanas. "Por mais que a gente se preocupe, é natural que acabe relaxando um pouco", diz Vania Oliveira, gerente administrativo-financeira de uma importadora de equipamentos de áudio para shows e eventos – área duramente afetada pela pandemia. Vania voltou recentemente ao escritório, depois de quase dois meses de afastamento. A empresa fez tudo o que podia para lidar com a situação, incluindo adiantamento de férias e feriados, mas retomar o trabalho presencial agora era essencial para a própria sobrevivência do negócio.

As providências incluem a medição de temperatura dos funcionários na entrada e a instalação de vários dispositivos com álcool em gel. O expediente foi reduzido: das 8h às 18h para o período entre 9h e 16h. O objetivo principal é evitar que os funcionários utilizem o transporte coletivo nos horários de maior movimento. Outra providência foi a recomendação de que cada um traga seu almoço e respeite a escala estabelecida para evitar aglomerações na copa.

A empresa tem vinte funcionários e nenhum caso registrado de covid-19. "Apesar da sensação de que as coisas estão bem aqui dentro do escritório, é assustador como o universo em volta já está funcionando como se estivesse tudo normal", diz Vania. "Outro dia, fui pegar uma encomenda na portaria da empresa e o rapaz da transportadora desceu do caminhão sem máscara. Tive que pedir para ele voltar lá e usar a proteção", exemplifica.

Além da própria saúde, a principal preocupação da Vania é com o marido, que está no grupo de maior risco por diferentes fatores: tem sessenta anos, é diabético e hipertenso. "Ele continua em casa, saindo apenas para o estritamente necessário. Como moramos só nós dois, tenho que me cuidar muito."

A Organização Internacional do Trabalho (OIT) publicou um guia sobre o ambiente profissional no pós-pandemia. São diretrizes práticas para as empresas, como prover meios e equipamentos de proteção e higiene pessoal. A OIT chama a atenção, também, para a necessidade de monitorar os aspectos psicológicos decorrentes de toda a situação.

Os advogados Rebeca Cardenas Bacchini e Victor Fernandes Cerri de Souza, especialistas respectivamente em processo do trabalho e direito processual civil, analisaram as recomendações da OIT e concluíram que nem todas poderão ser seguidas pelas empresas, especialmente em função dos custos envolvidos.

Um exemplo é a orientação para manter distanciamento de pelo menos dois metros entre as estações de trabalho, com instalação de barreiras físicas e a definição de um limite de pessoas para cada ambiente. Essa medida exigiria uma grande reformulação física nos escritórios, pois estão na contramão das tendências – espaços cada vez menores, com mobiliário que prioriza a integração das pessoas e dos ambientes, sem uso de divisórias. "Quando levamos esta recomendação às indústrias, encontramos outras dificuldades, até mais sensíveis. Manter a distância de dois metros é muito difícil quando a intensidade do ruído exige o uso de protetores auriculares", descrevem os especialistas no estudo.

Os espaços de coworking também estão se vendo obrigados a passar por uma grande transformação. A WeWork, rede global de coworking, anunciou uma série de medidas para aumentar a segurança dos clientes. "Estamos trabalhando para implementar melhorias na saúde, segurança, limpeza e, principalmente, na construção e design de espaços. Desenvolvemos um plano focado em três pilares principais: distanciamento profissional, limpeza e sinalização indicativa", declarou o CEO, Sandeep Mathrani. Os ajustes incluem assentos escalonados, desinfecções mais frequentes e fornecimento de produtos de higienização. Novos protocolos de capacidade serão reforçados com sinalizações estrategicamente posicionadas para desencorajar aglomerações em áreas comuns.

Para certificar ambientes seguros contra a covid-19, a Intertek, consultoria global provedora de qualidade total, lançou o selo Protek, voltado especialmente a estabelecimentos que precisam fazer atendimento ao público. O programa oferece treinamento para funcionários e auditoria de processos de higiene. "As pessoas precisam confiar nas empresas e ainda estão inseguras", diz Hélio Simões, diretor-geral da Intertek no Brasil. "As iniciativas de cuidado perdem eficácia se as pessoas não estiverem dispostas e treinadas para seguir as normas", acrescenta.

42

Domingo perde o status de dia de lazer e descanso durante a pandemia

27/06/2020

Uma certa tendência de misturar os chamados dias úteis com os finais de semana já vinha sendo percebida nos últimos anos. Profissionais autônomos, empreendedores, gente que trabalha em comércio e alguns tipos de prestadores de serviços haviam rompido essa fronteira. Ainda assim, para a maioria dos brasileiros, o domingo continuava sendo um dia sagrado, dedicado ao descanso e ao lazer.

Esse status mudou durante a pandemia. Muita gente está se vendo obrigada a aproveitar o dia para dar conta de todas as atribuições acumuladas, no que diz respeito tanto ao trabalho quanto às tarefas domésticas. "Perdemos o domingo de vez", diz a estilista e empresária Amanda Borges, 33 anos. Enquanto ela dava a entrevista por telefone, em pleno domingo, ouvia-se ao fundo o ruído de um aspirador. "É o Marcelo, meu marido, colocando a limpeza em dia", explicou.

Amanda tem uma loja de marca própria, a Minimal, e Marcelo é videomaker freelancer. Ambos têm um nível de autonomia nas atividades que permite certa flexibilidade nos dias entre segunda e sábado – incluindo eventuais "luxos" quando os planetas se alinham, como ver uma série na terça à tarde ou tomar um vinho no almoço de quinta.

Antes da pandemia, o casal conseguia conciliar tudo para livrar o domingo de outros afazeres que não fossem apenas curtir o dia. "Era um combinado que a gente tinha, evitar ao máximo o uso do domingo para trabalho", lembra Amanda. Os dois moram num apartamento de setenta metros quadrados, em estilo integrado, com poucas divisões.

Como eles estão passando muito mais tempo em casa e fazendo todas as refeições ali, a necessidade de limpeza e organização aumentou muito. "A gente vai tentando ajeitar as coisas no dia a dia, faz a manutenção básica, mas não tem jeito: o domingo passou a ser o dia reservado para aquela faxina mais profunda", diz ela.

Amanda tem esperança de que o casal consiga resgatar, em breve, o domingo como dia de lazer e descanso. "As coisas foram se acomodando com o passar das semanas", ela diz. "No primeiro mês da quarentena, foi um caos. No segundo, a gente já se organizou melhor. No terceiro, havia quase uma sensação de normalidade." Ela considera que um dos grandes aprendizados da experiência é encontrar o equilíbrio entre expectativa e realidade. "Não adianta querer que a casa esteja sempre brilhando, com limpeza impecável. É preciso se satisfazer com um meio-termo, para evitar frustrações", avalia.

Outro exemplo desse aprendizado, para Amanda, está no cuidado com as roupas. "No começo da quarentena eu me preocupava em passar até os lençóis, querendo que tudo ficasse perfeito. Agora eu percebi que apenas dobrar o lençol direitinho quando sai da máquina de lavar já resolve bem", compara.

A empresária Daniela Napolitano, 51 anos, sócia da WithSoul Eventos, está se esforçando ao máximo para manter o domingo como um dia diferente dos demais. Mas é claro que, durante a quarentena, o perfil das atividades nesse dia certamente mudou. "Antes, a gente saía muito para comer fora, passear no parque, andar de bicicleta, ver a família e os amigos, ir ao cinema, fazer viagens curtas. Mal ficávamos em casa. Agora foi preciso reinventar o domingo", ela descreve.

Daniela está passando a quarentena com o filho de 22 anos, a filha de vinte e, nos finais de semana, o namorado. A mudança mais radical foi a autodescoberta como cozinheira. "Mudei da água para o vinho nesse sentido. Antes nem chegava perto da cozinha, agora não saio de lá", ela brinca. Outra nova atividade foi o desenho. Daniela fez um curso de mandalas e começou a se reunir com os filhos para sessões coletivas de desenho e pintura. "São momentos leves e gostosos de convivência."

Com mais tempo em casa, há uma tendência natural e quase inevitável de pensar no trabalho mesmo aos domingos – quem sabe aproveitar uma parte do dia para adiantar as tarefas da semana? "Eu me policio muito para não fazer isso. O momento tem sido desafiador, então é no domingo que eu me permito relaxar de verdade. É algo necessário", descreve Dani. "Se vem uma ideia, um insight, o máximo que faço é anotar. Senão vira uma loucura, a gente não para um minuto." A mesma regra vale para os afazeres domésticos. Todos na casa sabem que a ideia é deixar tudo organizado até sexta, no máximo "roubando" um pouco do sábado, mas ficando apenas o essencial para o domingo.

E quando tudo isso passar, será que os domingos voltarão a ser exatamente como antes? Para Amanda e Dani, algumas mudanças vão se tornar definitivas. "Muito raramente a gente cozinhava em casa, ainda mais aos domingos. Descobrimos esse prazer e está sendo uma delícia. A gente percebeu também que vivenciava pouco os espaços da nossa casa. Saíamos muito, o tempo todo. Imagino que depois da pandemia seremos um pouco mais caseiros", projeta Amanda. "O hábito de cozinhar mais com certeza vai ficar", concorda Dani. "O prazer de compartilhar atividades manuais, como o desenho e a pintura, é algo que vou me esforçar para manter."

43

Pandemia desperta o faz-tudo que existe dentro de você

01/07/2020

A quarentena obrigou muita gente a resolver por conta própria as necessidades mais básicas de uma casa, tanto no que diz respeito à limpeza quanto a providências simples, a exemplo de pequenos reparos e ajustes na decoração. Há ampla oferta na internet de tutoriais demonstrando como faxinar a casa, instalar varais, trocar filtros, pintar paredes, reforçar o rejunte do box para eliminar vazamentos, combinar cores na decoração, entre várias outras tarefas. Para ajudar na missão, muitos profissionais que ficaram impossibilitados de ir à casa dos clientes começaram a oferecer orientação à distância.

O diarista Anderson Silva, 34 anos, passou a compartilhar dicas de como fazer a limpeza da casa. Nessa espécie de "mentoria" de faxina, as duas perguntas mais recorrentes são como limpar o fogão e o box do banheiro. "Antes da pandemia, eu estava com dezessete clientes fixos, que preenchiam completamente a minha agenda", conta Anderson. Planejando com cuidado a volta ao trabalho, ele decidiu criar uma metodologia inspirada nos aprendizados da quarentena: a faxina colaborativa.

A ideia é simples: pagando menos que o valor normal, a pessoa que o contrata também participará da limpeza. Assim, vai pegando os macetes para ter condições de, ao menos, fazer a manutenção básica. Além da economia em potencial para os clientes, a motivação de Anderson é incentivar a autonomia e o autocuidado – algo que ele aprendeu desde cedo, por influência da mãe, que sempre o orientou e aos quatro irmãos sobre a importância de lavar a própria roupa, fazer a própria comida e limpar a casa.

A influência da infância foi fundamental para que Anderson, formado em gestão comercial, optasse pela atual atividade profissional, em 2016. Naquela época, ele gerenciava uma franquia de escola de idiomas e estava insatisfeito com o trabalho. Passou a procurar alternativas. "Eu me vi participando de vários processos seletivos, para atividades que eu provavelmente não gostaria muito de fazer e com salários bem baixos", ele lembra.

Foi quando surgiu a ideia de fazer faxinas, que se mostrou atraente pela possibilidade de controlar os próprios horários, depender basicamente de si mesmo para realizar o trabalho, ganhar mais do que na maioria dos empregos e conhecer pessoas. Para levar a ideia adiante, Anderson precisou superar preconceitos – da sociedade e dele próprio. "Eu ficava preocupado com o que as pessoas iam pensar. Muita gente acha que faxina é trabalho para quem está desesperado, que não tem outra opção."

Há muita entrega física, mas também com um forte componente humano, observa Anderson. Ele tem considerado tão fascinantes as descobertas no relacionamento com os clientes que decidiu até estudar psicanálise. Preparamos um miniguia com algumas indicações de fontes que dão dicas práticas, mas que, assim como Anderson, vão além do aspecto meramente funcional das tarefas domésticas. São profissionais que assumiram a missão de contribuir para melhorar a relação das pessoas com o lugar em que vivem:

Anderson Silva – Ele mantém o perfil @casaemterapia no Instagram, onde aborda aspectos funcionais da atividade, mas reflete também sobre o propósito profissional.

Buji – Por meio do site *buji.com.br* e do perfil no Instagram com o mesmo nome, a empresa dá dicas de decoração e bem-estar. Boa parte do aprendizado se dá pelas explicações do "antes e depois" dos projetos realizados.

Flávia Ferrari – Ela mantém o canal "Dica do dia" no YouTube e o perfil @aflaviaferrari no Instagram, com o compromisso de oferecer dicas rápidas e práticas para descomplicar a vida. Alguns exemplos: como limpar colchão, como desamarelar eletrodomésticos e como limpar o banheiro com vinagre.

Cores Lovers – Tanto o site *coreslovers.com* quanto o perfil @coreslovers no Instagram ajudam a entender a melhor combinação de cores para a casa. Pequenas mudanças nesse sentido podem fazer muita diferença na decoração.

Simplifique - Com um canal no Telegram e o perfil @mosieschulz no Instagram, Mosie Schulz dá orientações especificamente voltadas a mulheres em busca de uma vida mais organizada, equilibrada e feliz.

Cozy Life - Por meio do perfil no Instagram @cozylifebr, Fernanda Cavalcanti dá dicas e oferece reflexões sobre a organização e a decoração da casa – trabalho que ela classifica como "cura do lar".

44

Diversificação de cursos à distância acelera processo de aprendizado na quarentena

04/07/2020

O administrador Hugo Leonardo Pereira de Faria, 30 anos, auditor interno da Petrobras, é metódico e dedicado em relação ao objetivo de estar sempre aprendendo. Ele reserva duas horas por dia, inclusive aos finais de semana, para fazer cursos e ler. "Decidi cronometrar, para ter certeza de que vou cumprir a meta", revela. "Mas faço isso não como obrigação, e sim por me sentir muito bem quando estou adquirindo novos conhecimentos."

Depois do curso de Administração e do MBA em Marketing, Hugo descobriu o potencial do aprendizado rápido – seja por meio de cursos curtos, seja pelo autodidatismo. "Nossos pais tinham poucas opções para aprender por conta própria. Basicamente os livros e as enciclopédias. A internet revolucionou esse cenário para a nossa geração. Temos que aproveitar", compara.

A prática de buscar aprendizado constante sobre temas práticos, aplicáveis no dia a dia, vem sendo chamada de *lifelong learning*, no termo em inglês. Trata-se da valorização das formas alternativas aos cursos convencionais de longa duração. A ideia é que, num mercado e num mundo que estão mudando rapidamente, os conhecimentos precisam ir sendo aplicados em tempo real, em paralelo à absorção das informações. Já os cursos tradicionais ainda são construídos na lógica de que a pessoa precisa ser preparada primeiro para só depois aplicar os conhecimentos.

Neste momento, Hugo está fazendo um curso online de administração do tempo, outro sobre marketing digital e ainda o curso A Ciência da Felicidade, ministrado pela Universidade de Berkeley. No período imediatamente anterior à pandemia, havia feito um curso presencial sobre Inteligência Emocional. Em meio a tudo isso, está sempre lendo sobre diversos assuntos. Um exemplo: motivado pelo rompimento de um namoro, decidiu estudar sobre relacionamentos, com o objetivo de aumentar as chances de acerto no próximo.

A disposição para permanecer sempre conhecendo novos assuntos e áreas vem sendo considerada uma das características essenciais para o mercado de trabalho da década que está começando. É uma tendência que certamente ganhou impulso durante a pandemia, período em que muitos profissionais precisaram se reinventar com urgência – seja buscando novas formas de exercer a profissão, seja explorando outras atividades.

"O *lifelong learning* é a materialização da sabedoria popular de ser um eterno aprendiz", diz Bárbara Camargo, gerente de Talent Experience do Grupo Movile, ecossistema de tecnologia que inclui empresas como iFood, PlayKids e Sympla. Bárbara cita as projeções de que 85% das funções profissionais que existirão daqui a dez anos ainda nem sequer foram criadas. "Para dar conta desse cenário, é preciso que a educação formal não seja considerada a única fonte de conhecimento, pois ela não atende sozinha a toda a necessidade atual", avalia.

Para quem pretende mergulhar no universo do *lifelong learning*, ela recomenda selecionar bem as fontes de estudo, estabelecer prioridades (a partir da pergunta "que habilidades são mais necessárias agora para o meu desenvolvimento?") e optar por temas alinhados aos interesses pessoais. É importante pensar em conhecimentos que poderão ser colocados em prática no curto prazo. "O estudo teórico é apenas 10% do aprendizado. O que vai fazer com que você realmente aprenda um assunto é aplicá-lo", avalia.

Um dos muitos processos acelerados pela pandemia foi o dos treinamentos corporativos à distância, observa Samir Iásbeck, CEO e fundador da Qranio, plataforma móvel de aprendizagem que utiliza a gamificação para estimular a interação com conteúdo educacional. "Se pararmos para fazer uma análise, é um movimento de mercado que já estava acontecendo, ainda que lentamente. Os benefícios da aceleração dessa mudança de comportamento vão desde redução de custos até acompanhar mais de perto a performance do colaborador", avalia.

Levantamento realizado pela Catho Educação registrou aumento de 78% em matrículas para cursos EAD durante o mês de maio. Cursos rápidos têm sido os mais procurados pelos profissionais em busca de qualificação. "De modo geral, esse momento da pandemia se transformou em uma grande degustação do modelo EAD", considera o gerente da Catho Educação, Fernando Gaiofatto.

Se já é importante para os profissionais que estão no mercado, a tendência do *lifelong learning* é ainda mais relevante para as futuras gerações. "Sempre falo para os meus filhos, um casal de adolescentes, que eles vão ter pelo menos cinco profissões ao longo da vida. Por isso não vão poder parar de estudar nunca", diz a curadora de conteúdo do Rock in Rio Innovation Week, Michelle Aisenberg, 44 anos.

Formada em Jornalismo, com pós em Ergodesign e usabilidade em interfaces, Michelle já atuou como jornalista, relações públicas, *social media,* e agora "está" curadora de conteúdo – oportunidade que surgiu depois da mudança com a família para Lisboa, há três anos. "A gente sempre falava em se preparar para o futuro, mas o futuro nunca estava tão presente. O futuro é agora. Podemos ficar irrelevantes rapidamente se não descobrirmos caminhos para continuar relevantes", analisa Michelle.

Ela diz ter sido uma boa aluna do ensino tradicional, incluindo três idiomas – inglês, francês e espanhol –, mas com o tempo descobriu que prefere o aprendizado mais prático, baseado em leituras rápidas e, principalmente, em conversas. "Aqui em Portugal fui premiada com um trabalho que tem justamente esse lado em que aprendo o tempo todo, e bem do jeito que eu mais gosto." Atuando na área de *learning experience* do Rock in Rio, ela tem como missão desenvolver alternativas para o aprendizado constante e atraente. "Quanto mais mergulho nesse universo, mais percebo que o aprendizado acontece de formas que a gente muitas vezes não imagina e nem sequer se dá conta."

45

Conversas retomam o protagonismo nas relações pessoais e profissionais

05/07/2020

Os pesquisadores não têm certeza sobre o período histórico em que a espécie humana desenvolveu a capacidade de falar – e, consequentemente, a de conversar. Sabe-se que foi há pelo menos 100 mil anos.

Nos últimos tempos, em função do advento das modalidades digitais de comunicação escrita, o hábito de conversar parecia um tanto demodê. Antes da pandemia, no curto período do dia em que pessoas da mesma família compartilhavam um ambiente, tornou-se comum que cada um permanecesse isolado, recorrendo à tecnologia para se comunicar com o mundo externo.

Até que veio a quarentena para forçar o confinamento em casa. A convivência entre familiares, que andava limitada a poucas horas por dia, passou a ocorrer em tempo integral. Uma consequência natural dessas circunstâncias foi a necessidade de conversar mais com os familiares – tanto para acertar os ponteiros das múltiplas atividades exercidas em casa durante a quarentena quanto para compartilhar sentimentos e sensações relacionados à pandemia e ao distanciamento social.

"O que ocorreu com a pandemia não foi apenas um aumento da frequência das conversas, mas também da profundidade", avalia a pedagoga Erika Linhares, palestrante e consultora especializada em *soft skills*, as habilidades comportamentais. Ela observa que a rotina anterior, com todos saindo de casa em horários diferentes, dificultava o aprofundamento das interações. "As conversas muitas vezes eram rápidas e superficiais, quase automáticas. Agora foi preciso um esforço para entender melhor o que os outros estão sentindo e precisando", compara.

Tornou-se essencial estabelecer novos acordos familiares de convivência, baseados na intenção de entender e respeitar as necessidades alheias. Com isso, abriu-se a porta para o aprofundamento das conversas. "É fundamental que a prática de conversas mais aprofundadas seja mantida no pós-pandemia. É muito saudável para o equilíbrio emocional da família e dos casamentos", avalia Erika. "Boa parte das separações decorre justamente da ausência de um diálogo genuíno e franco. Isso faz com que problemas normais cresçam silenciosamente até se tornarem monstros."

A conversa sempre foi reconhecida como uma grande ferramenta de aprendizado: ouvir outras pessoas falarem sobre conhecimentos, experiências e pontos de vista é enriquecedor. Aulas, palestras, mesas-redondas e reuniões são modalidades de conversas com esse propósito. Apesar da distância física, a pandemia reavivou o interesse pela troca direta com o outro. Não por acaso, as lives compartilhadas se tornaram uma onda no Instagram. São, em geral, conversas entre duas pessoas, acompanhadas por ouvintes que também desejam participar, com comentários e perguntas.

"Chega a ser irônico: embora tenha separado fisicamente as pessoas, a pandemia acabou aproximando colegas de trabalho que pouco ou nada sabiam da vida privada uns dos outros", observa Jacqueline Resch, consultora de Recursos Humanos. Vários aspectos da intimidade doméstica, como a decoração e os ruídos, vêm sendo expostos nas videoconferências. Com isso, as conversas profissionais ganharam uma dimensão mais humana. E passaram a incluir, naturalmente, a troca de impressões sobre aspectos pessoais e familiares – temas que, nas reuniões presenciais no escritório, muitas vezes não chegavam a ser abordados.

Em razão das características da comunicação mediada por tecnologia, o espaço de fala das outras pessoas passou a ser mais respeitado. "Os atropelos que costumam acontecer em encontros presenciais são reduzidos nas interações por vídeo pelo simples fato de que isso tornaria a conversa inviável", diz a consultora de conteúdo Etiene Rocha. "Seria muito positivo manter esse hábito nas conversas presenciais."

Outra percepção geral é de que, durante a pandemia, as conversas se tornaram mais solidárias e menos competitivas. "Parece ter diminuído a necessidade que as pessoas tinham de 'derrotar' o outro com seus argumentos", avalia Jacqueline Resch. Em seus trabalhos nas empresas, ela utiliza as rodas de conversa como base para a aproximação da equipe. "Trata-se de uma forma de explorar o rico conhecimento acumulado pelas pessoas e que frequentemente é desperdiçado pela falta de oportunidades para que esse tipo de troca ocorra", descreve a consultora.

46

Novo normal: como escolher roupas sem experimentá-las? Veja dicas

06/07/2020

Comprar roupas sem ter a oportunidade de prová-las era algo que, até recentemente, parecia quase impossível para a maioria dos consumidores. Passados cem dias do início do distanciamento social, contudo, muita gente precisou mudar de ideia e experimentar essa alternativa. Quais são os cuidados necessários para que a experiência seja a melhor possível e os resultados satisfatórios? Confira as orientações da consultora de estilo Bárbara Lyra, pesquisadora doutora de imagem da moda.

Defina o objetivo da compra

Antes de entrar nas lojas online, tenha uma noção clara do que você quer comprar. Elabore uma lista, baseada na análise criteriosa das suas necessidades e das combinações possíveis com o seu guarda-roupa. "É muito fácil cair em tentação e acabar comprando aquilo de que você não precisa", alerta Bárbara. A possibilidade de dividir o valor em muitas vezes no cartão de crédito é uma das armadilhas que podem incentivar a compra por impulso.

Verifique as medidas

Tire antecipadamente as suas medidas com fita métrica – as básicas são a circunferência da região do busto, da cintura e do quadril. Muitos sites oferecem uma tabela de medidas para ajudar você a saber o seu tamanho ideal, entre P, M e G e outras eventuais possibilidades. "A tabela de medidas é muito importante, porque, infelizmente, os padrões variam muito de loja para loja e até mesmo de produto para produto dentro de uma mesma loja", explica Bárbara. "Determinada calça pode ficar boa em você no tamanho M e outra, na mesma loja, no tamanho G", ela exemplifica.

Avalie todas as informações

Analise com cuidado as informações disponíveis sobre a peça. É comum haver "pegadinhas". Você pode descobrir nas letras miúdas, por exemplo, que uma blusa anunciada como "de algodão" não é, na verdade, 100% composta desse tecido – e sim uma mescla com poliéster, uma fibra sintética mais barata, menos confortável e menos durável.

"Tecidos naturais, como algodão, linho e seda, são mais caros", lembra Bárbara. Se não houver maiores detalhes das medidas e as informações sobre a peça forem muito básicas e genéricas, a especialista aconselha a evitar a compra, pois isso demonstra falta de transparência da loja. "O risco de insatisfação em casos assim é grande."

As fotos dizem muito

Olhe cada foto disponível com atenção. Se a imagem pode ser ampliada, veja o tipo de tecido e detalhes como o decote, a amarração, o abotoamento. Quanto mais imagens a loja fornecer, de diferentes ângulos – frente, costas, laterais –, mais consciente será a sua escolha.

Além do mais, essa diversidade é um bom sinal: significa que a loja confia que esses detalhes contribuirão favoravelmente para a decisão de compra. Se as imagens não podem ser aproximadas e não fornecem muitos detalhes, isso é motivo para desconfiança: será que estão querendo esconder algo?

Gente de verdade ajuda

É sempre melhor quando as lojas recorrem ao uso de pessoas para mostrar as roupas, em vez de simplesmente exibi-las soltas. E melhor ainda quando as medidas da pessoa que aparece na foto são informadas, para que o cliente ou a cliente possa projetar melhor como a peça ficará em si.

Um problema é que os modelos ou as modelos que têm a missão de exibir as roupas são quase sempre jovens e com corpo atlético, o que destoa da média do público. Lojas que decidam ir na contramão das ditaduras da moda para utilizar "pessoas reais" nesse papel podem ganhar muitos pontos com os consumidores.

Se não gostar, devolva

Antes de fechar a compra, verifique a política de devolução da loja, que deve estar claramente descrita no site. Se não houver informações a respeito, desconfie: você poderá ter problemas caso não goste das peças recebidas.

Em geral, a compra online pressupõe o direito do consumidor de devolver o produto. "É como se o provador da loja, aquela etapa decisiva da compra, fosse transferido para a sua casa", explica Bárbara. "Isso quer dizer que não é uma compra definitiva. Você paga a peça, mas com o direito de pegar o seu dinheiro de volta ou ficar com crédito para uma nova compra, se assim quiser."

O prazo para devolução costuma ser de sete dias úteis a partir do recebimento do produto. As lojas têm utilizado um sistema em que um código é fornecido para que o pacote possa ser enviado de volta pelos correios sem custo para o cliente. Em grandes cidades, como São Paulo, o serviço de recolhimento é muitas vezes feito em domicílio por motoboys.

Em casa, sem compromisso

Em grandes centros, especialmente São Paulo, lojas de produção mais artesanal, que mantêm um relacionamento próximo com a clientela, desenvolveram serviços de entrega de peças em domicílio ainda antes da compra. A pessoa pode experimentar as peças no conforto de casa e decidir calmamente se quer ficar com alguma. Caso nenhuma a agrade, a sacola pode ser devolvida integralmente, sem constrangimentos – o recolhimento é igualmente realizado por um motoboy.

47

Volta precipitada à normalidade potencializa medo de sair de casa

07/07/2020

Cem dias depois da chegada da pandemia de covid-19 ao Brasil, quem ainda está se esforçando para cumprir a quarentena em casa – o que significa continuar renunciando a saídas que não sejam essenciais – tem se assustado ao circular pelas ruas. A constatação é de que muita gente já adotou uma postura de normalidade, sem a preocupação de evitar saídas desnecessárias. Há aqueles que parecem considerar que tudo se resolve apenas usando máscara, enquanto outros tantos nem isso têm feito.

"Estou percebendo uma reversão absurda nos conceitos", diz a produtora aposentada e ceramista Norma Santos, 61 anos. "Quem continua tomando as precauções adequadas está sendo visto com estranheza, como se fosse exagero." Norma segue firme na decisão de continuar em quarentena até que surjam indícios claros de controle da situação – ou seja, a queda sustentada, por pelo menos duas semanas, no número de contaminações.

Ela demorou 25 dias para dar a primeira saída da quarentena e, desde então, esteve poucas vezes nas ruas – e sempre por razões realmente necessárias. Desde que aderiu ao isolamento social, sequer encontrou pessoalmente a filha única, Alice, 23 anos, embora ambas morem em São Paulo. "Decidimos fazer assim, por mim e por ela, que tem asma. A gente se fala umas quatro vezes por dia, mas o abraço está fazendo muita falta", conta Norma. Nas ocasiões em que precisou sair de casa, ela diz ter sentido algo parecido com pânico, por causa das atitudes descuidadas das outras pessoas. São essas atitudes que a tornam pessimista quanto à volta da normalidade em curto prazo. "Não vejo como a situação possa mudar nos próximos meses", avalia.

Há quem esteja precisando romper o isolamento pela necessidade de retomar o trabalho. É o caso da florista Marina Gurgel Prado, 34 anos, sócia da floricultura A Bela do Dia, sediada na Vila Madalena, em São Paulo. A floricultura ficou quase três meses fechada, entre 16 de março e 11 de junho. Os salários dos sete funcionários só puderam ser honrados porque cerca de oitenta clientes aceitaram continuar pagando a assinatura durante esse período, como crédito para quando as atividades do estabelecimento fossem retomadas. "Agora precisamos trabalhar dobrado para honrar esses compromissos", diz Marina.

A decisão de reabrir a floricultura se baseou na constatação de que não havia mais como adiar: o negócio não sobreviveria se continuasse fechado. E os compromissos com os clientes precisavam ser cumpridos. Todas as precauções possíveis foram tomadas. "Os clientes não estão circulando pela loja, como antes. O atendimento é no balcão", descreve Marina. O horário de funcionamento foi reduzido e a equipe está fazendo uma escala para diminuir o número de pessoas no local. As recomendações de higienização de ambientes compartilhados, como banheiro, computador e bancada, são rigorosas.

Equipamentos de proteção individual foram comprados para os funcionários – incluindo máscaras, óculos, avental e um *face shield* para cada um. Além disso, os lanches fornecidos à equipe estão sendo entregues em embalagens individuais. "Diante de tudo isso, da necessidade de voltar ao trabalho para sustentar famílias e de todos os cuidados que estamos tendo, é revoltante ver cenas das pessoas simplesmente passeando pelas ruas e pelos parques", diz Marina.

A florista até poderia ter, supostamente, uma postura mais relaxada em relação à doença. O marido foi contaminado logo no início, com comprovação por exame, e tanto ela quanto os dois filhos pequenos, de um ano e de três anos e meio, tiveram sintomas, embora não tenham sido testados para covid-19.

Neste mês, o Ministério da Saúde publicou uma portaria com orientações para a suposta retomada segura do convívio social e das atividades em locais públicos. Foi um reforço para regras já conhecidas, como a necessidade de evitar aglomerações, uso de máscaras, higienização das mãos, limpeza de objetos e ambientes, isolamento de doentes em casos suspeitos.

Nesse mesmo dia, ironicamente, o Brasil ultrapassou a simbólica marca de 1 milhão de casos confirmados de covid-19, sem qualquer indício de que a disseminação do vírus tenha alcançado o auge no país e começado a retroceder. O Ministério ressaltou que as orientações servem como referência para as decisões das prefeituras e dos governos estaduais, que devem se basear nos dados epidemiológicos locais.

Mas, afinal de contas, quando é que poderemos nos sentir realmente seguros ao sair de casa? A resposta dos epidemiologistas, neste momento, é praticamente unânime: ainda não é hora para relaxar, mesmo que você more numa região do país supostamente menos afetada. As medidas recomendadas pelo Ministério não devem ser vistas, portanto, como um salvo-conduto para passeios dispensáveis. Servem, no máximo, como referência para quem está realmente precisando sair de casa e para que os estabelecimentos comerciais se adaptem às exigências do "novo normal".

Quem puder ficar em casa deve continuar a fazê-lo, ainda que se submetendo a um sacrifício dobrado. Primeiro, por se manter distante de passeios e atividades de lazer ao ar livre. Segundo, por ter que lidar com o descuido de quem foi contagiado pela falsa sensação de normalidade.

48

O que os sonhos do confinamento revelam sobre sua preocupação com a pandemia

09/07/2020

Como estão seus sonhos desde que eclodiu a pandemia de covid-19? Você tem sonhado mais? Tem lembrado mais dos sonhos? E a sensação de angústia, tornou-se mais presente nos enredos criados pelo seu inconsciente? Muita gente vem percebendo mudanças desse tipo, algo que está atraindo a atenção dos pesquisadores. Afinal, investigar como os sonhos são afetados por eventos marcantes da humanidade é um interesse tradicional da psicologia.

Um exemplo são os sonhos dos alemães durante a ascensão do nazismo, analisados no livro Sonhos no Terceiro Reich, da jornalista Charlotte Beradt. Aterrorizada com os próprios pesadelos relacionados aos caminhos que a Alemanha seguia, e interessada em descobrir se outras pessoas também estavam passando por situação semelhante, ela saiu em busca de relatos.

No período entre 1933 e 1939, entre a ascensão de Hitler ao poder e o início da Primeira Guerra Mundial, a jornalista obteve cerca de trezentas descrições de sonhos, amostra que serviu como matéria-prima consistente para captar e traduzir o inconsciente da época. Havia, entre os alemães, um grande medo em relação ao futuro e a sensação de angústia e impotência diante da sensação crescente de que a consolidação do regime nazista se tornava inevitável.

O mesmo volume de depoimentos já foi alcançado pelo projeto brasileiro "Sonhos confinados", inspirado na obra de Charlotte. O objetivo é chegar a uma análise do período da pandemia de covid-19 sob a ótica da psicanálise. Equipes de quatro importantes universidades estão envolvidas no projeto: Universidade Federal de Minas Gerais (UFMG), Universidade de São Paulo (USP), Universidade Federal do Rio Grande do Norte (UFRN) e Universidade Federal do Rio Grande do Sul (UFRGS).

Os tempos atuais proporcionam, obviamente, uma facilidade de acesso às informações muito superior à da Alemanha nazista – além das ferramentas tecnológicas à disposição hoje, Charlotte precisou realizar as entrevistas secretamente. No caso da atual pesquisa brasileira, muitos dos depoimentos são encontrados em redes sociais ou chegam por meio do perfil no Instagram @sonhosconfinados. Alguns são enriquecidos por entrevistas feitas pelos pesquisadores.

"O sonho é um laboratório em que a mente trabalha, elabora, sem as censuras da vida consciente", explica um dos líderes do projeto, o professor Gilson Iannini, do Departamento de Psicologia da UFMG. "Medos, angústias, desejos e frustrações são encenados, como se fossem projetados numa tela de cinema."

Os sonhos relacionados à pandemia podem ser bem explícitos – a pessoa se sente angustiada por se ver circulando pelas ruas sem máscara, por exemplo – ou mais subjetivos. Nesses casos, a interpretação dos especialistas é fundamental para tentar desvendar os segredos do inconsciente.

De forma geral, a percepção é de que os sonhos têm acompanhado o sentimento predominante em cada fase da pandemia. Susto, medo, angústia, solidão e desesperança são elementos que podem ser extraídos dos relatos. Isso faz todo sentido, já que uma das funções dos sonhos é ajudar a "proteger" a pessoa de uma realidade com a qual ela não está conseguindo lidar bem.

A professora universitária e escritora Suzane Frutuoso tem percebido a ligação direta entre as variações do seu estado de ânimo e o universo onírico. "Sempre sonhei muito e costumo lembrar dos sonhos quando acordo. É difícil um dia em que isso não aconteça", ela conta. No sonho da pandemia que mais chamou a atenção de Suzane – pelo menos até agora –, ela estava com a mãe, dentro de um prédio, tentando ir até outro ponto da construção. "A gente conseguia ver o lugar a que queríamos chegar, mas havia uma parede de vidro que não permitia. Procurávamos um caminho e não encontrávamos", descreve.

Ela considerou o sonho especialmente simbólico porque desde o início do isolamento social não se encontra com os pais, que pertencem a grupos de maior risco – ambos têm pressão alta e o pai é também diabético. "O sonho representou a angústia, que tenho compartilhado com a minha mãe, de estarmos enfrentando uma barreira, um isolamento", interpreta Suzane.

A médica e psicoterapeuta Patrícia Maganha, que segue a linha psicodramática – na qual a análise dos sonhos é um recurso importante para "vasculhar" o inconsciente –, também teve um sonho, logo no início da pandemia, que considera emblemático. Ela dirigia para casa, em uma grande avenida, quando se deu conta de que a direção do trânsito havia sido invertida. Vendo-se repentinamente na contramão, ela precisou fazer um retorno e seguir na direção oposta à de casa, sem saber como retornaria à direção certa.

Surgiu então uma bifurcação e ela escolheu um dos caminhos – logo em seguida ocorreu um terremoto e o chão se abriu diante dela. "No simbólico estão essa mudança imposta no sentido da vida e a perda do chão", analisa Patrícia. Numa linha semelhante, ela conta que está recolhendo dos pacientes muitos depoimentos de sonhos relacionados a maremotos.

Patrícia passou os dois primeiros meses com muito medo de ser contaminada pela covid-19, em função de sua atividade profissional e da do marido, que é médico e diretor de um hospital. Quando o diagnóstico foi confirmado, eles superaram a doença sem complicações. Isso não representou um alívio completo, no entanto: continuam as preocupações com a família, os amigos e o país. Ou seja: a covid não deve sair tão cedo dos sonhos de Patrícia e dos de seus pacientes pelo simples fato de que não sairá tão cedo das nossas vidas reais.

49

Bordado ganha adeptos como terapia e fonte de renda durante a quarentena

11/07/2020

Se você acha que a covid-19 mudou a sua vida, compare com a história de Flávia Tristão Silva Guimarães, 33 anos, moradora de Belo Horizonte: ela entrou na pandemia como fisioterapeuta e vai sair como bordadeira e mãe. Flávia trabalhava numa clínica particular, atendendo pacientes com problemas neurológicos, a exemplo de crianças com paralisia cerebral e pessoas que sofreram AVC. Assim que a pandemia chegou ao Brasil, a clínica precisou ser fechada e ela perdeu a fonte de renda, pois atuava como autônoma, sem vínculo empregatício.

Diante da tensão daquelas primeiras semanas de quarentena, Flávia buscou refúgio no bordado, atividade que é uma tradição familiar e que ela já cultivava como passatempo que a acalmava. Num certo período da vida, o bordado foi especialmente importante para ajudá-la a superar uma depressão.

Assim que Flávia começou a postar alguns trabalhos nas redes sociais, o interesse demonstrado pelas pessoas evidenciou que havia ali uma boa oportunidade de renda. "Em pouco tempo pulei de 5 mil seguidores no Instagram para mais de 10 mil e tive até que parar de pegar encomendas por um tempo, para conseguir dar conta da demanda", ela descreve.

Em meio a tudo isso, um fato marcante: a descoberta da primeira gravidez. Ao projetar o futuro, Flávia imagina que continuará sendo bordadeira profissional no pós-pandemia. "É uma atividade perfeita para conciliar com a maternidade." Além da nova fonte de renda, ela diz que um aspecto muito gratificante é perceber que seu trabalho tem inspirado outras mulheres Brasil afora a descobrirem o bordado. "Teve uma cliente que encomendou um quadrinho e gostou tanto que começou a fazer por conta própria. Agora já está ganhando dinheiro com as encomendas", conta.

O contato com Flávia se dá por meio do perfil @nuvembordo no Instagram. Ali ela recebe os pedidos e apresenta os orçamentos. As peças são entregues em formato redondo, ainda dentro do bastidor, tradicional aro de madeira que serve como base para o pano durante o bordado e pode ser adotado como moldura definitiva. "Acho delicado e charmosinho, além de remeter às tradições", diz Flávia.

Dependendo do diâmetro, que varia de 17 cm a 30 cm, e da complexidade da encomenda (reproduzir fotos é bem mais trabalhoso do que desenhar letras, por exemplo), o preço vai de R$ 120 a R$ 220. O próximo passo planejado por Flávia é criar um site para não apenas vender seus trabalhos, mas também ajudar as pessoas a aprender a fazer bordados.

As aulas e as tradicionais sessões de bordado compartilhado tiveram que ser reinventadas durante a pandemia. Tornaram-se mais uma entre tantas atividades que passaram a ser feitas à distância. A empresária Patrícia Diniz de Deus, 64 anos, também moradora de Belo Horizonte – o bordado é uma tradição muito ligada às raízes mineiras –, promovia aulas de bordado em sua loja, dedicada à venda de produtos artísticos artesanais, dos quais ela faz uma cuidadosa curadoria, incluindo sempre o melhor da produção local de bordado.

Em 2012, ela criou o projeto Bordando num Banquinho, encontros mensais realizados sob a sombra da árvore frondosa que fica bem em frente à loja. Com a pandemia, o evento passou a ser realizado virtualmente, via zoom. E deu certo – cada bordadeira tratou de se atualizar em relação aos recursos tecnológicos necessários para não ficar de fora.

Com o objetivo duplo de ter sempre novidades a oferecer e estimular as pessoas a bordar em casa, Patrícia desenvolveu uma parceria com o designer Daniel Gonçalves para o lançamento frequente de novos desenhos – que, no jargão das bordadeiras, são chamados de "riscos". As pessoas imprimem os desenhos baixados pela internet e passam para os tecidos. "Há muitos riscos disponíveis em revistas e pesquisas na internet, mas fazer algo novo é sempre um atrativo adicional para quem realmente vive o bordado", diz Patrícia.

O bordado faz parte da vida de Patrícia desde cedo, por influência da mãe e de outras pessoas da família. Quando ela tinha oito anos, o pai, que era dentista, ganhou uma bolsa de estudos para passar dois anos nos Estados Unidos. A mãe preparou um enxoval, totalmente bordado, para ela e cada uma das suas três irmãs. "Ela fez vestidinhos totalmente bordados, incluindo meias, faixa na cintura, faixa no cabelo. Tudo com aquele ponto bem tradicional, rococó, além de florezinhas e miçangas", lembra Patrícia, emocionada. "Quando chegamos nos Estados Unidos, foi uma comoção entre as outras mães, das mais diversas nacionalidades."

Uma das preocupações de Patrícia é preservar a tradição. Para isso, ela passou a apoiar o projeto social Meninas do Cafezal, referência a uma região de baixa renda de Belo Horizonte. A ideia é fomentar a prática do bordado entre gerações, facilitando a transmissão dos conhecimentos entre avós e netas.

50

Não foi só necessidade: dez atividades online que devem se consolidar no pós-pandemia

13/07/2020

A pandemia de covid-19 obrigou muita gente a adaptar a rotina às pressas, o que incluiu a necessidade de transferir atividades do presencial para o virtual. Em alguns casos, os novos hábitos mostraram aspectos vantajosos e têm tudo para se tornarem definitivos no pós-pandemia.

1. Reuniões de trabalho

As videoconferências se tornaram ótima opção para resolver com mais agilidade questões pontuais, do dia a dia. Uma das grandes vantagens é que os encontros online se revelaram menos propensos a devaneios e fugas de pauta. "A pessoa que detém a palavra tende a ser mais respeitada, pois os atropelos que costumam acontecer nas reuniões presenciais truncariam demais o diálogo online", lembra a consultora de conteúdo Etiene Rocha.

2. Encontros de networking

Antes da pandemia, quando você queria se aproximar de alguém com quem tinha afinidades profissionais ou pretendia trocar ideias, o caminho natural era escrever perguntando: "Vamos tomar um café qualquer hora dessas?". E aí começava a via-crúcis para conciliar agendas – tarefa que, muitas vezes, acabava por sepultar a ideia. Nas ocasiões em que a conversa acontecia, o tempo gasto com o deslocamento era frequentemente superior ao do encontro propriamente dito. Com a pandemia, muita gente percebeu que conversas desse tipo podem muito bem ser realizadas à distância, com facilidade e objetividade.

3. Coaching

Processos de coaching e outros semelhantes, como mentoria e aconselhamento, costumam envolver uma série de encontros. A prática mais disseminada era que a maior parte desses encontros fosse realizada presencialmente. Agora a tendência passa a ser a inversa: por que não fazer a maioria dos encontros online e deixar as conversas presenciais como exceções?

Durante a pandemia, a startup Elas, focada no desenvolvimento pessoal e profissional de mulheres, transferiu para o virtual as suas mentorias, workshops, palestras e cursos. Com isso, precisou de apenas três meses para alcançar a marca de 7 mil mulheres impactadas, mesmo patamar que havia acumulado ao longo dos dois primeiros anos de funcionamento exclusivamente presencial.

"Nossos eventos, quando eram presenciais, envolviam muita sensibilidade, porque as mulheres estavam contando umas às outras experiências delicadas que aconteceram com elas", lembra Carine Roos, cofundadora da escola. "Trazer essa troca valiosa para o online foi uma tarefa difícil, mas o retorno que temos recebido é de que conseguimos manter a essência humana."

4. Consultas médicas

Por força da necessidade de distanciamento social, a telemedicina ganhou respaldo legal e muitos adeptos durante a pandemia. Para situações mais corriqueiras, certamente é uma alternativa bem melhor do que tentar tirar as dúvidas por conta própria na internet, como muita gente fazia para evitar uma ida ao médico.

Multiplicaram-se startups como o BoaConsulta, aplicativo que conecta médicos e pacientes, com mais de 1,5 milhão de pacientes e 38 mil médicos já cadastrados, e o Dandelin, que funciona com o pagamento de uma mensalidade de R$ 100 para ter acesso livre a novecentos médicos cadastrados, de 61 especialidades.

5. Terapia

O atendimento psicológico online já está regulamentado há alguns anos, mas muita gente só descobriu isso durante a pandemia. O isolamento social levou aos divãs virtuais uma legião de pessoas interessadas em iniciar ou continuar um processo terapêutico. Para muitos profissionais da área, a alternativa se tornou uma questão de sobrevivência. O Conselho Federal de Psicologia vem registrando, a cada semana, centenas de pedidos de autorização para o trabalho virtual.

A Vittude, plataforma que conecta pacientes a psicólogos, criada em 2016, já soma mais de 110 mil usuários e 5,5 mil profissionais cadastrados. Desde o início da pandemia, o número de pacientes subiu 400%, o de psicólogos cadastrados, 32,5%, e o agendamento de consultas cresceu 230%. O impulso se deu em grande parte pela adesão de trinta novas empresas ao produto corporativo, incluindo SAP, Grupo Boticário e Raia Drogasil.

O processo de escolha do profissional, de agendamento e de realização das sessões é inteiramente feito online. "Há uma série de filtros que ajudam na escolha da principal demanda, especialidade, abordagem terapêutica, faixa de preços, gênero do profissional e avaliações dos profissionais", descreve a CEO da Vittude, Tatiana Pimenta.

6. Meditação

A meditação ganhou adeptos interessados em acalmar mente e coração durante a pandemia. Muitas empresas participaram desse movimento ao incentivar a adesão dos funcionários. A consultoria EY, por exemplo, organizou sessões de *mindfulness* à distância.

A gerente de consultoria em Mobilidade Internacional, Carolina Emília, moradora de Curitiba, é uma das participantes do projeto da EY. "Meditar ajuda muito a focar no presente, a não se desgastar tanto com as incertezas dos próximos meses. Hoje é uma parte do dia a dia e tenho certeza de que vou continuar praticando", descreve.

7. Comprar roupa

Há quem adore fazer compras presenciais, mas também tem muita gente que detesta a função de ir ao shopping, achar vaga no estacionamento e passar de loja em loja à procura das roupas ideais. Sem falar na confusão do provador.

Durante a pandemia, muitas lojas aprimoraram os serviços de vendas virtuais, com informações bem mais detalhadas sobre as peças e ferramentas que facilitam a escolha do modelo e do tamanho adequado. Com a vantagem de que, caso você não goste do resultado quando a roupa chegar em casa, pode devolvê-la e receber o dinheiro de volta.

8. Comprar carro

As montadoras desenvolveram sistemas eficientes para a venda online de carros. Aceleraram, com isso, a tendência de redução gradual do número de concessionárias. As lojas virtuais de veículos permitem conhecer detalhes de cada modelo, preços, possibilidades de pagamento e de financiamento. Há serviços de avaliação online do carro usado que será incluído como parte do pagamento. Se o cliente quiser, pode agendar um test drive – o carro é levado em domicílio. Da mesma forma, quando o negócio é fechado, o zero quilômetro é entregue em casa.

9. Exercícios

A personal trainer Patrícia Bonetti passou a dar aulas à distância durante a pandemia – e adorou a experiência. Antes, ela só dava aulas presenciais e gastava cerca de dez horas por semana no trânsito. Com as aulas online, consegue atender mais alunos num dia, por valores 20% inferiores aos que cobrava presencialmente.

Patrícia passou a destinar parte do tempo ganho às lives abertas, que se tornaram uma grande vitrine para o seu trabalho. "Ao mesmo tempo que ajudo as pessoas ensinando a fazer exercícios com materiais disponíveis em casa, como panos e cadeiras, aumento o número de seguidores e construo uma base de novos possíveis alunos", ela explica. O crescente interesse despertado pelas aulas online de Patrícia e seu bom desempenho diante da câmera atraíram a atenção da Gillette, que a convidou a fazer lives patrocinadas pela empresa.

10. Baladinhas

O.k., sair de casa é bom, encontrar ao vivo pessoas queridas também, mas nem por isso as baladinhas virtuais devem ser totalmente abolidas do nosso futuro. Imagine aquela noite de sexta, depois de uma semana de muito trabalho, em que seria ótimo ouvir uma música, beber um pouco e jogar conversa fora, mas, ao mesmo tempo, você está com uma enorme preguiça para sair de casa. Encontrar os amigos por vídeo não seria má ideia, certo? As vantagens são sedutoras: você economiza um bom dinheiro, não precisa se preocupar com transporte, e o melhor de tudo: tem um banheiro sempre limpo e vazio à disposição.

51

Como criar a sensação de férias para as crianças em quarentena

18/07/2020

As férias de julho estão colocando à prova a criatividade das famílias que levam a quarentena a sério e quase não podem contar com a possibilidade de passeios e atividades ao ar livre, programas tradicionais para aproveitar esse período.

Uma das alternativas, dependendo do estágio das regras locais, é ir a parques e praças com os pequenos. "É preciso ter uma conversa bem séria com as crianças para deixar claro o que pode e o que não pode fazer, o que pode e o que não pode tocar. Usar brinquedos como balanços e gangorras, por exemplo, não pode", lembra a especialista em educação infantil Luciane Motta, fundadora da Casa do Brincar, em São Paulo, espaço de desenvolvimento infantil que está temporariamente fechado por causa da pandemia.

Além de profissional da área, Luciane é também mãe de três filhas, de dezoito, onze e dois anos. Moradora de São Paulo, ela tem levado as filhas a parques, aproveitando que essa possibilidade foi liberada na cidade. As atividades que elas fazem nesses locais nunca envolvem outras crianças e são sempre realizadas com objetos trazidos de casa, como bola, bambolê e corda para pular.

Luciane sugere, como alternativa de programa ao ar livre, convocar as crianças para perceber a natureza – cheiros, sons, pássaros, insetos. "A gente observa os diferentes tipos e formatos das folhas caídas no chão e costuma recolher as mais interessantes para fazer alguma arte com elas em casa", descreve.

Crianças a partir de dois anos devem usar máscaras – o que nem sempre é fácil no caso dos menorezinhos. "Tem que insistir e tentar tornar a coisa divertida. Uma boa estratégia é convocar a criança para 'customizar' com desenhos a máscara que ela vai usar, o que cria uma relação mais afetiva com o objeto." É fundamental que os adultos e as crianças mais velhas usem a máscara o tempo todo quando estão fora de casa, para servirem como exemplo e referência para as mais novas. E a cobrança das regras precisa ser firme: se a criança não cumprir o combinado, o passeio acaba.

As regras precisam estar claras, e reforçá-las nunca é demais. Uma das mais importantes diz respeito à possível aproximação de outras crianças, algo natural em parques e praças. "Com cuidado e conversa, temos que permanecer ativamente próximos das crianças, observando o que está acontecendo e interferindo caso necessário", recomenda Luciane. "Não dá para deixar as crianças mais soltas, como normalmente fazíamos num parque, mesmo porque há muitos pais que realmente não estão tão atentos para a gravidade da situação", compara.

Na maior parte do tempo, contudo, as férias estão sendo passadas dentro de casa, mesmo. Um certo colorido diferente pode ser dado por mudanças na rotina, como permitir que as crianças durmam e acordem mais tarde, façam as refeições um pouco fora de hora e até mesmo que comam um pouco mais de guloseimas que o normal. Convocar os amigos da escola para encontros virtuais – ocasiões em que podem, por exemplo, compartilhar jogos como stop e palavras cruzadas – também ajuda a marcar a diferença do mês de férias para os demais.

Quando a família tem disposição e criatividade, consegue até criar momentos inesquecíveis mesmo sem sair de casa. Foi o que ocorreu no aniversário de doze anos de André Louro, no dia 5 de julho. Por coincidir com as férias do meio do ano, a data costumava ser sempre celebrada fora de casa, com uma viagem ou alguma atividade divertida. Ao pensar em uma alternativa, os pais de André lembraram de um comentário engraçado que o menino havia feito durante a viagem do carnaval, a última da família antes da pandemia – "Se tem uma coisa que eu gosto nesta vida é de café da manhã de hotel".

Eles tiveram então a ideia de reproduzir em casa o clima de um café da manhã em hotel. "A ideia era que fosse mais do que uma refeição especial. Precisava ser algo realmente inesperado para ele", diz o pai de André, o advogado Daniel Louro. A missão de organizar tudo, sem que André desconfiasse, contou com a cumplicidade da irmãzinha Mariana, de dez anos.

Para compor a mesa com aparência de hotel, eles usaram uma bancada da casa e alugaram objetos que não tinham, como sousplats para os pratos e guardanapos de pano. Também produziram materiais gráficos, como uma placa com a inscrição "Hotel Louro" (incluindo logotipo com uma folha de louro) e números nas portas dos quartos. Na entrada da sala, uma placa informava os "horários do café da manhã".

Havia até menu, com comidas típicas de hotel, como waffles, ovos mexidos, minipães de queijo, croissants e iogurtes colocados com gelo dentro de uma tigela. As frutas foram previamente cortadas, assim como o queijo minas. E o queijo prato foi enrolado no formato típico que os hotéis costumam fazer. E havia ainda o bolo de aniversário, claro.

André foi acordado às 8h30 no dia do aniversário, com os familiares fazendo "teatrinho" como funcionários do hotel. "Ele não entendeu nada no começo. Foi muito engraçado", conta o pai, que se colocou na entrada da sala, de blêizer, encenando o papel de *maître*.

Seleção de atividades

Ainda dá tempo de colorir as férias com atividades divertidas. Por isso, preparamos uma seleção de dicas que podem ajudar na missão de entreter a criançada com qualidade:

Contação de histórias - *Os pequenos podem até anotar na agenda as histórias que Camila Genaro conta diariamente, às 17h, no perfil @camila.genaro do Instagram. Às 18h30, é a vez de Emília Nuñez, no perfil Mãe que Lê, @maequele. Para divertir a criançada com histórias em qualquer outro horário, é só acessar o canal Fafá conta histórias no YouTube.*

Canais no YouTube - *O YouTube tem vários canais interessantes para quem busca entretenimento para os filhos durante a quarentena, a começar pelos vídeos da Turma da Mônica. Outras boas opções são os canais da professora Alba Marília, que sempre posta novas brincadeiras e dicas de musicalização; o Decorando & Reciclando, que ensina a criar com materiais recicláveis; e o Tempojunto, que ajuda os pais a pensar em atividades com as crianças durante a quarentena.*

Podcasts - *Disponível gratuitamente nas plataformas de áudio, o podcast Deixa que eu conto foi criado pelo Unicef Brasil, com foco em crianças em idade de pré-escola e alfabetização. Outra boa fonte de diversão para os pequenos é o Imagina Só - Histórias para crianças, que também pode ser acessado pelo site imaginaso.simplecast.com.*

Plataforma de diversão - *A plataforma Momento Criança foi lançada durante a pandemia com o propósito de proporcionar lazer e cultura à criançada. Parte das atrações tem acesso gratuito, enquanto outras, como a oportunidade de agendar uma live exclusiva com o personagem predileto da criança, dependem de assinatura, que custa R$ 14,90 por mês.*

52

Livros mais vendidos da pandemia indicam busca por compreensão do mundo atual

19/07/2020

Se a pandemia da covid-19 está interferindo de alguma forma em todos os aspectos da vida, não poderia ser diferente com o hábito da leitura. É fácil perceber a ligação direta entre a crise que estamos atravessando e os temas dos livros mais vendidos. Os *best sellers* de 2020 no Brasil podem ser incluídos em dois grandes grupos: os que tratam de temas relevantes para a sociedade atual e aqueles que ajudam o leitor a olhar para dentro de si, com o propósito de autoconhecimento e de rever a forma como pensa e se comporta.

São obras que parecem ter sido produzidas sob medida para quem está confinado em casa, sem deixar de acompanhar atentamente o que ocorre no Brasil e no mundo. Nem todas são recentes: algumas já tinham uma carreira de sucesso quando a pandemia começou, outras foram redescobertas por força das circunstâncias e ganharam reedições.

No grupo dos livros que tratam da sociedade atual, o destaque vai para o *Pequeno manual antirracista*, lançado no final do ano passado pela filósofa e ativista Djamila Ribeiro. Em 2020, além da crise da covid-19, o mundo foi sacudido por protestos contra o preconceito racial, motivados principalmente pelo assassinato de George Floyd por policiais nos Estados Unidos, no final de maio. Djamila trata do tema em um texto contundente, que convoca à ação individual para as mudanças necessárias.

Outra obra também lançada no ano passado e que se popularizou em 2020, ano de muitas polêmicas na área ambiental, é *Ideias para adiar o fim do mundo*, do líder indígena Ailton Krenak. Pertencente à etnia que habita as margens do rio Doce, devastado pelo acidente com a barragem da Vale em Brumadinho (MG), Krenak critica a ideia de superioridade dos homens sobre as demais espécies e a visão de que a humanidade é independente da natureza – ele afirma que ver um rio morrendo é como ver nosso avô morrendo.

Mais um tema relevante da nossa época é abordado em *Como as democracias morrem*, lançado em 2018 pelos professores de Harvard Steven Levitsky e Daniel Ziblatt. Na esteira da ascensão de Donald Trump ao poder nos Estados Unidos, a dupla de acadêmicos fez uma reflexão perturbadora sobre um fenômeno cíclico: a pressão permanente pelo rompimento com a democracia, algo que, ao longo da História, já tornou possíveis Hitler, Mussolini e as ditaduras militares na América Latina.

Entre as obras que tratam de autoconhecimento, um dos destaques entre os mais vendidos é *O poder do subconsciente*, de Joseph Murphy. Trata-se de um clássico, publicado em 1963, sobre o chamado "mentalismo". O livro apresenta técnicas para superar adversidades e alcançar objetivos a partir de mudanças na forma de pensar, especialmente a remoção dos obstáculos impostos pelo subconsciente.

Numa linha semelhante, a psicóloga Carol Dweck, professora em Stanford e especialista em motivação, mostra em *Mindset: a nova psicologia do sucesso* como a atitude mental é crucial para alcançar objetivos. Lançado em 2006 e recentemente ampliado, o livro é em grande parte apoiado em pesquisas científicas sobre o funcionamento do cérebro.

Se a prioridade é tranquilizar os pensamentos em meio ao mundo conturbado que estamos vivendo, uma boa pedida é *As coisas que você só vê quando desacelera*, do mestre zen-budista sul-coreano Haemin Sunim. Lançado em 2017, o livro é anterior à covid-19, mas muitas das pessoas que estão cumprindo a quarentena em casa certamente irão se identificar com as reflexões e os ensinamentos do autor.

Na mesma lógica de simplificar a vida está *Essencialismo – A disciplinada busca por menos*, de Greg Mckeown, lançado em 2014. A ideia central é a de que não basta aproveitar bem o tempo para fazer muitas coisas, e sim fazer apenas as coisas realmente necessárias. O autor reforça a importância de aprender a dizer "não", chama a atenção sobre as tarefas que realizamos apenas para agradar aos outros e lembra que, se não assumirmos o controle do nosso tempo, outras pessoas e instituições acabarão fazendo isso por nós.

Outro sucesso da quarentena é *A coragem de ser imperfeito*, de Brené Brown, que se notabilizou pelas palestras vistas por milhões de pessoas. Lançado em 2012, o livro mostra a importância de encarar o receio de não ser suficientemente bom, tanto na vida pessoal quanto na profissional, e de lidar com emoções como medo e decepção, que certamente estão afloradas durante a pandemia.

Além de coragem, outro atributo que está sendo muito requisitado neste momento é a criatividade. Não por acaso, a obra que é considerada uma "bíblia" nesse tema, *O caminho do artista*, de Julia Cameron, lançada em 1992, emergiu como uma das principais influências durante a quarentena. Trata-se de um programa de doze semanas, composto de reflexões e exercícios, para despertar a criatividade. Entre as tarefas propostas pela autora estão a prática frequente de algum tipo de expressão artística e a escrita de três páginas por dia, com pensamentos soltos, gerados pela livre associação de ideias.

Por fim, se você está precisando estabelecer mais ordem em casa e deseja conquistar a adesão da família às tarefas domésticas, uma boa ajuda pode vir de *Arrume a sua cama*, do almirante William McRaven. São lições que ele aprendeu ao longo da carreira na Marinha dos Estados Unidos e compartilhou num discurso para universitários. O texto viralizou na internet e foi transformado em livro, lançado em 2017.

53

Municípios paulistas vivem diferentes estágios da pandemia

20/07/2020

Os números da covid-19 no Brasil não são resultado de um quadro uniforme em todo o território, e sim da soma de uma grande variedade de situações locais. Cada estado tem suas circunstâncias, e, dentro de cada estado, as cidades estão em estágios diferentes.

Uma das metáforas que têm sido usadas para a situação é a comparação com um incêndio florestal. Sempre surgem novos focos, e, quando um foco começa a ser controlado, outros ganham força. O incêndio só começa a diminuir de verdade quando há mais fogo sendo controlado do que fogo surgindo.

A situação da covid-19 nas últimas semanas, no Brasil, tem sido de equilíbrio entre esses dois lados, o do fogo que aumenta e o do fogo que diminui. Isso tem mantido a média diária de novos casos regularmente entre 40 mil e 45 mil, e a de mortes em torno de mil. Para a Organização Mundial da Saúde (OMS), os números indicam que o país alcançou um platô, ainda que em patamar alto, e essa é uma oportunidade para assumir o controle da pandemia.

A variedade de situações entre as cidades de um mesmo estado fica muito clara em São Paulo. Na capital, a média semanal de mortes caiu 20% nas últimas três semanas, de 109,1 para 88,7. Enquanto isso, em Franca, a 400 quilômetros da capital, o número de óbitos dobrou só na última semana, chegando a dezoito. Para os especialistas, não há dúvida de que esse dado está associado ao baixo índice de adoção ao isolamento social verificado na cidade: 34%, contra a média de 45% no estado e de 46% na capital. Esse índice é medido por meio de um convênio entre as operadoras de telefonia e o IPT (Instituto de Pesquisas Tecnológicas).

A combinação entre o aumento rápido de mortes e a alta taxa de ocupação dos leitos de UTI, que chegou a 90%, causou o "rebaixamento" de Franca nos critérios do Plano São Paulo, do governo do estado. Ao passar da fase laranja para a vermelha, a cidade entrou em situação de alerta máximo, em que apenas os serviços essenciais podem continuar funcionando.

A situação levou a Associação do Comércio e Indústria de Franca (Acif), que representa 3,5 mil associados, a cobrar publicamente atitudes da prefeitura para minimizar os efeitos da covid-19 na cidade – especialmente a criação emergencial de novos leitos de UTI, medida vista como essencial para sair o mais rápido possível da fase vermelha. "A gestão municipal equivocada ocasionou o rebaixamento de Franca na classificação do Plano São Paulo, e, com isso, o setor comercial e os milhares de pessoas que dele dependem mais uma vez estão sendo penalizados", disse o presidente da Acif, Tarciso Bôtto, em pronunciamento tenso na Câmara de Vereadores.

A cidade já perdeu 10.200 empregos de carteira assinada desde o início da pandemia. Caso a fase vermelha permaneça por um longo período, a projeção da Acif é de que mais 5.700 vagas serão fechadas até o final do ano. O prejuízo estimado até o momento para o setor produtivo da cidade é de R$ 610 milhões. Em razão do "rebaixamento", será de pelo menos R$ 152 milhões adicionais apenas na segunda quinzena de julho.

A relação direta entre a colaboração da população e o controle do número de casos e de mortes fica evidente no caso de São Sebastião, conhecido destino turístico do litoral paulista. Com o melhor índice de isolamento do estado na semana passada, 58%, a cidade contabiliza dez mortes até agora e tem a situação momentânea sob controle.

As regras de isolamento social são apoiadas por 81% dos moradores da cidade – e 64% declararam, numa pesquisa feita pela prefeitura, que só estão saindo de casa quando extremamente necessário. "A grande maioria das pessoas aqui está levando a pandemia muito a sério, por conscientização ou por medo", confirma Alessandra Regina Santos, 49 anos, proprietária da Bem Bonita, uma loja de roupas femininas instalada em um shopping do centro da cidade.

Depois de mais de dois meses fechada, período em que algumas clientes continuaram sendo atendidas por delivery, a loja foi reaberta no dia 1º de junho. Desde então, vem seguindo protocolos rigorosos, incluindo a proibição de experimentar as roupas no local e a limitação de uma pessoa por vez dentro do estabelecimento.

A loja tem recebido apenas dez clientes por dia, em média – frequência bem abaixo da habitual, algo que fez o faturamento cair para menos da metade do que costumava ser antes da pandemia. "Pelo menos o negócio está girando", conforma-se Alessandra. "Eu só reabri a loja por uma questão de sobrevivência, mesmo. Se fosse possível continuar mais tempo em casa, eu continuaria", acrescenta a empresária, que toma remédios para arritmia cardíaca, o que a coloca no grupo de maior risco.

Enquanto a maior parte dos paulistas já convive há algum tempo com as notícias de mortes por covid-19 nas vizinhanças, essa sensação está chegando só agora para muitas pequenas cidades do interior. É o caso de Ariranha, que, com 10 mil habitantes e 63 casos oficiais da doença, registrou esta semana a primeira morte – a de uma senhora de 78 anos, que já tinha problemas de saúde. Mesmo assim, a notícia foi de grande impacto para a população.

"A gente tinha a esperança de que ninguém aqui fosse morrer por causa desse vírus", diz Giovana Cristina Garcia, 46 anos, sócia do restaurante Ranchão, um dos mais conhecidos da cidade.

O restaurante já vinha atendendo só com delivery e agora, com a notícia da primeira morte, vai cuidar ainda mais das medidas de segurança. "A gente percebe que a doença vai se aproximando aos poucos. Eu não conhecia ninguém com covid, mas agora já tem o tio da namorada do meu filho", conta Giovana.

Dos 645 municípios do estado de São Paulo, 218 ainda não registraram mortes por covid-19. E nove deles continuam numa situação que está cada vez mais soando como ficção científica: sem casos confirmados da doença.

54

Gripe espanhola e coronavírus: semelhanças e diferenças entre as duas pandemias

24/07/2020

"Enfim, o mal foi vencido. As horas amargas passaram. Ao pavor e aflição das almas, sucedeu um remanso de paz e serenidade. A população retomou o seu ar habitual. Nas fábricas e oficinas ressoa de novo o trabalho das máquinas; o comércio restabeleceu o seu tráfico; os teatros e cinemas oferecem novamente um repasto à imaginação; a vida social readquire a sua antiga feição." O editorial da revista *A Cigarra*, de São Paulo, na edição de 29 de novembro de 1918, descreve um momento tão esperado hoje: o da volta à normalidade depois de uma pandemia.

Há muitas semelhanças e algumas diferenças entre a gripe espanhola de 1918 e a covid-19 de 2020. Para os brasileiros, talvez a diferença mais significativa seja a duração: em 1918, o pesadelo passou depois de dois meses. Nossos antepassados não precisaram lidar, portanto, com a indefinição sobre o futuro por um longo período, como estamos vivendo agora. Talvez seja este o aspecto mais potencialmente prejudicial à saúde mental no que diz respeito à covid-19.

"Há duas possíveis consequências dessa indefinição por um longo período", alerta a psicóloga Regina Truffa Tarabay, do Instituto de Psiquiatria do Hospital das Clínicas, em São Paulo. "A primeira é a sensação permanente de luto, algo que não estamos tendo tempo de elaborar, de esvaziar. A segunda é a ansiedade, consequência de um nível de estresse duradouro e mais alto que o normal."

A psicóloga explica que, enquanto a produção de cortisol, o hormônio do estresse, aumentou em razão dos temores em relação ao presente e ao futuro, as formas de extravasar foram reduzidas. Assim, uma estratégia fundamental para lidar com a indefinição é tentar substituir as atividades que normalmente geram adrenalina e endorfina, os hormônios da felicidade. Pode-se fazer exercícios em casa, acompanhar lives musicais com artistas admirados, mexer com plantas, meditar, abraçar longamente as pessoas que estão em casa, dançar, ver bons filmes.

A gripe espanhola (que não surgiu na Espanha, país que levou a fama por ter sido o primeiro a divulgá-la amplamente) chegou ao Brasil em setembro de 1918, por meio do navio inglês *Demerara* – que, vindo de Lisboa, deixou pessoas contaminadas nas escalas de Recife, Salvador e Rio de Janeiro.

Foi a partir da segunda metade de outubro que o vírus se disseminou amplamente, como registra o editorial de *A Cigarra* citado no início deste texto: "Ar frio e triste destas três últimas quinzenas lutuosas ainda se faz sentir na alma da população paulista. (...) A hecatombe foi por demais impiedosa e, a bem dizer, da segunda metade de outubro por diante a nossa vida foi uma vida de abalos e comoções, de surpresas dolorosas, de lágrimas e de luto".

Ao descrever o que se passou durante a epidemia, a revista evidencia as semelhanças com a situação que estamos vivendo hoje: "Ninguém, ou quase ninguém ousava sair à rua. Fez-se de repente uma transfiguração na existência dos indivíduos. Desapareceu como por encanto a paz e alegria dos dias que vínhamos fruindo. Por toda a parte o medo, o desespero, a vida desorganizada – uma impressão penosa de inferno e túmulos. No seu desespero, os corações voltavam-se ansiosos para os legionários da ciência, deixando-se guiar pelo seu conselho. E que grandeza de esforço e de sacrifício, o da nobre classe médica, que titânica luta com a morte (...). Em luta com o anjo funesto, alguns médicos sacrificaram a vida, outros caíram doentes".

Apesar de mais curta, a pandemia de 1918 foi proporcionalmente mais mortal. Chegou a matar mil pessoas num único dia no Rio de Janeiro, a capital do país à época. No total, vitimou 35 mil brasileiros, número equivalente a 0,121% da população do país à época, de 28,9 milhões. A mortalidade alcançada até o momento pela atual epidemia, 75 mil pessoas, equivale a 0,035% da população brasileira. As duas tragédias só se igualariam, do ponto de vista matemático, se a covid-19 matar três vezes e meia mais brasileiros, alcançando 256 mil vítimas fatais.

É importante levar em conta, ainda, que o Brasil foi privilegiado em comparação ao que ocorreu em outros lugares do mundo. Em termos globais, estima-se que a mortalidade da gripe espanhola tenha ficado entre 20 milhões e 100 milhões de pessoas, o que corresponde a algo entre 1% e 5% da população mundial da época.

Outra diferença entre as pandemias separadas por um século é que, na de 1918, as notícias estavam sendo polarizadas com outro tema de extrema relevância: os últimos movimentos da Primeira Guerra Mundial (1914-1918), terminada no dia 11 de novembro de 1918, em pleno auge da epidemia no Brasil.

Na edição do dia 6 de novembro, menos de uma semana antes, o jornal *Correio Paulistano* noticiava o registro de 6.985 novos casos em São Paulo na véspera, com 170 óbitos, de um total de 222 mortes ocorridas na cidade. A seção de obituário do jornal registrava os nomes de parte dessas vítimas. Curiosamente, a incumbência de organizar as estatísticas da pandemia na capital paulista ficou a cargo da Associação Brasileira de Escoteiros.

Outro acontecimento marcante do período mais mortal da epidemia de gripe espanhola foi a posse de Delfim Moreira como presidente da República, no dia 15 de novembro. O relato pelo mesmo *Correio Paulistano* deixa clara outra semelhança com os tempos atuais: a irresponsabilidade dos governantes ao minimizar os riscos e promover aglomerações.

Ao descrever a posse no Congresso Nacional, o jornal registrou que "a assistência era extraordinária, notando-se a presença de quase todos os congressistas. (...) Na rua, em frente ao edifício do Senado, apinhou-se a multidão popular em duas extensas alas (...), contida pelo cordão de isolamento da guarda civil. (...) As fanfarras e as bandas dos batalhões executaram a marcha batida e o hino nacional".

O detalhe é que Moreira estava assumindo o cargo como vice de Rodrigues Alves, que precisou se afastar por ter adoecido gravemente, muito possivelmente em decorrência da própria gripe espanhola, embora até hoje haja polêmica a respeito. Alves morreria em 16 de janeiro de 1919.

Assim como os sintomas da covid-19 vão muito além dos sintomas de uma gripe comum, a gripe espanhola também tinha manifestações inesperadas, a exemplo de hemorragias no estômago e no intestino e sangramentos pelo nariz e pelos olhos. Empresas tentavam lucrar em cima do desespero das pessoas. A Emulsão Scott, por exemplo, dizia-se "de grande ajuda na convalescença da gripe espanhola".

Já a publicidade do Vanadiol era mais elaborada: "Esteve com a gripe espanhola. Repare que os seus nervos estão enfraquecidos, que o seu cérebro está esgotado, o seu corpo está magro sem sangue; é preciso restaurar as forças e todo o organismo, e o melhor e mais recomendado tônico-fosfatado é o Vanadiol. Experimente, dois a três vidros é o suficiente".

Assim como ocorre com as *fake news* disseminadas hoje por WhatsApp, as receitas "milagrosas" para combater a doença corriam de boca em boca. Uma delas, a mistura de cachaça, limão e mel, deu origem a nada menos que um dos nossos drinques mais populares hoje, a caipirinha.

Depois de rapidamente alcançar números aterradores no Brasil, a epidemia da gripe espanhola enfraqueceu quase que da noite para o dia – como é possível acompanhar pelos dados publicados diariamente no *Correio Paulistano*. No dia 22 de novembro, duas semanas depois de São Paulo registrar quase 7 mil casos num só dia, o número de novas notificações da doença já havia caído para 592.

Ainda assim, a retomada das atividades foi cautelosa. Nesse mesmo dia, o jornal traz uma notícia sobre a volta às aulas: "O sr. Dr. Oscar Thompson, diretor-geral da Instrução Pública, comunica aos interessados que só autorizará a reabertura dos estabelecimentos de ensino oficial e particular quando tal necessidade for aconselhada, sem perigo para a saúde pública, pelo sr. diretor do Serviço Sanitário".

No dia 27 de novembro, os novos casos diários já haviam caído para 251 na cidade. No dia 16 de dezembro, foram apenas seis. A queda espontânea da disseminação, em tão curto período, nunca foi plenamente desvendada. Uma das possíveis explicações está numa espécie de "inteligência" do vírus, que sofreria mutações para se tornar menos letal ao perceber que não teria como continuar se reproduzindo se matasse os hospedeiros. Com isso, muitas pessoas teriam sido contaminadas sem perceber os sintomas e, assim, sem entrar para as estatísticas. A esperança é de que algo semelhante possa vir a ocorrer em relação ao novo coronavírus causador da covid-19.

55

Quarentena impulsiona o interesse por plantas; saiba como começar o seu cantinho verde

25/07/2020

Um dos sacrifícios exigidos de quem está ficando o máximo possível em casa durante a pandemia é não ter o mesmo nível de contato com a natureza. Para amenizar a saudade, um caminho tem sido levar mais verde para dentro de casa.

A gerente de marketing Thais Jarandilha só tinha dois vasos de plantas quando a pandemia começou – e não dava muita atenção a elas. "Ficavam meio esquecidas na varanda. Quando morriam, eu simplesmente substituía", descreve. Agora, a forma de agir mudou completamente. "Quando passei a ficar em casa o tempo todo, senti falta de mais verde e comprei várias plantas novas, inclusive para a sala. Agora eu observo como elas estão e do que precisam. Comecei até a colocar e tirar do sol, algo que nunca havia feito", conta Thais. A relação mais afetiva a levou a batizar as plantas. Um exemplo: a hera que está no alto de uma estante, com os galhos caindo pelas prateleiras, ganhou o nome de Rapunzel.

Quem está fornecendo o combo plantas + orientações durante a quarentena viu o negócio se expandir rapidamente. É o caso da arquiteta e paisagista Marianne Ramos. Antes da covid, ela trabalhava com jardins de grandes dimensões, tanto residenciais quanto comerciais, inclusive verticais. Diante das circunstâncias que a impediram de continuar com o trabalho no formato convencional, surgiu a ideia de vender plantas em pequenos vasos.

As primeiras encomendas nasceram do interesse demonstrado por amigas, mas o negócio logo cresceu a ponto de Marianne já ter vendido mais de quinhentos vasos desde o final de abril, quando lançou o serviço. "A procura me surpreendeu. Num certo momento, tive até que segurar os pedidos porque os fornecedores das plantas e dos vasos não estavam conseguindo me abastecer no ritmo necessário", conta ela.

Quem entra em contato pelo perfil @mramospaisagismo no Instagram recebe um catálogo com cerca de 25 espécies – o número flutua conforme a disponibilidade. Há pacotes com um, três ou cinco vasos, ao custo, respectivamente, de R$ 45, R$ 90 e R$ 150, mais frete. Marianne conta que o público é 95% composto de mulheres. "Os poucos homens que demonstram interesse normalmente querem comprar para presentear uma mulher", observa. Entre as preferidas da clientela estão a alocásia polly (também conhecida como "orelha de elefante"), o abacaxi roxo e o asplênio.

As plantas são entregues em casa ou podem ser retiradas com horário marcado, respeitando-se todos os protocolos de segurança, no espaço que Marianne mantém em São Paulo. Um dos diferenciais que ela oferece é o atendimento pós-venda, via WhatsApp, para esclarecer dúvidas e resolver dificuldades que os clientes podem enfrentar com as plantas.

"Ter plantas em casa e mexer com elas é uma atividade terapêutica, que certamente ajuda muito neste período", diz Marianne. "Eu mesma sempre usei esse recurso para lidar com a ansiedade." Acompanhe as orientações da especialista para as principais dúvidas de quem quer aumentar a presença de verde dentro de casa:

Como escolher os locais adequados? – Se há uma varanda disponível, com entrada de luz solar e contato com o ar natural, este é o local ideal para concentrar a maioria do verde na sua casa. O que não quer dizer que não possa haver vasos espalhados por outros cômodos, claro. É preciso avaliar antecipadamente a incidência de sol na varanda para escolher espécies que possam se adaptar melhor a essas condições. As espécies que Marianne incluiu no catálogo são indicadas para a chamada "meia sombra" – podem tomar sol fraco por até três horas diárias, evitando-se o período entre 10h e 17h.

Qual é o kit mínimo de ferramentas e produtos? – Para quem só tem vasos pequenos, o fundamental é ter uma tesourinha para retirar as folhas secas. A adubagem ocorre apenas uma vez por ano, com bokashi ou húmus de minhoca.

Preciso dedicar muito tempo às plantas? – Poucos minutos por dia são suficientes para fazer a manutenção adequada. Considere que esse é um tempo "terapêutico" e aproveite para conversar um pouco com as plantas. "Várias clientes comentaram que as plantas estavam ficando mais bonitas durante a quarentena graças a essa atenção", relata Marianne.

Há plantas perigosas para os meus filhos ou para o pet? – Há, sim, espécies que são perigosas e devem ser evitadas em casas que têm crianças ou animais domésticos. O tema é tão relevante que, no catálogo dos produtos à venda, Marianne destaca quais são as espécies que oferecem perigo, a exemplo da espada-de-são-jorge, que pode provocar irritação das mucosas, e da hera, que pode causar irritação na pele e até descompasso cardíaco, dependendo da quantidade ingerida.

56

Quarentena aumentou em 20% a produção de lixo reciclável doméstico

29/07/2020

Você deve ter percebido na sua casa (ou na vizinhança) que aumentou a produção de lixo reciclável durante a quarentena. Trata-se de uma consequência natural da combinação de dois fatores interligados: as pessoas estão saindo menos e, justamente por isso, passaram a fazer mais compras online. Assim, parte do lixo que se produzia fora de casa acabou sendo trazido para o ambiente doméstico.

Na cidade de São Paulo, a produção de lixo reciclável doméstico saltou 20% nos últimos quatro meses. Passou da média de 208 toneladas para 250 toneladas diárias. Na cidade do Rio de Janeiro, o acréscimo foi proporcional, da média de 50 toneladas para 61 toneladas por dia.

Por mais que a reciclagem seja uma ação importante para o meio ambiente, a pandemia provocou uma mudança na orientação a respeito. Nos domicílios que têm pessoas com sintomas ou comprovadamente com covid-19, ou ainda que tenham tido contato recente com pessoas contaminadas, a recomendação da Associação Brasileira de Empresas de Limpeza Pública e Resíduos Especiais (Abrelpe) é interromper a separação dos materiais recicláveis e acondicioná-los junto com o lixo comum. Nesse caso, para evitar a contaminação dos profissionais que trabalham na coleta, o lixo deve ser colocado em dois sacos plásticos, um dentro do outro, bem fechados por nós ou lacres.

Para os trabalhadores da cadeia de recicláveis, genericamente ainda conhecidos como catadores, a situação decorrente da pandemia se mostrou contraditória: junto com o aumento da quantidade de material à disposição vieram os riscos à saúde e a necessidade de afastamento do trabalho. O funcionamento das cooperativas na cidade de São Paulo foi interrompido no início da pandemia. Apenas a triagem mecanizada do material, realizada em duas megacentrais, continua em atividade.

Para assegurar o sustento dos trabalhadores, a prefeitura criou um programa que remunera com R$ 1.200 por mês as novecentas famílias associadas às 25 cooperativas habilitadas no Programa Socioambiental de Coleta Seletiva. Outros 1.400 catadores autônomos também foram incluídos no benefício.

"É mais ou menos o valor que o pessoal tirava aqui por mês", conta Gilberto Paiva Siqueira, fundador e presidente da uma das cooperativas, a Giba GPS Reciclagem. Com dezesseis trabalhadores na equipe, a cooperativa vinha processando a média de cem toneladas por mês antes da pandemia. Apesar de ter sessenta anos, idade considerada de risco ampliado para a covid-19, Gilberto está particularmente ansioso pela volta ao trabalho. "Primeiro, porque não gosto de ficar parado. Depois, porque eu ganhava um dinheirinho a mais com o aluguel do galpão e das máquinas, que são minhas", descreve. A volta das atividades, em discussão, depende do desenvolvimento de protocolos para a desinfecção dos resíduos e do fornecimento de equipamentos de proteção aos trabalhadores, como máscaras e escudos faciais.

Será um alívio especialmente para os catadores que não são ligados a instituições que estabeleceram termos de parceria com a prefeitura. Para apoiar o público que não está sendo alcançado pelo auxílio, o Movimento Nacional dos Catadores de Materiais Recicláveis (MNCR) organiza vaquinhas para financiar o fornecimento de 1.200 cestas básicas na cidade de São Paulo.

O convívio mais estreito das famílias com os materiais recicláveis tem deixado claro para muita gente como as embalagens no país ainda não são pensadas para reduzir o impacto ambiental. Muitos dos estabelecimentos que começaram agora no delivery não tiveram tempo para pensar no desenvolvimento de embalagens adequadas, sendo obrigados a partir para soluções improvisadas. Nisso, podem estar errando tanto pelo uso de materiais inadequados quanto pelo exagero.

A demanda repentina lotou de trabalho as empresas especializadas em desenvolver embalagens. Algumas decidiram até interromper a assinatura de contratos com novos clientes, para cuidar adequadamente dos parceiros já conquistados. É o caso da Scuadra, fabricante de embalagens customizadas para delivery que atende vários dos restaurantes mais conhecidos de São Paulo. "As máquinas e a equipe já estão trabalhando na capacidade máxima, ao mesmo tempo que a disponibilidade de matérias-primas, peças e equipamentos foi reduzida neste período atípico", comunicou a empresa.

Enquanto as famílias estão produzindo mais material reciclável durante a pandemia, com o chamado "lixo eletrônico" ocorreu o inverso: a quantidade recolhida caiu pela metade durante a quarentena. Em junho, a Green Eletron, instituição que faz logística reversa de eletroeletrônicos em todo o estado de São Paulo, viu o volume mensal recolhido cair de 2.780 quilos para 1.310 quilos, em comparação ao mesmo período do ano passado.

Isso aconteceu porque parte considerável do material eletroeletrônico – celulares, notebooks, impressoras, cabos, carregadores – é entregue nos pontos de descarte voluntário, na maioria instalados em shoppings e lojas de grandes redes varejistas, estabelecimentos que permaneceram fechados durante boa parte da quarentena.

A expectativa é de que haja uma demanda reprimida – ou seja, que as famílias tenham guardado o lixo eletrônico, as pilhas e as baterias para descartá-los corretamente. Algo que já pode voltar a ser feito – para quem mora no estado de São Paulo, basta conferir os pontos de coleta no site greeneletron.org.br. A instituição sugere, aliás, que as famílias aproveitem a ocasião para fazer uma grande faxina de eletroeletrônicos em casa.

57

Contextualização: Brasil atinge 100 mil mortes

08/08/2020

Em 8 de agosto de 2020, menos de cinco meses depois da primeira morte causada pela covid-19 no Brasil, o país chegou à marca de 100 mil óbitos. Já eram quase 3 milhões de infectados desde a chegada da pandemia.

58

Em busca do equilíbrio: yoga conquista adeptos durante a quarentena

09/08/2020

De acordo com levantamento feito pela SEMrush, consultoria especializada em marketing digital, a busca na internet pelo termo "yoga" explodiu no Brasil durante a quarentena – um acréscimo de 50% desde que começou a pandemia de covid-19. Outros termos mais específicos relacionados à prática apresentaram um aumento ainda maior: 124% para "aulas de yoga", 184% para "como fazer yoga", 400% para "yoga para iniciantes", 407% para "yoga online" e 735% para "tapete de yoga". Fica claro, pelos termos pesquisados, que o maior interesse parece envolver quem ainda não era adepto.

A procura tem sido impulsionada também pela crescente adoção do yoga por empresas, dentro da política de bem-estar dos funcionários na era do home office. A atividade é oferecida, por exemplo, pela Locaweb, provedora de soluções digitais Business to Business (B2B), aos 1.450 funcionários que estão trabalhando em casa. "É uma das ações que ajudam os funcionários a equilibrar o dia a dia do trabalho com a vida pessoal, com menos estresse, mais bem-estar, qualidade de vida, criatividade, produtividade e inovação", diz a gerente de Gente e Gestão da empresa, Simony Morais.

As circunstâncias levaram os professores de yoga ao caminho inevitável das aulas online – algo que até então não estava nos planos de muitos deles. "Eu tinha um certo preconceito em utilizar a tecnologia para promover meu trabalho, pois ministro cursos presenciais e o contato entre aluno e professor é muito importante no yoga", diz Camila Reitz, proprietária de um estúdio em Florianópolis (SC) com quase trinta anos de existência.

Durante a pandemia, Camila montou um curso online com cinco aulas e passou a fazer aulas pagas ao vivo pelo zoom, além de lives gratuitas para conquistar possíveis novos adeptos. "Graças à tecnologia, o yoga está mais presente na vida e na casa das pessoas. É extremamente importante ter uma rotina de cuidar da mente, do corpo e da alma, principalmente nesse momento tão difícil", observa.

A alta demanda decorrente da quarentena criou condições, também, para que novos profissionais chegassem ao mercado. É o caso de Luiza Osti, 29 anos. Formada em Administração, com pós-graduação em Psicologia Positiva e cursando a segunda, em Ciências Humanas, Luiza deixou no início de março o emprego num grande banco, onde trabalhava havia sete anos.

A decisão, cuidadosamente planejada, era se tornar professora de yoga, prática que conheceu na adolescência por influência da avó. "Ela me convidava para fazermos aulas juntas, mas eu resisti por achar que era algo para gente mais velha", descreve Luiza. "Quando finalmente aceitei o convite, adorei. Sou muito grata por ter tido contato com essa filosofia na adolescência, o que moldou a minha forma de ver a vida."

Há três anos, ela fez uma formação mais aprofundada de yoga, ainda sem pensar em transformar a atividade em profissão. No ano passado, depois de uma nova formação, tomou a decisão de abandonar o mercado financeiro para se dedicar em tempo integral ao yoga. "Eu ganhava bem no banco e gostava de certos aspectos do ambiente, mas ao mesmo tempo era um cotidiano tóxico, com muita pressão, metas para bater. Eu via muitos colegas ficando doentes", recorda.

Luiza planejava dar aulas presenciais, mas o início da nova carreira coincidiu com a necessidade de partir para as aulas virtuais, por causa da pandemia. "Com o mundo de lives de yoga que começaram a aparecer no Instagram, as pessoas passaram a procurar mais sobre o assunto. Para o negócio que estava começando, foi ótimo", ela descreve. "Recebi vários contatos de pessoas interessadas em aulas. Gente que não conhecia o yoga e teve o interesse despertado com essa onda de lives."

Ao planejar a transição, Luíza havia feito uma reserva financeira para se manter por pelo menos seis meses. Em decorrência das inesperadas circunstâncias, no entanto, ela logo atingiu um patamar de renda que está lhe permitindo preservar as reservas.

Para a nova professora de yoga, o maior interesse pela prática está relacionado à necessidade que as pessoas estão sentindo de voltar o olhar ao universo interior. "Um dos princípios do yoga é entender o que está e não está no nosso controle. Isso ajuda a lidar com a ansiedade, algo que se tornou essencial durante a pandemia."

Mesmo quando a normalidade voltar e as aulas puderem ser dadas presencialmente, ela pretende manter a maior parte das atividades no método online. "O uso da tecnologia permite que eu atenda pessoas que não atenderia no presencial, gente que mora em outros estados ou até em outros países, como já tem acontecido. Isso é fascinante."

Para os alunos, a vantagem são preços 30% menores em relação ao presencial. Afinal, com as aulas online, os professores economizam tempo e dinheiro com os deslocamentos (especialmente em grandes cidades como São Paulo, onde Luiza mora), não precisam alugar um espaço e pagar todos os custos fixos decorrentes disso.

59

Seleção natural: grandes museus conseguem se sair melhor com visitas online

15/08/2020

A pandemia surgiu depois de um ano considerado excelente para os museus brasileiros. O Museu de Arte de São Paulo (Masp), por exemplo, bateu em 2019 o seu recorde de visitantes em 73 anos de história: 729.325 pessoas passaram por lá, acréscimo de 31% em relação ao recorde anterior, registrado em 2012. Foi um resultado puxado em grande parte pelo sucesso da exposição "Tarsila Popular" – que, entre abril e junho, atraiu 402.850 visitantes.

Quando não puderam mais receber visitantes por causa da covid-19, os museus se viram diante da necessidade urgente de desenvolver ou aprimorar suas estratégias virtuais. Seria o único caminho possível para manter os vínculos ou mesmo para atrair pessoas que até então não eram frequentadoras assíduas.

"Os museus brasileiros alcançaram outro patamar em 2019 e este ano seria o de consolidação dessa tendência", observa o gerente de Relações Institucionais da Federação de Amigos de Museus do Brasil (Feambra), Nelson Colás. "Mas a pandemia chegou, e não há nada que se possa fazer em relação a isso a não ser procurar formas de reinvenção. No final das contas, tenho certeza de que o setor sairá fortalecido", avalia.

Nelson lembra que o crescimento registrado em 2019 foi em grande parte decorrente das inovações na administração dos museus, incluindo o uso das redes sociais e a adaptação da linguagem para se aproximar do público mais jovem. "Os museus passaram a falar diretamente com a sociedade, de maneira mais atrativa e com interação", avalia o gerente da Feambra.

Nesse sentido, pode-se até dizer que o ano de 2020 está sendo, sim, de continuidade e de consolidação. Os principais museus brasileiros não ficaram simplesmente à espera do momento de reabrir as portas. A produção de conteúdo digital foi intensificada, com o propósito principal de fomentar a interação com o público de todas as idades.

O Masp convocou seus seguidores no Instagram não apenas para conhecer virtualmente suas obras, mas também para produzir arte. Uma das atividades de maior sucesso no período de quarentena é a campanha #maspdesenho-semcasa. A cada terça, o museu desafia o público a fazer releituras de uma obra do acervo. Os vencedores ganham um passaporte para visitar gratuitamente o museu durante um ano.

Foi preciso também dar sequência à programação, dentro do possível. Enquanto as portas do museu não podem ser reabertas, a mostra "Hélio Oiticica: a dança na minha experiência", que seria física, tornou-se digital, com a oferta de visitas guiadas virtuais. O público pode conhecer, assim, 126 trabalhos relacionados à experiência de Oiticica com a dança, influência iniciada em 1964, quando o artista se tornou passista da Mangueira. Suas obras mais conhecidas hoje, os Parangolés, foram concebidas a partir dessa vivência.

Também muito tradicional – foi fundado em 1948, um ano depois do Masp –, o Museu de Arte Moderna (MAM) de São Paulo criou uma intensa programação online para se manter presente no dia a dia do público: tours virtuais, lives, quizzes, conteúdos inéditos e cursos online em seus canais digitais. As iniciativas são organizadas em torno da campanha #MAMonline.

O resultado do esforço se reflete diretamente nos números de acesso das plataformas digitais do museu. Desde que a campanha foi iniciada, o perfil do MAM no Google Arts & Culture, que oferece tours virtuais para mostras emblemáticas da trajetória da instituição, subiu de 1,2 mil *page views* por mês, em fevereiro, para quase 20 mil em junho.

Outros importantes museus brasileiros também estão muito ativos nas redes sociais. Instituições como a Pinacoteca de São Paulo, o Museu do Amanhã do Rio de Janeiro e o Museu Oscar Niemeyer de Curitiba têm postado conteúdo diariamente – com a preocupação não apenas de exibir as obras que possuem, mas de fomentar discussões relevantes para a sociedade atual. São também "iscas" para levar o público ao conteúdo oferecido nos respectivos sites, que incluem visitas virtuais a exposições marcantes.

Se, por um lado, os museus com mais estrutura estão lidando bem com as circunstâncias, a projeção é de que a pandemia acabe provocando uma espécie de "seleção natural" no setor. Instituições que já estavam tendo dificuldades para se aproximar do público em tempos digitais (no início de 2019, uma pesquisa revelou que só 10% dos 3,8 mil museus brasileiros ofereciam em seus sites o recurso da visita virtual) podem acabar fechando definitivamente as portas.

Trata-se de um fenômeno global. Em 18 de maio, Dia Internacional dos Museus, a Unesco anunciou os resultados de uma ampla sondagem internacional. Concluiu-se que 13% dos museus estavam seriamente ameaçados de não conseguir retomar as atividades no pós pandemia. "Precisamos ajudá-los a lidar com essa crise e mantê-los em contato com o público, pois os museus desempenham um papel fundamental na resiliência das sociedades", comentou na ocasião a diretora geral da Unesco, Audrey Azoulay. Ela acrescentou que "ajudar" significa, na maior parte dos casos, direcionar verbas para assegurar a proteção social das equipes dos museus, a digitalização e o inventário de coleções e o desenvolvimento de conteúdo online.

Enquanto lutam para sobreviver, os museus brasileiros começam a se preparar para a possibilidade de reabrir as portas, em condições que envolverão uma série de medidas e protocolos. Essas diretrizes foram estabelecidas, em linhas gerais, pelo Instituto Brasileiro de Museus (Ibram), autarquia do Governo Federal vinculada ao Ministério do Turismo. O documento enfatiza a importância de estabelecer regras rígidas de circulação, com obediência ao distanciamento físico recomendado. Isso exige a redefinição da capacidade máxima de visitantes, por ambientes e por turnos de visitação, além do aumento da frequência dos procedimentos de desinfecção e da revisão dos sistemas de ar condicionado e de ventilação.

Com menos público circulando, a necessidade de equipe presencial também diminuirá. A orientação do Ibram é para que os museus criem escalas de revezamento dos profissionais cuja presença é essencial, todos devidamente protegidos com Equipamentos de Proteção Individual (EPI), e adotem o teletrabalho para as funções que possam executar o trabalho de forma remota.

60

A volta ao presencial: como preparar crianças e adultos para a hora do desgrude

16/08/2020

Aos 55 anos, o professor universitário Walter Pereira Carpes Jr., do Departamento de Engenharia Elétrica e Eletrônica da Universidade Federal de Santa Catarina (UFSC), nunca imaginou que teria a oportunidade de acompanhar tão de perto o desenvolvimento da filha Nina, de dois anos e meio. Com a pandemia e o cancelamento das aulas na universidade, ele passou os dois primeiros meses da quarentena "grudado" com a pequena – e com a mulher, a revisora Daise Ribeiro Carpes, 37 anos, que já tinha uma rotina de mais presença em casa e cuidava de Nina na maior parte do tempo.

Depois da fase inicial de quarentena, o professor está indo três manhãs por semana até sua sala na universidade para preparar o material de ensino à distância, incluindo a gravação de vídeos. Ainda assim, o contato com a filha segue maior do que aquele que ocorria antes da pandemia. Entre segunda e sexta, ele saía todos os dias cedo, por volta das 6h30, e só voltava no final da tarde, a tempo apenas de dar banho na pequena e colocá-la para dormir.

"A pandemia é uma tragédia lamentável, mas do ponto de vista pessoal acabou me proporcionando o privilégio de acompanhar bem de perto essa fase tão importante da minha filha", diz Walter. A sensação de privilégio é reforçada pela comparação com a mesma fase dos dois filhos do relacionamento anterior, que hoje estão com dezenove e catorze anos. "Por mais que eu tenha tentado ficar perto deles, certamente não foi na mesma dimensão do que aconteceu agora."

Em boa parte dos lares brasileiros, os últimos quatro meses foram de convívio ampliado das crianças com as pessoas que vivem na casa. Afinal, tanto os pequenos quanto os adultos deixaram de sair na mesma frequência de antes. De agora em diante, no entanto, a perspectiva é de que esse vínculo comece a ser gradualmente afrouxado, tanto em razão do retorno de muitas pessoas ao trabalho presencial quanto pelas previsões de volta das crianças às escolas – os planos variam de estado para estado, mas já começam a ser discutidos mais a sério. Em São Paulo, por exemplo, existe a possibilidade de que a retomada das aulas ocorra em outubro.

Como vai ser esse processo de "desgrude", tanto para as crianças quanto para os pais? É uma situação que se torna especialmente delicada porque a retomada das atividades não se dará em um cenário de tranquilidade em relação aos riscos de contaminação. Se, de um lado, as crianças poderão sofrer com o afastamento depois de terem se acostumado à proximidade com a família em tempo integral, os adultos também não deixarão de sentir um aperto no coração – tanto pela separação em si quanto pela preocupação com a covid-19.

Para o psicanalista Ronaldo Coelho, o nível de sofrimento dos pequenos com a separação estará diretamente relacionado à forma como a questão será tratada pelos adultos. É pelo que percebem sobretudo da mãe que as crianças, especialmente as menores, estabelecem sentido para aquilo que vivem, ele observa. "Por isso é mais importante pensar nos adultos do que propriamente nas crianças", diz o psicanalista. Se a criança perceber angústia, tenderá a interpretar a separação como algo perigoso e, assim, resistirá mais ao processo. "Caso a mãe esteja tranquila e segura em relação a esse momento, irá transmitir esses sentimentos à criança, que por sua vez também conseguirá lidar com sua angústia de uma forma muito mais tranquila."

Ele ressalta que o período de convívio em tempo integral entre pais e filhos não tem sido sempre tranquilo, nem isento de preocupações. "Durante a quarentena, muitos pais têm que trabalhar ao mesmo tempo que cuidam dos filhos. Tem sido comum o sentimento de que poderiam estar fazendo mais, mesmo estando fazendo tudo o que podem", avalia. É esperado, portanto, que o momento da separação provoque sentimentos ambíguos – um misto de culpa, tristeza, preocupação e alívio.

"É importante ter em mente que vai ser bom para todo mundo quando a vida puder ser retomada de um jeito próximo ao que era antes", diz a especialista em educação infantil Luciane Motta, fundadora da Casa do Brincar, em São Paulo, espaço de desenvolvimento infantil que está temporariamente fechado por causa da pandemia. "Vejo muitas mães enlouquecidas, sofrendo com o excesso de atribuições, a perda de identidade, de vida social, a redução do papel profissional. A retomada vai ser importante para a sanidade mental dessas mães, certamente. Mas que vai doer vai. Será mais uma mudança e toda mudança causa insegurança", avalia Luciane.

Ela aconselha a manter o assunto restrito até que as crianças realmente tenham que ser envolvidas. Ou seja: não é preciso conversar com elas com grande antecedência ou antes de ter datas definidas. "Antecipar essas questões só estimularia a ansiedade nas crianças."

Quando estiver faltando uma semana ou cinco dias para a separação, aí sim é hora de chamar os pequenos para conversar a respeito. "Uma boa estratégia é apostar na memória deles sobre como era antes, das coisas bacanas que eram feitas, do convívio com os amigos. Enfim, reforçar os aspectos positivos e não dar ênfase aos negativos, como a perda do convívio tão estreito em casa", aconselha Luciane. Mesmo assim, é muito provável que as primeiras semanas do desgrude sejam difíceis. "Vai ter choro e colo, mas isso faz parte do crescimento."

61

Sete hábitos da quarentena que vieram para ficar

21/08/2020

Passados cinco meses desde que começou a quarentena, já é possível identificar com mais clareza as mudanças de hábitos que tendem a se consolidar no pós-pandemia. Quando a crise passar, os brasileiros estarão comprando de tudo pela internet, trabalharão mais em casa e estarão mais propensos a fazer doações, entre outros novos hábitos.

1. Compras online

Antes da pandemia, a maioria das pessoas só recorria às compras online para pedir comida vez ou outra e eventualmente encomendar algum produto específico, difícil de encontrar presencialmente nas lojas. O confinamento levou muita gente a usar a internet para fazer compras mais diversificadas – e boa parte dessas pessoas não vai querer abrir mão dessa comodidade.

Pesquisa realizada pela consultoria de consumo Social Miner em parceria com o Instituto Opinion, envolvendo 2.004 pessoas acima de dezesseis anos de todas as idades, classes sociais e regiões do país, revelou que 72,4% dos consumidores classificaram como positivas suas experiências de compra online durante a pandemia, contra apenas 5,4% que consideraram as experiências negativas. Do público ouvido, 7,5% teve, durante a pandemia, a primeira experiência de compra online.

O segmento mais comum das compras pela internet nesse período foi, até agora, o de farmácia e saúde, indicado por 44,4% dos entrevistados. Na sequência vêm os de refeições prontas (41,4%), supermercados (35,9%), moda e acessórios (35,7%) e eletrônicos e informática (34,9%). O dado mais significativo da pesquisa para projetar o futuro do consumo é que 65,4% dos consumidores estão dispostos a continuar comprando online mesmo com a reabertura das lojas físicas – desde que encontrem bons preços e promoções.

2. Carinho com a casa

Diante da necessidade de dispensar prestadores de serviços domésticos para evitar a disseminação do vírus, muita gente passou a entender melhor como funciona a limpeza da casa – que tipo de produto usar em cada situação, por exemplo. Alguns novos hábitos devem se tornar definitivos para muitas famílias, como não entrar em casa com os sapatos com que vieram da rua e lavar bem as mãos ao chegar.

No pós-pandemia, ainda que o trabalho mais pesado possa continuar sendo executado por profissionais especializados, espera-se um nível mais alto de conscientização sobre a importância de manter a casa sempre em um patamar aceitável de limpeza e higiene. "Antes da pandemia, muita gente relaxava demais com a casa só porque tinha faxina marcada. Acredito que essa forma de agir possa mudar daqui em diante", diz o diarista Anderson Silva.

Impossibilitado de ir à casa dos clientes durante a quarentena, ele criou um serviço online de mentoria de limpeza. E planejou para a volta ao trabalho uma nova metodologia, a faxina colaborativa. A ideia é que a pessoa que o contrata também participe da limpeza, pagando menos que a diária normal. "Minha motivação não é simplesmente oferecer um desconto, mas incentivar o autocuidado", conta Anderson.

3. Cozinhar mais

Um dos relatos mais comuns da quarentena é de pessoas que descobriram que são capazes de cozinhar. Quando a pandemia passar, muitas dessas pessoas, que nunca faziam comida em casa, terão mudado esse hábito. Não se trata certamente de cozinhar todos os dias, como obrigação, e sim de exercer a atividade como um respiro criativo e divertido em meio às atribuições do dia a dia. "Antes eu nem passava perto da cozinha, especialmente nos finais de semana, quando a gente sempre ia comer fora", conta a empresária Daniela Napolitano. "Isso certamente terá mudado depois da pandemia, pois descobri o prazer de fazer comida em casa."

4. Home office

Talvez o maior símbolo das mudanças de comportamento provocadas pela pandemia seja a disseminação do home office. Ainda que a adoção do trabalho em casa não tenha ocorrido da forma mais adequada, com o devido planejamento, a experiência tem sido suficientemente positiva para que muitos profissionais e empresas já tenham optado pela adoção definitiva da prática.

Pesquisa nacional da consultoria Mercer, em meados de julho, com 253 empresas de médio e grande porte, constatou que o home office continuará sendo praticado em algum nível por 85% delas. A pesquisa concluiu também que, do total de funcionários dessas empresas, 44% já são elegíveis para o trabalho remoto, em tempo integral ou parcial. Esses profissionais pertencem a áreas em que a maior parte do trabalho pode ser feita à distância, como administrativo, financeiro, recursos humanos, jurídico, comercial e atendimento ao cliente. Em alguns tipos de empresa – como as de alta tecnologia, serviços, bancos e seguros –, até mesmo boa parte das atividades consideradas operacionais pode ser transferida para home office.

Da mesma forma, o número de viagens a negócio tende a ser reduzido e reuniões até então realizadas presencialmente podem ser definitivamente substituídas por encontros virtuais, com ganhos em custos e eficiência.

5. Cursos online

Eis mais uma prática que teve grande expansão durante a pandemia: o aperfeiçoamento profissional rápido, por meio de cursos online. Cerca de 1,7 milhão de brasileiros se matricularam em algum curso online durante a quarentena, de acordo com projeção feita em julho pelo Instituto Nacional de Estudos e Pesquisas Educacionais Anísio Teixeira, o Inep.

A já mencionada pesquisa da Social Miner revelou que 45,4% das pessoas pretendem consumir cursos exclusivamente online mesmo depois da quarentena. Além de evitar deslocamentos, uma das grandes vantagens é a quebra do obstáculo representado pela distância física – algo que pode ser muito atraente tanto para quem pretende fazer o curso quanto para quem vai oferecê-lo.

6. Adoção da telemedicina

O atendimento psicológico online já era autorizado no Brasil, mas a prática teve grande impulso durante a pandemia, que reforçou a necessidade de ampliar os cuidados com a saúde mental. Já o atendimento remoto nas demais especialidades médicas só foi autorizado no Brasil em decorrência da pandemia, e ainda assim em caráter emergencial e provisório, para evitar a ida das pessoas aos hospitais e consultórios.

O mercado acredita, contudo, que a experiência de telemedicina durante a pandemia será sólida o suficiente para motivar a regulamentação definitiva das consultas online, já praticadas em muitos outros países. A telemedicina havia sido autorizada no Brasil no início de 2019, mas a regulamentação foi revogada pelo Conselho Federal de Medicina. A expectativa de aprovação naquele momento levou muitas plataformas especializadas em gestão de consultas a ficarem prontas para oferecer o serviço de telemedicina tão logo a prática se tornasse legal no país.

Um exemplo é a Docway, criada em 2015 para organizar a prestação de serviços médicos em domicílio. Com a liberação da telemedicina durante a pandemia, o número de médicos cadastrados saltou de oitenta para oitocentos. Com isso, a plataforma chegou em julho à marca de 100 mil atendimentos por mês – antes da pandemia, eram cerca de mil orientações e triagens mensais. "Estamos projetando chegar a 1,2 milhão de atendimentos neste ano", conta o CEO, Fábio Tiepolo.

7. Praticar mais solidariedade

A cultura de doações alcançou uma dimensão inédita no país durante a quarentena. No final de julho, o montante arrecadado durante a crise da covid-19 ultrapassou a marca dos R$ 6 bilhões, de acordo com a plataforma de monitoramento criada pela Associação Brasileira de Captadores de Recursos (ABCR). Isso quer dizer que, em pouco mais de quatro meses, os brasileiros doaram quase o dobro da marca anual anterior, R$ 3,5 bilhões. Por mais que as doações tenham sido em grande parte motivadas pelas circunstâncias da pandemia, é difícil imaginar que pelo menos parte desse aumento não seja mantida nos próximos anos.

62

Ponto fraco: como cuidar das pernas durante a quarentena

22/08/2020

Uma das consequências naturais de passar mais tempo em casa, em função da pandemia, é a redução no tempo de movimentação do corpo e na variedade dos movimentos. Se não for acompanhada de alguns cuidados básicos, a prática do home office potencializa os riscos para a saúde, de forma geral. Afinal, são várias horas numa mesma posição. Ocupadas pelas tarefas do trabalho, muitas pessoas acabam esquecendo da necessidade de quebrar a sequência ao longo do dia.

As pernas estão entre as partes do corpo mais impactadas pelas mudanças de hábitos impostas pela quarentena. Uma das possíveis consequências são problemas de circulação, que podem ser evitados com algumas providências no cotidiano.

Ativar a circulação sanguínea é essencial para combater não apenas os sintomas incômodos nas pernas, a exemplo de dor e inchaço, mas também as doenças venosas que representam riscos potenciais à saúde, a exemplo de varizes e trombose. "Para quem está trabalhando em casa, o primeiro mandamento para reduzir os riscos é fazer alguns intervalos ao longo do dia para se movimentar", diz o médico Gustavo Solano, especialista em cirurgia vascular.

Ele recomenda paradas a cada duas horas, no máximo. E não basta sair do computador e ir até a cozinha para tomar um café, voltando logo em seguida para a cadeira de trabalho. É preciso caminhar um pouco. O ideal seria pelo menos quinze minutos de movimento – um passeio com o cachorro, por exemplo. "A natureza de nosso corpo é estar em movimento. É isso que ajuda a manter a circulação ativa", diz Gustavo.

Se por um lado estar em casa dificulta a movimentação, por outro facilita uma providência importante para a saúde circulatória: deitar-se com as pernas esticadas e ligeiramente erguidas em relação ao nível do coração – posição que pode ser obtida com o apoio de uma almofada sob os pés. Fazer isso uma vez por dia, durante vinte minutos, já funciona bem como "descanso" às veias das pernas, que tendem a ficar sobrecarregadas por causa da gravidade. Qualquer outra ação, como massagens e escalda-pés, não será tão eficaz quanto simplesmente levantar as pernas.

Podem-se aproveitar oportunidades ao longo do dia para fazer isso, especialmente quem está em home office. Em vez de ter um relatório ou falar ao telefone sentado, por exemplo, que tal realizar a tarefa deitado, com as pernas ligeiramente erguidas? É uma estratégia que vale como alívio para quem já sente algum tipo de desconforto, mas também como prevenção. Os problemas circulatórios são cumulativos e tendem a se agravar a partir dos cinquenta anos.

Mesmo quando se está sentado em frente ao computador, ao longo do expediente de trabalho, é possível fazer exercícios que ajudam a prevenir problemas de circulação nas pernas. Como ensinam os ortopedistas, a posição correta para estar sentado é com as plantas dos pés apoiadas no chão. Para ativar a circulação, pode-se levantar os calcanhares, mantendo as pontas dos pés no chão, de tal forma que a panturrilha se contraia. "A panturrilha é como se fosse o coração das pernas, pois é responsável pelo bombeamento do sangue", explica Gustavo.

O uso de meias de compressão graduadas ajuda no direcionamento correto do fluxo venoso e linfático, além de promover conforto e bem-estar. Mas o especialista adverte que a adoção só deve ocorrer após consulta a um cirurgião vascular. "Como as meias têm diferentes graduações, é preciso ter a indicação correta para cada caso", descreve.

Nunca é demais lembrar que as pernas, como parte integrante do nosso organismo, sofrem os efeitos negativos ou positivos dos hábitos de vida. Alimentação saudável é essencial, sempre. Exercícios são, em geral, bons para as pernas, mas esforços exagerados na região do abdômen podem vir a sobrecarregar as veias das pernas, pois funcionam como uma barreira para o processo de bombeamento do sangue em direção ao coração.

63

Sai a educação, entra a sobrevivência – pandemia muda prioridades das causas corporativas

23/08/2020

A pandemia ampliou a consciência dos brasileiros para a necessidade de ajudar quem precisa. Desde que a covid-19 parou o país, em março, a cultura de doações ganhou impulso e alcançou um patamar inédito. O Monitor das Doações Covid-19, plataforma criada pela Associação Brasileira de Captadores de Recursos (ABCR), contabilizou R$ 6 bilhões doados até o final de julho – 56% em dinheiro, 35% em produtos (como cestas básicas e equipamentos hospitalares) e 9% em serviços.

Esse valor, arrecadado em apenas quatro meses de pandemia, é quase o dobro do montante doado no país ao longo de 2018, último ano com estatísticas consolidadas disponíveis. O Benchmarking do Investimento Social Corporativo, análise realizada pela organização social Comunitas, totalizou R$ 3,59 bilhões naquele ano, enquanto o Censo Gife, realizado pelo Grupo de Institutos, Fundações e Empresas, chegou à cifra de R$ 3,25 bilhões.

Para o secretário-geral do Gife, José Marcelo Zacchi, o conjunto de ações durante a pandemia demonstra o quanto a sociedade brasileira pode ser mobilizada para as questões sociais. "Temos uma malha de associações, organizações comunitárias e espaços de cidadania que cumprem um papel fundamental no dia a dia da nossa vida coletiva. Uma crise dessa proporção evidencia essa vitalidade", ele observa.

De todas as doações feitas até agora no período da pandemia, 82% vieram de empresas, principalmente do setor financeiro. Do total doado, 78% foram destinados à área de saúde, 17% à assistência social e 5% à educação. Trata-se de uma mudança radical em relação ao padrão dos últimos anos, em que os projetos de educação vinham sendo o principal destino dos investimentos sociais privados. Das organizações ouvidas para o Censo Gife 2018, 80% colaboravam de alguma forma com projetos de educação, enquanto 42% apoiavam iniciativas ligadas a saúde e bem-estar, área que ocupou apenas a nona posição do ranking daquele ano.

Essa mudança se explica pelo fato de que a pandemia trouxe a necessidade de pensar, em primeiro lugar, na sobrevivência das pessoas. Além do desafio urgente de saúde, antigas questões sociais do país voltaram a ganhar protagonismo, especialmente o combate à fome. A crise escancarou ainda mais a desigualdade de um país em que o 1% mais rico ganha 33,8 vezes mais que os 50% mais pobres.

A Cause, consultoria especializada em ajudar as empresas a definir e comunicar suas bandeiras sociais, publicou um estudo em que destacou os temas que ganharam relevância em consequência da pandemia. Um desses temas é a saúde mental. Espera-se uma verdadeira epidemia de transtornos psicológicos, como depressão e ansiedade, como decorrência da pandemia. Antes da covid-19, o Brasil já era o campeão mundial de ansiedade, com 9,3% da população apresentando o distúrbio. Não se sabe ainda o quanto esse percentual poderá subir, até porque a pandemia ainda está em pleno andamento.

Outro tema que deve ganhar força é a educação midiática, conceito que se refere à necessidade de dar ferramentas às pessoas para que desconfiem de *fake news* e valorizem as fontes confiáveis de informação. "Em tempos de coronavírus, em que a informação confiável é crucial para salvar vidas, o combate ao fenômeno das *fake news* se tornou ainda mais importante", destaca Patrícia Blanco, presidente do Instituto Palavra Aberta, que defende a comunicação com ética e responsabilidade. Um dos principais projetos da organização é o EducaMídia, programa de educação midiática com foco na formação de professores e produção de conteúdo sobre o tema nas escolas.

A valorização da ciência é outro assunto que ganhou relevância com a pandemia. Trata-se da consequência direta do maior interesse da população pelos assuntos científicos e médicos. Novas vozes com esse perfil passaram a se destacar como *influencers*, a exemplo do biólogo Átila Iamarino.

A necessidade de ampliar o acesso ao saneamento básico no Brasil, que tem 100 milhões de pessoas sem coleta de esgoto e 35 milhões sem acesso a água tratada, também é um tema que vem ganhando respaldo durante a pandemia. "Se o ritmo de ampliação do acesso da população a esses serviços não for acelerado, o país ainda vai demorar cinquenta anos para alcançar a universalização do saneamento", diz Édison

Carlos, presidente executivo do Instituto Trata Brasil, organização que acompanha de perto a evolução (ou a falta de evolução) do setor de saneamento no Brasil.

A sanção do novo marco legal do saneamento, em meados de julho, depois de quatro anos de discussões e tramitação no Congresso Nacional, criou a expectativa de que os investimentos no setor sejam rapidamente impulsionados. Entre as principais mudanças trazidas pelo novo marco estão os incentivos à participação da iniciativa privada. O ministro da Economia, Paulo Guedes, revelou a expectativa de que, com a aprovação do marco legal, o setor possa atrair R$ 800 bilhões em investimentos nos próximos anos – tornando-se, assim, uma das âncoras da retomada da economia e da geração de empregos no pós-pandemia.

As causas do pós-pandemia

A consultoria Cause relacionou onze temas que ganharam visibilidade por causa da covid-19 e que devem receber mais investimentos das empresas

1. Cultura da doação *– Espera-se que a ampliação da prática durante a pandemia se mantenha como reflexo de uma visão mais integrada, colaborativa e solidária da sociedade.*

2. Combate à fome *– Nas comunidades periféricas, o isolamento social e a redução da renda de muitas famílias têm limitado o número e a qualidade de refeições.*

3. Redução das desigualdades *– A covid-19 deixou ainda mais expostas as desigualdades da sociedade brasileira. Ações para combater essa desigualdade são essenciais para amenizar os efeitos da pandemia.*

4. Acesso a saneamento básico *– A falta de recursos tão básicos como acesso a água tratada e coleta de esgoto agrava a pandemia no país.*

5. Universalização da saúde *– A existência de um sistema público de saúde, apesar de todos os problemas de gestão, mostrou-se fundamental para o atendimento da população durante a pandemia.*

6. Combate à violência doméstica *– O isolamento social e as dificuldades financeiras agravaram as tensões nos domicílios, expondo potenciais vítimas de violência a uma situação de maior vulnerabilidade.*

7. Importância da saúde mental *– Especialistas têm alertado que o medo da covid-19 e todos os problemas atrelados à pandemia estão provocando estresse crônico e ansiedade da população.*

8. Educação midiática *– O cenário da pandemia criou um ambiente ainda mais propício para a disseminação de fake news e mostrou a importância das fontes confiáveis de informação.*

9. Liberdade de expressão *- O uso de informações nas redes sociais tem exposto uma linha tênue entre a liberdade de expressão e a desinformação, algo que pode agravar as consequências da pandemia.*

10. Ensino domiciliar *- A experiência do ensino à distância, adotada durante a pandemia, tende a reforçar a prática do ensino domiciliar, modalidade em que as crianças são ensinadas em casa, por seus responsáveis.*

11. Investimento em tecnologia *- A falta de investimentos em Ciência, Tecnologia e Inovação nos últimos anos colocou o Brasil em situação de maior vulnerabilidade em relação à pandemia.*

64

Trabalho remoto dá asas para sonho de virar nômade digital

28/08/2020

A pandemia impulsionou as possibilidades de trabalho remoto. Além da disseminação do home office, muitas empresas – especialmente na área de tecnologia – passaram a oferecer mais vagas que independem da localização geográfica do profissional. O importante é entregar as tarefas esperadas.

De todos os empregos existentes no Brasil, 22,7% já poderiam ser integralmente exercidos de forma remota, concluiu o estudo "Potencial de trabalho na pandemia: um retrato no Brasil e no mundo", publicado pelo Ipea (Instituto de Pesquisa Econômica Aplicada). Isso envolve 20,8 milhões de profissionais.

Algumas áreas têm propensão especial para o trabalho remoto. Entre os profissionais das ciências e atividades intelectuais, 65% já poderiam exercer suas atribuições sem estar presencialmente em um ambiente de trabalho. Nas funções de apoio administrativo, 41% não precisariam bater ponto no escritório.

O impulso ao trabalho remoto está servindo para dar asas à fantasia em torno de um dos estilos de vida mais desejados e invejados: o dos nômades digitais. São pessoas que vivem viajando de país em país, aproveitando o fato de que suas atividades profissionais podem ser exercidas de qualquer lugar (desde que haja uma boa conexão de internet, claro).

Quem é referência nessa prática, muitas vezes chamada até de "movimento" pelos adeptos, percebe o aumento do interesse nos últimos meses. "Desenvolvemos dois novos cursos online durante a quarentena e ambos estão indo muito bem", conta Vinícius Teles, 44 anos. Ele forma, ao lado da mulher e sócia, Patrícia Figueira, 47 anos, o "Casal Partiu", nome do negócio que criaram para viver da paixão de viajar – e ao qual se dedicam integralmente há três anos, produzindo cursos, guias e outros materiais direcionados a quem deseja levar vida semelhante.

A aventura nômade de Vinícius e Patrícia começou há onze anos, quando decidiram trocar o Rio por Buenos Aires. Logo em seguida se deram conta de que não precisavam ficar num só lugar e iniciaram uma viagem de nove meses ao redor do planeta. As circunstâncias ajudavam: Vinícius havia desenvolvido um aplicativo e conquistado um número de assinaturas suficiente para assegurar certa renda mensal. Patrícia atuava como fotógrafa, atividade que também poderia ser realizada mundo afora.

Eles constataram que, mesmo com os custos das passagens, viver viajando pelo mundo poderia ser mais barato do que manter um apartamento no Rio de Janeiro, considerando gastos como condomínio, carro e impostos, entre tantos outros. O segredo seria escolher bem os destinos e negociar com calma os imóveis a serem alugados pelo Airbnb.

Equilibrar as finanças ficou ainda mais viável depois que o casal esgotou os destinos mais turísticos e passou a buscar países menos óbvios, com custo de vida menor. Entre os setenta já visitados, alguns dos mais recentes, antes da pandemia, foram o Irã, o Azerbaijão e a Armênia. O tempo médio de permanência é de três meses, limite normalmente adotado para o visto de turismo.

O casal chegou em novembro do ano passado a Batumi, cidade litorânea da Geórgia, com planos de ficar cinco meses, já que o país permite a permanência de turistas por até um ano. Quando a pandemia chegou à Europa, eles já estavam com passagens compradas para o Brasil, onde iriam visitar familiares depois de quase um ano sem vê-los. A viagem seria no dia 15 de abril, mas precisou ser antecipada.

"Quando a Itália anunciou confinamento, no dia 9 de março, percebemos que seria preciso sair o quanto antes da Geórgia, senão poderíamos ser obrigados a ficar lá por tempo indeterminado", lembra Vinícius. Após uma verdadeira odisseia de cinco dias para chegar ao Brasil, com mudanças de última hora nas escalas, o casal está experimentando um período de "sossego" em razão das restrições para viagens internacionais. "Decidimos que iríamos aproveitar o período da quarentena para uma dedicação plena ao trabalho, bem acima do padrão que praticamos quando estamos viajando e conhecendo as cidades pelas quais passamos", descreve Vinícius.

O plano é retomar aos poucos as viagens, inicialmente dentro do Brasil – que, na realidade, o casal ainda não teve muita oportunidade de conhecer, pois sempre priorizou os destinos internacionais. "Um dos motivos disso são as dificuldades de infraestrutura no Brasil. Precisamos de internet boa e confiável, e não é todo lugar que proporciona essas condições aqui no país."

Outro casal de nômades que precisou voltar ao Brasil por algum tempo é composto por Carol Soares, 40 anos, bióloga que abandonou um emprego como professora universitária para viajar pelo mundo, e o publicitário Franklin Costa, 42 anos. Eles viabilizaram a vida como nômades ao criar uma consultoria voltada ao mercado de inovação e entretenimento. O plano era dedicar o ano de 2020 à organização de viagens em grupo para eventos de tecnologia e festivais de música. Havia nove viagens agendadas quando a pandemia chegou. "Atuamos bem na intersecção entre duas áreas que estão entre as mais atingidas, viagem e entretenimento. Parou tudo, de uma hora para a outra", diz Carol.

No final do ano passado, depois de levar um grupo para um evento em Portugal, eles seguiram para a Ásia. Lá, acompanharam as primeiras notícias sobre o surgimento do novo coronavírus na China. Cumprindo a programação, o casal partiu do Japão para os Estados Unidos no início de março, com o objetivo de participar do festival South by Southwest, no Texas. Mas o festival foi cancelado em razão da disseminação do vírus. Carol e Franklin conseguiram voltar ao Brasil num dos últimos voos antes do fechamento das fronteiras.

Em 2017, quando decidiram se lançar à vida nômade, Carol e Franklin venderam o apartamento no Rio de Janeiro. Presos ao Brasil pela pandemia, tiveram que alugar um apartamento em São Paulo, por três meses. Agora estão no Rio, por mais dois meses, e depois pretendem seguir para alguma cidade serrana. "Continuamos com o mesmo espírito: nada de criar raiz. Só de pensar em decorar um apartamento eu tenho alergia", brinca Carol.

O casal está dedicando o tempo da pandemia a converter totalmente as atividades profissionais para o digital. "Parte do nosso trabalho ainda era presencial. Tínhamos sempre que voltar ao Brasil, passar alguns meses por aqui para encontrar clientes e algumas outras atribuições. Agora a ideia é estar totalmente livre quando a pandemia passar", diz Carol.

Ela conta que as circunstâncias da pandemia facilitaram a digitalização dos negócios. "Antes, a gente ia adiando projetos como fazer lives e lançar um podcast. Agora encontramos a oportunidade para materializar essas ideias", descreve. Outro problema que está sendo superado, conta Carol, é a resistência do mercado corporativo brasileiro a reuniões virtuais e videoconferências. "Tínhamos dificuldade para fechar projetos por causa disso. As pessoas diziam: 'Quando vocês passarem por

São Paulo, deem um pulo aqui e a gente conversa'. Agora os contatos à distância foram naturalizados e estamos conseguindo evoluir muito mais do que antes."

À primeira vista, a necessidade de ficar em quarentena pode parecer o oposto exato dos princípios do nomadismo. Em certa medida, no entanto, trata-se até de uma experiência semelhante à vivida quando se está em permanente trânsito. Afinal, sempre é bom lembrar, não se trata de ficar o tempo todo fazendo turismo – é preciso trabalhar em meio às viagens. E o modelo de trabalho é o do home office, que tantas pessoas passaram a experimentar com a pandemia.

No caso dos nômades digitais, a peculiaridade do home office é que o endereço vai mudando o tempo todo. Só no ano de 2017, a família da arquiteta e paisagista Daniela Ruiz, 40 anos, passou por 62 endereços em 54 cidades de doze países, incluindo destinos incomuns, como Botsuana, Sri Lanka e Islândia. Daniela e o marido, o empresário Arthur Hirsch, 47 anos, decidiram viver essa experiência com as filhas Mia e Lara ainda pequenas – elas tinham sete e cinco anos à época. "As meninas perderam o ano escolar, mas o que ganharam durante a viagem certamente compensou isso com folga", diz a mãe.

Para ela, a quarentena tem lembrado a experiência das viagens graças à convivência da família em tempo integral. "Estávamos o tempo todo juntos, vivendo um dia de cada vez, exatamente como agora", descreve. A experiência de 2017 foi decisiva para que o casal tomasse a decisão de fincar raízes em Barcelona, um dos destinos visitados durante a viagem. Estão na Espanha desde julho do ano passado. "O que a gente sempre quis mostrar para as nossas filhas é que podemos ter muitas experiências numa mesma vida. O nosso lugar não é onde estamos, e sim dentro de nós mesmos."

65

Pandemia acelera utilização de chatbots e levanta discussão sobre machismo

29/08/2020

O uso de assistentes virtuais, robôs que prestam atendimento automático nos canais digitais das empresas, é uma tendência que veio para ficar – e a probabilidade é de se ampliar muito. Com a projeção de que o recurso se tornará bem mais barato nos próximos anos, a perspectiva é de que seja adotado até por empresas de pequeno porte como estratégia principal de relacionamento com os clientes.

A pandemia impulsionou esse movimento. Muitas empresas expandiram suas estruturas de atendimento automático, num cenário em que as equipes dos call centers precisaram ser reduzidas e a demanda aumentou muito em alguns segmentos, especialmente em razão da expansão das vendas online.

Um estudo global da Aivo, provedora de soluções de atendimento ao cliente com inteligência artificial, com atuação em 22 países, concluiu que a estratégia das empresas nessa área sofreu grandes transformações por causa da pandemia. As mudanças mais significativas foram a migração de parte considerável do atendimento telefônico para os canais digitais e, ainda assim, o aumento da eficiência do serviço. A pesquisa identificou um crescimento anual de 65% no número de usuários dos canais digitais e um ganho na eficácia das soluções de chatbot, com nível de resolução das demandas saltando de 73% para 86%.

Além dos tradicionais chats, as empresas ampliaram os canais de atendimento automático para recursos de comunicação que fazem parte do cotidiano dos clientes, como o WhatsApp e o Facebook Messenger. "As empresas estão modificando rapidamente os seus modelos de marketing, operações e negócios para atender melhor os clientes em tempo de crise. É mais importante do que nunca agir com flexibilidade e empatia nos canais de atendimento que sejam mais convenientes aos clientes", diz o fundador e CEO da Aivo, Martín Frascaroli.

E o que tudo isso tem a ver com machismo? Basta fazer uma busca na Internet de imagens com o termo "assistente virtual" para entender. O que você vai encontrar é uma coletânea de representações de mulheres jovens e sorridentes.

Em geral, essas personagens têm apelidos que ajudam a criar intimidade instantânea com o público. São nomes que costumam remeter às empresas para as quais as assistentes virtuais "trabalham". Assim é com a Lu, do Magazine Luiza (que ganhou até um portal próprio); a Nat, da Natura; e a Carina, do Carrefour, entre tantas outras. Mesmo quando a assistente virtual não tem representação visual e responde apenas por voz, a preferência continua sendo por personagens femininas. Assim é com a Siri, assistente virtual da Apple; a Cortana, do Windows; e a Bia, do Bradesco.

A ampla adoção de personagens femininas para os assistentes virtuais tem ligação direta com a ideia, arraigada na sociedade, de que as mulheres têm "vocação natural" para servir com simpatia e cuidado. Trata-se de uma lógica semelhante àquela aplicada a funções como empregada doméstica, babá e secretária, tradicionalmente associadas a figuras femininas. Assim, mesmo envolvendo algo tão contemporâneo como a transformação digital das empresas, as assistentes virtuais acabaram se tornando símbolos da reprodução de conceitos ultrapassados.

A questão se tornou tão relevante que a Unesco, agência das Nações Unidas voltada à educação, ciência e cultura, publicou um estudo a respeito no ano passado, batizado de *I'd blush if I could* ("Eu ficaria corada se eu pudesse"). A frase é uma referência à resposta da Siri quando alguém lhe dizia "você é uma vagabunda". Ao tentar manter alguma relevância, cortesia e até um certo senso de humor, a resposta se tornou um ícone da necessidade de repensar a reação das assistentes virtuais ao machismo e a manifestações típicas de assédio sexual e moral.

"A servidão 'feminina' de Siri – e o servilismo expresso por tantos outros assistentes virtuais projetados como mulheres jovens – fornece uma ilustração poderosa dos preconceitos de gênero codificados em produtos de tecnologia", analisou o estudo. As sugestões da Unesco para mudar o quadro incluem acabar com a prática de recorrer a figuras femininas como padrão para as assistentes digitais e desenvolver tecnologias que, no caso dos assistentes de voz, viabilizem a adoção de um padrão neutro, que não possa ser classificado nem como masculino, nem como feminino.

Mesmo com toda a polêmica em torno da predominância de figuras femininas jovens como assistentes virtuais, a fórmula continua sendo amplamente adotada. O Sistema de Cooperativas de Crédito do Brasil (Sicoob), por exemplo, lançou em abril a sua assistente virtual, batizada de Alice e "representada por uma simpática figura feminina, de cabelo cacheado e sorriso amplo", conforme anunciou a instituição.

Um procedimento comum é criar "histórias de vida" para as assistentes virtuais. A Elô, assistente virtual da operadora de cartões Cielo, "nasceu em uma família simples da cidade de São Paulo, e trabalha desde cedo para alcançar seus sonhos". Formada em Administração, com pós em Design de Experiência do Usuário, ela começou a vida profissional como atendente de telemarketing e "ingressou" na Cielo para trabalhar no departamento financeiro, passando por vários outros setores até chegar à área de suporte ao cliente.

"Com o tempo você vai notar que ela é muito simpática, determinada e busca sempre encontrar soluções para os problemas que são apresentados a ela", descreve a empresa. "Esbanjando simpatia, a Elô ouvirá clientes e fará de tudo para simplificar a comunicação."

Infelizmente, simpatia costuma ser interpretada por muitos homens como incentivo ao flerte e ao assédio – se isso acontece no cotidiano da vida real, não haveria razão para acreditar que tal comportamento não se repetiria nas interações digitais. Insultos e linguagem abusiva fazem parte do cotidiano das assistentes virtuais.

Para Albert Deweik, fundador e CEO da NeoAssist, plataforma especializada em atendimento de clientes, um problema adicional desse tipo de situação é prejudicar o verdadeiro potencial da tecnologia – resolver questões simples, deixando os problemas mais complexos nas mãos dos operadores humanos. "Uma das consequências desses comportamentos é a perda considerável da produtividade dessas ferramentas, sobrecarregando atendentes e aumentando o tempo de espera e demora na resolução", descreve Albert.

E como preparar as assistentes virtuais para lidar melhor com o lado sombrio do mundo real? O estudo da Unesco aponta como caminho obrigatório a ampliação da diversidade dos times de programação, incluindo novos perfis de colaboradores, especialmente mulheres e representantes de minorias.

Trata-se de um universo amplamente dominado pelos homens. Em grandes empresas do setor de tecnologia, como Microsoft, Google e Apple, a proporção de homens no quadro de funcionários se mantém acima de 75%. No mercado brasileiro, a participação feminina não só não vem aumentando como caiu ao longo da última década - de 24% para 20% dos postos de trabalho formais, de acordo com pesquisas da Associação para Promoção da Excelência do Software Brasileiro (Softex). Nesse mesmo período, a desvantagem salarial em relação aos homens aumentou de 5,3% para 11% em média.

Algumas iniciativas tentam contribuir para a reversão dessa tendência. A Cognizant, prestadora de serviços para apoiar empresas na transição para a era digital, criou um programa de capacitação, o Women in Tech, com o objetivo de aumentar a participação feminina em seus quadros. "A ideia principal é mostrar às meninas o quanto trabalhar em tecnologia pode ser fascinante e realizador", diz a diretora de diversidade e aquisição de talentos, Carla Catelan.

Voltado a jovens entre 17 e 21 anos, o programa não exige experiência prévia em tecnologia. São dezoito meses de curso, com dedicação média semanal de trinta horas e remuneração compatível com o mercado. Ao final desse período, as participantes podem ser efetivadas nas empresas ou estão livres para buscar oportunidades a partir de tudo o que aprenderam.

66

Os dilemas e preocupações dos pais de *coronials*, os bebês nascidos durante a pandemia

30/08/2020

O teste positivo de gravidez é o marco inicial de um período de profunda transformação na vida, especialmente quando se trata do primeiro filho. Quem recebeu essa notícia em algum momento do segundo semestre do ano passado não podia imaginar, entretanto, o cenário que o bebê encontraria: pandemia, afastamento social e uma série de preocupações extras para pais e familiares.

As projeções são de que 2,3 milhões de crianças nascerão no Brasil no período entre a chegada da pandemia ao país, em março, e o final do ano. Essa geração já está sendo chamada de *coronials*, trocadilho com os *millenials*.

Apesar de certo tom de brincadeira quando as pessoas falam em *coronials*, faz sentido criar uma denominação específica para os bebês que estão chegando ao mundo agora. Afinal, a virada de uma geração para a outra é normalmente definida pela ocorrência de momentos históricos marcantes, que influenciam de forma ampla os hábitos e as condições de vida da humanidade. A atual pandemia é, certamente, um desses momentos.

Uma questão que preocupa mães e pais recentes é: será que os bebês da pandemia terão características comportamentais e psicológicas específicas decorrentes das circunstâncias que o mundo está vivendo? A necessidade de confinamento, o fato de estarem mais afastados fisicamente dos parentes e amigos da família e o menor contato com ambientes ao ar livre terão consequências a longo prazo?

"Temos procurado bastante informação a respeito e conversado com a pediatra sobre isso, e até agora nada apareceu como um agravante para o longo prazo do Ravi", conta André Lug, 31 anos, referindo-se ao filho nascido em 17 de abril. É o primogênito dele e da mulher, Amanda, 30 anos, juntos há oito. Os dois são sócios numa empresa de criação de conteúdo e desenvolvimento de websites em Belo Horizonte e já trabalhavam predominantemente em home office antes da pandemia. "Como os bebês pequenos costumam passar a maior parte do tempo em casa, as restrições acabam não sendo assim tão significativas", avalia o pai.

Claro que várias circunstâncias tiveram que ser adaptadas. No dia do parto, a doula que havia sido contratada pelo casal não pôde participar do procedimento, em razão das políticas de restrição definidas pelo hospital. Os primeiros dias após o nascimento de Ravi também foram especialmente delicados, já que André e Amanda não tiveram a oportunidade de contar com o tradicional apoio presencial dos avós.

O afastamento físico é fundamental para preservar todos os lados envolvidos – tanto os avós, que normalmente integram o grupo de maior risco por causa da idade, quanto os bebês e as mães. As grávidas e puérperas (denominação médica para as mulheres que acabaram de dar à luz) foram incluídas nos grupos de maior risco para a covid-19. E o Brasil tem apresentado o maior índice de mortalidade de mulheres nessas condições – já foram mais de duzentas.

A modelo catarinense Mariana Weickert, 38 anos, passou pela tensão de dar à luz nove dias depois de receber o diagnóstico positivo para covid-19. Felipe, segundo filho de Mariana, nasceu saudável em 26 de junho. "Ouvi de uma grande amiga que em mar calmo não se faz bom marinheiro. Eis que meu pequenininho já chegou explorando o oceano inteiro em dias de tempestade pesadíssima", escreveu a modelo em seu perfil no Instagram.

Sobre os efeitos da manutenção das restrições por um longo período, André conta que o casal pesquisou a respeito e chegou à conclusão de que não há muitas informações sobre situações do passado que possam servir como comparação. De fato, as pesquisas específicas sobre os possíveis efeitos da pandemia sobre as crianças estão sendo realizadas agora. "Ainda existem poucos dados sobre os impactos que esse período de transição caracterizado por insegurança e incertezas causará especificamente no funcionamento psicológico de crianças", afirmam as psicólogas Maria Beatriz Linhares e Sonia Regina Enumo, respectivamente da pós-graduação da Universidade de São Paulo (USP) e da Pontifícia Universidade Católica (PUC) de Campinas, num dos estudos acadêmicos já publicados no Brasil sobre o tema durante a pandemia.

As psicólogas ressaltam que as referências para qualquer análise, por enquanto, são os estudos sobre os potenciais efeitos do estresse tóxico nas crianças depois de situações traumáticas, como desastres naturais, ataques terroristas, conflitos armados e guerras. Um estudo com pais de crianças menores de cinco anos após os atentados de 11 de setembro, por exemplo, indicou um aumento nas crianças de problemas como ansiedade, depressão, irritabilidade, apego excessivo e dificuldades de regulação da alimentação e do sono, exemplificam as psicólogas.

Os pais de Ravi conversaram muito a respeito e chegaram ao entendimento de que, enquanto o pequeno não pode conhecer o mundo com a mesma liberdade que os bebês tinham antes da pandemia, não há nada a fazer além de esperar. "Quando se aceita essa realidade, tudo fica mais simples. Tentamos ao máximo manter a tranquilidade porque há aquela máxima da sabedoria popular: pais tranquilos, filhos tranquilos", diz André.

A sabedoria popular tem um fundo de verdade, observa Luciane Motta, especialista em educação infantil na faixa até três anos de idade. "A criança reflete, muitas vezes, a situação emocional dos adultos que cuidam dela. No caso dos bebês pequenos, essa relação é ainda mais forte", avalia Luciane.

O que os pais podem fazer de melhor para cuidar dos bebês que nasceram durante a pandemia é, portanto, permanecer atentos à própria saúde emocional. Familiares e amigos também podem contribuir nisso – ajudando a cuidar, ainda que fisicamente distanciados, da mãe e do pai que estão enfrentando o momento de forma tão inesperada.

Dois dos atributos exigidos dos pais nessas circunstâncias são a criatividade e a vigilância, destaca o psicanalista Ronaldo Coelho. "Os bebês aprendem muito por meio da observação e da exploração do ambiente. Numa casa onde o espaço é sempre o mesmo, eles tenderão a explorar espaços que antes não conseguiam, que eram proibidos, o que pode colocá-los em maior risco", descreve.

Nesse sentido, ressalta o psicanalista, os pais não devem pensar que o bebê está ficando mais teimoso, e sim que a criança precisa de novos desafios. E podem proporcionar isso com ideias simples, como, por exemplo, uma caixa de papelão, brinquedo que pode ser explorado de várias formas pelo bebê – entrar, sair, esconder-se.

67

Brasil já tem mais de cem startups jurídicas; ganho de produtividade pode superar 80%

31/08/2020

A transformação digital chegou de vez a um dos setores mais tradicionais, o do Direito – e ganhou ainda mais impulso em decorrência das circunstâncias da pandemia. Grande parte desse movimento é reflexo da atuação das startups do meio jurídico. A AB2L (Associação Brasileira de Lawtechs e Legaltechs) já conta com 107 associadas, que atuam em treze categorias. A mais concorrida dessas categorias, que envolve 40% das associadas, é a de gestão de escritórios e departamentos jurídicos. Entre as demais categorias estão as de monitoramento e extração de dados públicos, inteligência artificial para o setor público, *real estate* (plataformas para mercado imobiliário e cartórios) e automação e gestão de documentos.

Uma das legaltechs em plena expansão no Brasil é a Linte, que desenvolveu um software para a construção e o gerenciamento de documentos e contratos, produto voltado principalmente aos departamentos jurídicos das empresas. "Encontrar formas de diminuir o trabalho burocrático dos advogados era uma inquietação que eu tinha desde o meu primeiro estágio", recorda o fundador, o advogado Gabriel Senra, 33 anos. "As atividades rotineiras e repetitivas eram insuportáveis não só para mim, como também para a maioria dos meus colegas. Éramos jovens, cheios de vontade de realizar um trabalho criativo, mas a rotina não era nem um pouco estimulante."

Interessado por tecnologia desde a adolescência, época em que começou a trabalhar com desenvolvimento de sistemas e suporte de informática, ele juntou as duas paixões profissionais para criar, há quatro anos, a Linte - abreviação de Legal Intelligence. Foi quando desenvolveu a primeira versão do software de automação de documentos.

Mais de cinquenta clientes já estão utilizando o software desenvolvido pela Linte, que é remunerada com um percentual de cada contrato licenciado. Gabriel diz que a taxa média de melhora de produtividade com o uso da ferramenta - ou seja, de redução do tempo e do esforço gastos na tarefa - é de 35%. "Em alguns clientes chegamos a 80%", ele observa.

Entre os clientes estão a Loft, que atua na comercialização de imóveis, e a Accenture, empresa global de consultoria, que contrata fornecedores em diversos países. "Antes, o fornecedor recebia o contrato, que precisava ser produzido um a um pela empresa contratante e enviado. Hoje, com o nosso software, o fornecedor entra num site, preenche os dados básicos e recebe ali mesmo o contrato", descreve Gabriel.

Os tribunais estão em plena transformação digital. De acordo com pesquisa divulgada pela Fundação Getulio Vargas (FGV) em julho, metade deles já utiliza ferramentas de inteligência artificial ou está em fase final de adoção dessas tecnologias. O estudo, conduzido pelo Centro de Inovação, Administração e Pesquisa do Judiciário (CIAPJ) da FGV, identificou 72 projetos de inteligência artificial em andamento nos tribunais do país - alguns já rodando, outros ainda em fase de testes. Entre os objetivos estão a produção automática de minuta para decisões e acórdãos e a verificação automática de requisitos como prescrição ou de circunstâncias como a admissibilidade de recursos.

Muitos desses projetos são desenvolvidos internamente pelas equipes de Tecnologia da Informação dos tribunais, o que pode ou não envolver a participação de empresas externas. Entre os resultados destacados pela pesquisa estão a de um robô desenvolvido pelo Tribunal Regional Federal da 1ª Região para automatizar o envio de dados ao Conselho Nacional de Justiça (CNJ). Com o novo recurso, basta meia hora para realizar o trabalho que costumava ocupar cinco funcionários ao longo de uma semana.

Os escritórios de advocacia também estão tendo que participar ativamente do movimento de modernização. É o caso do tradicionalíssimo escritório paulistano Pinheiro Neto, fundado em 1942, que tem se esforçado para entender e acolher as demandas das novas corporações. Ao longo da última década, vários dos principais clientes do Pinheiro Neto deixaram de ser as corporações tradicionais - Google, Nubank e WhatsApp já estão entre os top ten. A transformação tem sido tão relevante que o Pinheiro Neto até abriu uma unidade em Palo Alto, na Califórnia, há dois anos.

"Atuamos nas mais diversas áreas do Direito, e todas têm, hoje, envolvimento em algum nível com tecnologia", diz Bruno Balduccini, 50 anos, um dos 103 sócios do escritório. Com trinta anos na casa, onde começou como estagiário, ele é um dos principais disseminadores internos da necessidade de agregar novos recursos às atividades advocatícias. "Sempre trabalhei com a área financeira e o envolvimento com a tecnologia surgiu naturalmente, de início como um interesse pessoal", lembra Bruno.

A ligação do Pinheiro Neto com tecnologia foi crescendo a tal ponto que o escritório decidiu criar um programa de aceleração para startups. "Quem chegar com uma ideia que seja factível e relevante, com um modelo de negócio bem desenhado e capacitação para levá-lo adiante, receberá todo o apoio que pudermos oferecer", diz Bruno.

As inscrições não são abertas oficialmente – geralmente os interessados chegam por indicação. O apoio ocorre por meio de um programa interno de incentivo ao empreendedorismo em que cada sócio pode dedicar até 20% das horas de trabalho a negócios de risco – a remuneração só ocorrerá, no futuro, se o projeto apoiado vingar e der lucro. O apoio do escritório pode se estender por três anos, período em que é feita toda a estruturação do negócio. "Das 38 ideias já aceleradas pelo projeto até o momento, algumas deslancharam, outras ainda nem tanto, mas a expectativa é essa mesma", descreve o sócio do Pinheiro Neto.

A pandemia acelerou os negócios da Linte, pois contribuiu para que muitas empresas se dessem conta da importância da digitalização. "É um caminho que precisa ser construído dia a dia, porque os advogados, em geral, ainda são céticos em relação ao impacto da tecnologia no Direito. Enfrentamos grande resistência, mas isso certamente nos levou a muito aprendizado", avalia Gabriel Senra, que hoje lidera uma equipe de cinquenta funcionários, com vagas em aberto para as áreas comercial, de marketing e de atendimento.

A experiência acumulada levou à criação de uma nova área de atuação em plena pandemia: consultoria. "É um produto focado em colaboração. Como fazer o jurídico se tornar um facilitador de negócios, e não um entrave. Os contratos precisam seguir o ritmo dos negócios, mas muitas vezes o que ocorre ainda é o inverso", descreve Gabriel.

O novo foco tem relação com uma mudança no papel do advogado dentro das corporações, observa o fundador da Linte: tornar-se muito mais um parceiro para as tomadas de decisão e riscos do negócio do que apenas um parecerista que diz se a empresa pode ou não fazer algo. "Hoje os advogados precisam se sentar com o pessoal da área de negócios para tomar decisões em conjunto. Para isso é preciso colaborar de forma mais dinâmica e transparente."

68

Clínicas fazem mutirão para avisar pacientes que é hora de retomar check-ups

04/09/2020

A covid-19 fez muita gente "escapar" ao máximo dos ambientes médicos, deixando para depois tudo o que não parecia urgente. Passados seis meses desde o início da pandemia, contudo, médicos em todo o país têm enfatizado que a avaliação do próprio paciente sobre o que é ou não emergencial pode ser enganosa – e que está na hora de retomar a rotina de cuidados preventivos.

"Das diversas doenças que atendemos, muitas têm cura quando tratadas a tempo. Quanto mais o paciente demorar para buscar ajuda médica, mais difíceis serão o tratamento e a cura", diz a médica coloproctologista Juliana Stradiotto Steckert, do Gastro Medical Center, em Florianópolis. Ela lembra que, além do distanciamento dos check-ups preventivos, muitos pacientes com algum processo em andamento também vêm adiando a retomada das consultas e exames. Por isso, a clínica está fazendo um mutirão de convocação de todos que constavam na agenda com consultas marcadas, retornos, apresentação de exames ou acompanhamento.

O Grupo Encontrar, que reúne pacientes de doenças reumáticas crônicas, fez uma pesquisa com 443 de seus associados em julho e descobriu que 20% haviam abandonado o tratamento por medo de contrair o coronavírus e 65% tiveram consultas canceladas.

Isso não quer dizer que esses pacientes ficaram completamente desassistidos. Sete em cada dez utilizaram os recursos de atendimento online, viabilizado principalmente por meio dos planos de saúde, tirando proveito da regulamentação da telemedicina em caráter emergencial, devido à pandemia. Muitos pacientes tiveram, contudo, dificuldades para encontrar especialistas disponíveis para as consultas online, a exemplo de reumatologistas e infectologistas, relata a coordenadora de comunicação da instituição, Priscila Torres.

Apesar das dificuldades naturais do período de adaptação, a telemedicina surge como um bom caminho para a necessária retomada dos contatos com os cuidados médicos. Uma consulta online pode ser o ponto de partida para o encaminhamento dos exames do check-up, por exemplo – evitando-se, assim, uma ida ao consultório.

O movimento de retomada é visível nas estatísticas das plataformas que facilitam o contato entre médico e pacientes, como a Boa Consulta, que tem 8.500 médicos cadastrados. Em abril, primeiro mês após a chegada da pandemia ao Brasil, o tráfego caiu para menos de um terço do normal até então. Depois, foi sendo lentamente retomado no presencial e muito mais fortemente na telemedicina. Em julho, o nível de atividade dos pacientes, somando as modalidades presencial e à distância, voltou ao patamar anterior à covid. É um indício da retomada que deve se consolidar no último quadrimestre do ano, considerando-se a demanda represada.

Por mais que ter cautela seja algo compreensível e necessário em meio à pandemia, é preciso levar em conta que consultórios, clínicas e hospitais já tiveram tempo suficiente para adotar todos os protocolos de segurança que protegem funcionários, médicos e pacientes. É muito menos provável ser contaminado nesses ambientes do que em tantos outros da vida cotidiana, como supermercados e lojas.

As medidas adotadas pelo Hospital Israelita Albert Einstein, em São Paulo, ilustram bem esses cuidados. A instituição criou um fluxo exclusivo para pacientes com sintomas de doenças respiratórias e instalou câmeras térmicas nas entradas do hospital, para identificação automática de temperaturas fora do padrão.

Dentro do estabelecimento, a higienização de ambientes como elevadores, banheiros e poltronas foi intensificada. As consultas estão sendo marcadas com maior espaçamento de horários, para evitar aglomeração nas salas de espera. Pacientes que vão se submeter a cirurgia estão fazendo todo o processo de registro e documentação já no quarto, para reduzir o tempo de permanência em ambientes coletivos.

Mesmo com todas essas providências, há ainda a possibilidade de evitar a ida ao hospital. Um serviço de atendimento em domicílio possibilita a realização de exames laboratoriais e cardiológicos sem sair de casa – os pacientes são visitados por equipes especialmente treinadas para essas circunstâncias.

69

Você é "relevante"? Saiba o que significa esse termo e como gerar valor para a empresa

05/09/2020

Nossos pais e avós recorriam a vários termos para definir um bom profissional: dedicado, preparado, interessado, esforçado, empenhado, bem-disposto, capaz, competente. Hoje, há uma única palavra que sintetiza tudo isso: relevante. Mas, afinal de contas, o que é ser relevante no mercado de trabalho?

Em primeiro lugar, trata-se da constatação de que já não basta fazer tudo direitinho, ser um funcionário "exemplar". "É preciso ir além: ter senso de dono para posicionar-se adequadamente diante dos outros profissionais, das corporações e da sociedade, além de estar sempre em busca de oportunidades de negócios", descreve o consultor e headhunter Elcio Paulo Teixeira, CEO da Heach Recursos Humanos.

Elcio lembra que a relevância é uma via de mão dupla: os profissionais precisam se manter relevantes, mas também as empresas buscam esse atributo para continuar sendo atraentes como empregadoras. "Profissionais relevantes querem trabalhar em empresas relevantes", diz o consultor.

Não por acaso, a capacidade de promover a sensação de pertencimento dos funcionários aparece como uma das três principais necessidades das empresas num estudo recente da consultoria Deloitte sobre capital humano. A tendência foi a única que apareceu entre as três mais citadas tanto nos resultados nacionais quanto nos globais da pesquisa, que ouviu 9 mil líderes das áreas de Negócios e Recursos Humanos ao redor do planeta, dos quais 296 brasileiros.

O estudo destacou dois fatores de diferenciação que devem ganhar força nos próximos três anos, inclusive por influência das transformações provocadas pela pandemia: grau de conhecimento de tecnologia e agilidade para mudar de papéis. "A covid-19 nos lembrou que as pessoas se motivam no mais alto nível quando podem conectar suas contribuições profissionais a um propósito e a uma missão", analisou a consultoria. "As organizações devem aproveitar essa oportunidade para dar um passo atrás e ter certeza de que estão criando conexões claras entre trabalhos individuais, objetivos de equipe e missão da organização."

Para Karinna Forlenza, coach especializada em apoiar mulheres na carreira corporativa, a relevância profissional pode ser vista sob dois ângulos. Um prioriza o olhar externo – a empresa para a qual se trabalha e o mercado como um todo –, e o outro valoriza especialmente o que a própria pessoa considera importante para si e para a carreira. Nesse segundo olhar, os valores, as crenças e os interesses pessoais ganham protagonismo. "O melhor dos dois mundos é quando as duas visões estão em sintonia", diz Karinna. Mas, como isso é raro de obter, muitas vezes é preciso priorizar uma delas. E o que seria mais importante: ser relevante para fora ou para dentro?

Quem está decidido a fazer carreira corporativa, observa a coach, precisa priorizar a relevância externa. Isso exige a capacidade não apenas de realizar um trabalho sintonizado com as necessidades da organização, mas também de ser visto e notado – o que exige habilidade e disposição para fazer o inevitável jogo político que toda corporação tem.

"Percebo que as mulheres, de forma geral, estão muito focadas em fazer um bom trabalho e nem tanto na missão de tornar esse trabalho visível", avalia Karinna. Ela ressalta que, nas grandes corporações, a validação externa é crucial porque decisões como promoções e oportunidades – a exemplo da inclusão ou não em determinado projeto – dependem dos outros. "A relevância está na habilidade para juntar a capacidade de entrega, de fazer um bom trabalho, com torná-lo visível de maneira positiva, de tal forma que fique clara a importância daquilo que você faz", descreve a coach.

Para a maioria das mulheres – e para alguns homens –, agir com o propósito específico de dar visibilidade ao próprio trabalho ainda é um tabu, pois há o receio de que isso se confunda com autopromoção e falta de humildade. É um risco que parece ser ainda maior entre os profissionais mais qualificados, observa Karinna. "Quem tem uma crença muito grande na qualidade e na força do próprio trabalho tende a se descuidar da visibilidade política."

O conceito de relevância está ligado também à crescente valorização das *soft skills*, as características de comportamento. "Ter um bom currículo formal, com passagens por empresas e instituições de ensino conhecidas, não garante que o profissional conseguirá ser relevante daqui para a frente", lembra Elcio Teixeira.

Ele conta que o banco de currículos da Heach tem, no momento, 1,1 milhão de registros. "Mesmo com todo esse volume de informações, fazer a seleção de pré-requisitos objetivos é simples. Basta dar um comando para identificar quem tem a formação necessária ou domina determinado idioma", exemplifica. O que vai fazer mesmo a diferença é a forma como o profissional se comporta e a visão de mundo que tem – e isso depende de investigações que, durante o processo de seleção, utilizam recursos como entrevistas, desafios, jogos de tabuleiro e trabalho em equipe. "De cada dez executivos bem posicionados hoje, nove estão lá principalmente em função das *soft skills*", diz o consultor.

Outra fonte cada vez mais importante de informações sobre um profissional durante os processos seletivos são suas interações nas redes sociais – pode-se até dizer que esse é o "novo currículo". "Certamente é uma vantagem competitiva ter um bom posicionamento nas redes", observa Elcio.

Para quem tem pretensões de carreira no mundo corporativo, o LinkedIn é o lugar obrigatório para estar – não apenas com um perfil bem construído, mas também compartilhando interesses, eventualmente publicando artigos próprios e interagindo com as publicações de outras pessoas. Já o Instagram pode ser a principal rede para profissionais com perfil mais autônomo, desvinculado de grandes corporações.

Trabalho em transformação

Principais tendências apontadas pelo estudo da Deloitte

Brasil

95% Ética e futuro do trabalho

93% Promover um sentimento de pertencimento aos funcionários

91% Forças de trabalho multigeracionais

Mundo

80% Bem-estar do trabalhador e sua importância para os negócios

79% Promover um sentimento de pertencimento aos funcionários

75% Criar e preservar o conhecimento das forças de trabalho

70

Salões de beleza lutam para recuperar a clientela perdida na pandemia

06/09/2020

Antes da pandemia, o Diva era mais que um salão de beleza na Vila Madalena, em São Paulo: era um verdadeiro ponto de encontro. A equipe de 35 colaboradores chegava a fazer 120 atendimentos diários, especialmente às sextas e aos sábados.

A covid-19 obrigou o estabelecimento a fechar as portas por quase quatro meses, entre meados de março e o dia 6 de julho, quando foi reaberto sob condições bem diferentes, incluindo restrições para o número de clientes. Não é por causa das limitações de acesso que o movimento vem se mantendo entre 25% e 30% do que costumava ser, contudo. O motivo principal é mesmo a resistência de muitas clientes em retornar. E nem todas que já retornaram estão frequentando o salão com a mesma regularidade de antes.

Carmen Dardé, sócia do Diva, diz que o negócio só sobrevive graças à solidez decorrente de dezessete anos no mercado e à convicção da equipe de que o tempo das vacas gordas vai voltar. "O setor de beleza vinha de muitos anos de crescimento constante. Nas crises econômicas até podia cair um pouco, mas ficava longe de abalos realmente significativos como este provocado pela pandemia", ela descreve.

O Diva aderiu aos programas de redução de salários para os profissionais registrados e ajudou os parceiros que são microempreendedores individuais – manicures e cabeleireiros – a buscar os auxílios governamentais. Outra providência foi criar um programa de antecipação de pagamentos por serviços futuros, baseado na oferta de pacotes com preços atraentes às clientes. "Com isso entrou algum dinheiro, tanto para a empresa quanto para os colaboradores, no período mais drástico, em que tudo precisou parar completamente", lembra Carmen.

Depois dos dois primeiros meses de isolamento, alguns dos profissionais da casa, especialmente manicures, mas também cabeleireiros, começaram a retomar o atendimento de algumas clientes, em domicílio. O processo não é intermediado pelo salão, de tal forma que a renda obtida nesses atendimentos tem ficado integralmente para os trabalhadores.

Quando a reabertura do salão foi permitida, todas as providências e protocolos de segurança já estavam preparados. Um tapete sanitizante e um totem com álcool em gel foram instalados na entrada, além da disponibilização de vários *dispensers* e borrifadores para higienizar cadeiras e bancadas. A distância entre as estações de trabalho aumentou para pelo menos dois metros, os tradicionais café e capuccino deixaram de ser servidos, não há mais revistas circulando de mão em mão, e água, agora, só em garrafinhas individuais.

De todas as adaptações, a que parece ter afetado mais as clientes é a necessidade de realizar apenas um serviço de cada vez. "Muita gente ganhava tempo fazendo as unhas junto com o cabelo. Agora não pode ser assim, em respeito às novas normas", diz Carmen. Para reduzir o número de pessoas dentro do estabelecimento e diminuir a exposição dos funcionários ao transporte público, o salão estabeleceu uma escala de trabalho – metade da equipe está trabalhando às segundas, quartas e sextas e a outra metade às terças, quintas e sábados.

O atendimento em domicílio ainda está sendo permitido pelo salão, mas em algum momento essa possibilidade será interrompida. "Quem quiser ser atendida pelo Diva não será dessa forma, e quem quiser continuar prestando esse tipo de atendimento terá que romper o vínculo conosco", avisa a sócia do estabelecimento. "Temos uma estrutura muito grande e não podemos suportar a perda de receita por muito mais tempo."

Guardadas as proporções de cada estabelecimento, a situação do Diva é semelhante à dos salões espalhados pelo país. Há cerca de 60 mil salões legalizados, dos quais apenas 28% têm mais de quatro funcionários. De acordo com pesquisa do Serviço Brasileiro de Apoio às Micro e Pequenas Empresas (Sebrae) sobre o impacto da pandemia nos pequenos negócios, a queda média de faturamento em salões de beleza, barbearias e estúdios de maquiagem depois de quatro meses de pandemia chegou a 57%.

O desafio neste momento, tanto para os pequenos quanto para os grandes, é demonstrar que o ambiente está seguro e tentar ir reconquistando aos poucos a confiança da clientela. Há, entretanto, a consciência de que a situação só voltará mesmo ao normal quando houver uma vacina para a covid-19. Enquanto isso, apesar de todas as dificuldades, muita gente está aproveitando para buscar formação na área de beleza, apostando na retomada pós-pandemia. Trata-se de uma convicção baseada em grande parte nas estatísticas históricas do setor – que, de acordo com a Associação Brasileira da Indústria de Higiene Pessoal, Perfumaria e Cosméticos (ABIHPEC), cresceu, em média, 8,2% por ano durante a última década.

O Instituto Embelleze, rede de franquias voltada à formação profissional em beleza, com 290 unidades no Brasil, continuou com as atividades a pleno vapor, ainda que adaptadas para o ensino à distância. "Temos percebido que muitas pessoas estão aproveitando o momento para uma mudança na vida profissional, seja para se especializar ainda mais na área em que já atua ou para seguir um novo caminho", conta o CEO, Daniel Narcizo.

No final de agosto, o Embelleze lançou uma nova modalidade de ensino, o semipresencial, já como resultado dos aprendizados durante a pandemia. A novidade começa pelo curso mais procurado, o de cabeleireiro profissional. Uma das vantagens anunciadas é a relação mais próxima do aluno com o instrutor – os contatos individuais online possibilitam um acompanhamento mais personalizado do que numa sala com vários alunos.

Outra vantagem é o tempo mais curto para obter o diploma. No presencial, o curso durava dezesseis meses. No novo formato, o prazo cai para doze meses, com a possibilidade de o aluno acelerar o aprendizado para até seis meses caso consiga dedicar um número maior de horas semanais ao estudo e à prática.

A Beauty Fair, plataforma de negócios ligados à indústria de beleza, também está projetando mudanças definitivas a partir de adaptações feitas durante a pandemia. A grande aceitação das jornadas temáticas gratuitas e online para cabeleireiros, barbeiros, maquiadores, manicures e depiladoras levou à ideia de lançar o projeto da Beauty Fair ON, uma plataforma de educação e entretenimento, por assinatura, que funcionará a partir de setembro. "Estar atento a modernas técnicas e participar de discussões sobre o fortalecimento do mercado de beleza são ferramentas para o profissional se manter atualizado e relevante", diz o diretor-geral da plataforma, Cesar Tsukuda.

O Grupo Boticário criou um programa, o Empreendedoras da Beleza, para a capacitação de mulheres que já atuam no setor. A proposta é fomentar novas fontes de renda para famílias em dificuldades financeiras por causa da pandemia. A primeira fase do projeto envolve a oferta de conteúdo online, com uma série de temas relacionados ao desafio do trabalho autônomo, incluindo técnicas de vendas, inteligência emocional e gestão financeira.

Na segunda fase, com inscrições abertas em setembro, trezentas mulheres serão selecionadas para receber uma cota de apoio de R$ 450 para aplicação no negócio, a exemplo da compra de produtos e da divulgação dos serviços oferecidos. "Desenhamos esse projeto a fim de contribuir com todas aquelas que cultivam o sonho de ser uma empreendedora da beleza, nas comunidades mais impactadas em função da pandemia", diz a diretora executiva do Instituto Grupo Boticário, Malu Nunes.

71

Não seja refém da precrastinação: saiba impor limites ao uso do tempo

07/09/2020

O conceito de procrastinação – ir deixando para depois tarefas que não são urgentes – é bem conhecido. Já o seu oposto, precrastinar, não é tão famoso, mas pode causar grandes danos, especialmente à saúde. Trata-se do impulso de tentar resolver tudo o mais rápido possível, incluindo assuntos que não são urgentes e talvez nem sejam tão importantes. É uma espécie de compulsão por eliminar pendências da lista de tarefas, em troca da suposta recompensa de esvaziar a mente de preocupações.

"Desde quando ganhamos nosso primeiro relógio e aprendemos a ler os ponteiros do tempo, passamos a fazer alguma coisa com essas horas, conscientemente ou não", diz a jornalista Izabella Camargo, que se tornou vítima do burnout em 2018 e acaba de lançar o livro *Dá um tempo!* (Editora Principium), sobre a necessidade de estabelecer limites ao uso do tempo.

Em sintonia com o propósito do livro, Izabella desenvolveu um projeto de longo prazo, sem pressa. Durante três anos, pesquisou em dezenas de fontes e entrevistou mais de cem influenciadores da nossa época, incluindo Fernanda Montenegro, padre Fábio de Melo, Maurício de Sousa, monja Coen e Mario Sergio Cortella.

Precrastinadores são pessoas que interpretam literalmente a máxima "não deixe para amanhã o que você pode fazer hoje". A armadilha é que sempre haverá o que pode ser adiantado, ao mesmo tempo que novos itens estarão constantemente entrando na lista de assuntos a resolver.

A sensação acaba sendo a de frustração. Mesmo que o sonho de todo precrastinador se realize – zerar a lista de tarefas –, a conquista tende a não ser intimamente percebida de forma positiva. Há grande chance de vir acompanhada de um sentimento de vazio e de inutilidade. Assim, em vez de se contentar com uma lista enxuta de pendências, o precrastinador tende a sentir falta de uma lista repleta de assuntos a resolver – mesmo que muitos desses assuntos tenham baixo nível de urgência e de relevância. É isso que o faz se sentir vivo e produtivo.

Precrastinar é um indício de desequilíbrio entre os diversos aspectos que levam a uma existência feliz: convívio com familiares e amigos, relações com a sociedade, cuidados com a saúde física e mental, atenção compartilhada com outros interesses além do trabalho. Para quem já tinha alguma tendência, é provável que a quarentena tenha agravado o hábito, pois as fronteiras entre vida pessoal, profissional e familiar ficaram ainda mais difusas. Muitas pessoas entraram num looping permanente de atividades, parando apenas para dormir – e não raro roubando horas importantes de sono.

O conceito de precrastinação foi consolidado pelo psicólogo americano David Rosenbaum. A partir de 2014, ele fez uma série de experimentos que demonstraram o quanto as pessoas podem apresentar o desejo irracional de resolver coisas o mais rápido possível, mesmo que isso resulte no aumento do esforço necessário.

Num dos experimentos, estudantes universitários tinham que levar um balde até o final de um beco sem saída. Na entrada do beco, podiam escolher entre um balde colocado no lado esquerdo e outro no lado direito. Um dos baldes sempre estava mais próximo do ponto de partida da pessoa que cumpriria a tarefa – e, portanto, mais distante do final do beco.

Parece lógico, racionalmente falando, que os participantes iriam sempre preferir pegar o balde que já estava mais próximo do ponto de chegada, o que reduziria a distância a cumprir carregando o objeto. Surpreendentemente, contudo, a maioria optou por pegar o balde mais próximo do ponto de partida, mesmo que isso implicasse carregá-lo por uma distância maior.

A escolha foi credenciada à tendência de tentar antecipar a realização de tarefas para reduzir a carga cognitiva envolvida. Assim, para a maioria dos participantes, a satisfação com o fato de eliminar logo uma preocupação da mente acabou predominando sobre a perspectiva do esforço extra.

Muitos dos precrastinadores imaginam que a ideia de produtividade depende principalmente do volume de tempo dedicado às tarefas. Essa relação não é tão direta, contudo – e pode ser justamente a inversa. Quem encontra um balanço adequado tende a fazer mais em oito horas bem aproveitadas do que alguém que passa quinze horas por dia e invade os finais de semana atacando tarefas sem uma estratégia de prioridades. A energia dedicada a atividades menos importantes pode fazer falta nas ações realmente primordiais.

Outro fenômeno relacionado à precrastinação é a dificuldade de manter o foco em algo que seja realmente relevante. Assim, uma tarefa que ocupa muito tempo e esforço acaba sendo várias vezes interrompida para abrir espaço para a realização de várias outras pequenas tarefas. São atividades menos importantes, mas que dão ao precrastinador a falsa sensação de estar avançando na luta contra a lista de pendências.

"Por que muita gente está obcecada em usar cada um dos 1.440 minutos que temos disponíveis diariamente fazendo mais de uma coisa ao mesmo tempo?", questiona Izabella Camargo em seu livro recém-lançado. A obra mostra que a tecnologia, a internet, as redes sociais e as facilidades de comunicação até podem ter agravado a visão de que estamos o tempo todo pressionados pela necessidade de resolver tarefas, mas ressalta que essa não é uma sensação recente para a humanidade.

Cada geração tende a considerar que as 24 horas do dia não são suficientes – e sempre há uma certa nostalgia em relação à "tranquilidade" do passado. Basta conferir o que escreveu o escritor alemão Johann Wolfgang von Goethe (1749-1832): "Penso que o maior dos males do nosso tempo, que a nada permite amadurecer, está em que o momento anterior consome o seguinte, o dia se esgota no próprio dia, e desse modo vive-se sempre da mão para a boca, sem realizar nada que tenha substância".

Mudar a relação potencialmente doentia com a lista de tarefas depende não apenas de tomar consciência a respeito, mas de agir efetivamente para mudar os hábitos, observa Izabella. Para muita gente, a pandemia pode ter agido como um "choque de realidade" nesse sentido. "Aquela mudança de estilo de vida que estava sendo protelada aconteceu. Muitos já estavam insatisfeitos. Fazia tempo que não podiam mais se enganar."

Três perguntas para Izabella Camargo

O hábito de não parar de fazer coisas, de tentar aproveitar o dia ao máximo, esteve na origem do processo que levou você ao burnout?

Sim. De certa forma o aforismo "tempo é dinheiro" nos persegue desde o século XVIII, e sempre tive medo das consequências de dizer não para mais trabalho. Mas, como explico no livro, depois que os aniversários vão passando cada um vai definir quando "tempo é dinheiro" e quanto custa um sim. Se eu pudesse voltar ao passado provavelmente não teria negligenciado tantas horas de sono. No primeiro distúrbio de saúde por trabalhar na madrugada já teria aceitado que o horário não era para mim e não teria esperado que alguém da empresa pensasse na preservação da minha saúde. Hoje sei que ser resiliente não é apelar para remédios para dormir e nem renunciar à vida pessoal para dar conta da profissional. Resumindo: teria dito mais "não", mesmo para boas oportunidades. Só os limites garantem nossa liberdade.

Você diz no livro que preencher ao máximo a agenda é, muitas vezes, um truque para não encarar a infelicidade – e que, por isso, trata-se não apenas de gestão do tempo, mas de gestão da vida. O que deve fazer quem se identificar com essa constatação?

Conversei com centenas de pessoas que trabalham muito para fugir do que incomoda. Trabalham muito para evitar o silêncio barulhento da tristeza e até fugir de pessoas da própria casa. Contudo, em algum momento, bom ou ruim, cada um vai reconhecer os motivos de fuga. Ao longo do tempo é impossível estar satisfeito com isso. O que fazer? Reconhecer e aceitar se está feliz buscando atalhos em farmácias, trabalhando com dor (sem tempo para descansar), escondendo uma fisionomia pálida sob muita maquiagem, romantizando o cansaço, glamourizando o estresse e a falta de tempo. Essa produtividade é sustentável? Não adianta ser o funcionário do mês e nos meses seguintes se afastar para tratar algum problema relacionado ao excesso de trabalho e estresse por longos períodos. Ter a ajuda de um psicólogo ou coach é fundamental para organizar as ideias e os próximos passos. A mudança não vai acontecer de um dia para o outro.

Depois de ter enfrentado o burnout, ter estudado muito a respeito e ter conversado com tanta gente, qual o seu principal conselho às pessoas?

Durma! Não maximize a agenda subtraindo as horas de sono. Faça uma pausa voluntária. Estamos vivendo em um mundo digital, mas nosso cérebro ainda é analógico. Com tantos estímulos e excesso de acessos, se você não dormir direito, pelo menos, uma pausa involuntária pode acontecer e te afastar justamente do que você ama.

72

Quer marcar as férias de verão? Veja dicas para se planejar em ano de pandemia

12/09/2020

Entramos no último quadrimestre do ano, o que aumenta a sensação de que as férias de verão estão chegando. Costuma ser nessa época que as famílias começam a programar com mais ênfase onde passarão o Natal e o Réveillon. Você já parou para pensar nisso? Como fazer planos neste ano tão atípico? Melhor escolher destinos turísticos tradicionais ou alternativas menos procuradas? Praia ou campo? Viagens internacionais podem ser uma opção?

Considerando-se o estágio atual da pandemia, ainda com números altos de disseminação do vírus e pouca esperança de que a situação se resolva a curto prazo, a decisão prudente para quem quer proteger a si e à família é evitar praias badaladas e cidades muito turísticas. As cenas dos últimos finais de semana, com praias lotadas em vários pontos do litoral brasileiro, indicam que boa parte da população simplesmente não mudará seus hábitos de verão, independentemente do risco de contaminação. Se nem mesmo o pequeno sacrifício de colocar uma máscara vem sendo respeitado, nada leva a crer que o comportamento mudará nos próximos meses.

Não se deve esperar, também, que as decisões das prefeituras e governos estaduais contribuam para aumentar o nível de segurança das atividades turísticas. Primeiro, porque essas decisões nem sempre refletem a prioridade de preservar a saúde das pessoas – especialmente em cidades que dependem fortemente do turismo, nas quais a pressão para amenizar as restrições da quarentena é grande. Além do mais, as regras vêm sendo frequentemente ignoradas por parte da população.

No Rio de Janeiro, o banho de sol nas praias – ou seja, estender toalha e ficar parado na areia – está oficialmente vetado, mas a determinação vem sendo abertamente ignorada e a fiscalização tem sido inoperante para coibir esse comportamento. A prefeitura já adiantou que até poderá flexibilizar um pouco as regras até o início de novembro, mas a partir daí iniciará um período conservador, de congelamento das normas vigentes, à espera da vacina. A preocupação é justamente tentar conter uma explosão de casos por causa das férias de verão.

Outra possibilidade que deve ser evitada são as viagens internacionais. Por mais que possam estar surgindo ofertas tentadoras de passagens e pacotes, qualquer decisão nesse sentido, agora, é um risco, pois não é possível ter segurança sobre as condições de acesso ao país escolhido e às eventuais escalas. Há riscos de cancelamentos de voos e problemas com os locais de hospedagem.

"O que se sabe no momento é que há alguns países para os quais, em teoria, daria para ir. Mas está tudo esquisito e o risco de surpresas é grande, já que o estágio da pandemia pode variar. Para quem vai viajar de férias, não recomendamos pensar em sair do Brasil", diz Vinícius Teles, que forma, ao lado da mulher e sócia, Patrícia Figueira, o Casal Partiu, nômades digitais que produzem conteúdo voltado a pessoas que sonham em viver em trânsito pelo mundo enquanto trabalham em atividades online. Eles próprios estão passando uma temporada "ancorados" no Brasil depois de morarem temporariamente em setenta países.

O que resta como alternativa para férias seguras são, portanto, destinos menos badalados dentro do Brasil – especialmente no interior, já que o litoral é o destino natural na estação de calor. A pandemia induz à preferência por destinos não muito distantes, que permitem viagens confortáveis e seguras de carro, e com atrativos essencialmente ao ar livre. No final do ano esses fatores ganham ainda mais importância, pois os aeroportos provavelmente estarão muito movimentados, como normalmente ocorre nessa época.

Outra boa decisão é alugar imóveis, em vez de optar por hotéis, pousadas e resorts, pois isso permite um maior controle sobre o ambiente. Para aumentar a segurança dos hóspedes, a plataforma de aluguel de imóveis Airbnb disseminou entre os proprietários o Protocolo Avançado de Higienização, com orientações sobre como higienizar todos os cômodos.

O Airbnb identificou um aumento de 150% na procura por casas de campo em pequenas cidades localizadas num raio de até trezentos quilômetros dos grandes centros urbanos. No começo de setembro, a plataforma lançou um guia com a indicação de destinos menos concorridos. Pode ser um bom ponto de partida para as pesquisas relacionadas ao final do ano. Como esses e outros destinos com o mesmo perfil têm uma oferta menor de alternativas de hospedagem, é bom começar a pesquisa desde já e tentar fechar a reserva o quanto antes.

Destacamos a seguir três pequenas cidades do Sudeste sugeridas pelo Airbnb:

Joanópolis (SP) - *Com pouco mais de 13 mil habitantes, a cidade tem como bônus, além das paisagens exuberantes da Serra da Mantiqueira, o folclore sobre lobisomens.*

São Bento do Sapucaí (SP) *- Com apenas 11 mil habitantes e clima temperado, em decorrência da altitude de 1.500 metros acima do nível do mar, a cidade oferece belas cachoeiras para aproveitar o verão.*

Córrego do Bom Jesus (MG) *- A cidadezinha de 4 mil habitantes tem a tradicional praça com coreto - e sem aglomerações. Além de passeios por montanhas e picos, há opções mais radicais, como saltos de parapente.*

73

Telemedicina avança na pandemia e ganha força para se tornar definitiva no novo normal

22/09/2020

A telemedicina já vinha sendo considerada uma tendência global em ascensão, mas a pandemia a elevou a outro patamar: em muitos países, consolidou-se como uma prática integrada ao cotidiano dos cuidados com a saúde. É um avanço ainda mais visível no Brasil, onde o atendimento médico remoto não estava regulamentado quando a covid-19 chegou. A prática foi autorizada em caráter de emergência para evitar a ida das pessoas a consultórios e hospitais.

O mercado nacional já estava preparado, pois a telemedicina esteve muito próxima de ser regulamentada no ano passado – houve um recuo de última hora do Conselho Federal de Medicina, que considerou haver pontos a esclarecer e revogou a resolução. Com a ampla experiência colocada em prática durante a pandemia, a expectativa é de que a autorização se torne definitiva.

A Doctoralia, maior plataforma de consultas online do mundo, fundada em 2012 na Polônia e presente em quinze países, colocou no ar o módulo de telemedicina tão logo a prática foi autorizada no Brasil. "A experiência acumulada nos outros países foi fundamental para essa agilidade", conta o CEO no Brasil, Cadu Lopes. Nos primeiros quatro meses da pandemia, a plataforma registrou 270 mil consultas por vídeo.

"Já estávamos com a infraestrutura bem desenvolvida. Com a liberação emergencial da telemedicina, nossa principal providência foi treinar mais médicos para o uso da ferramenta", diz Fábio Tiepolo, fundador e CEO da Docway, criada em 2015 como organizadora da prestação de serviços médicos em domicílio.

O BoaConsulta, fundado em 2012 para simplificar a conexão entre pacientes e médicos, chegou durante a pandemia a 1,5 milhão de pessoas cadastradas, com 38 mil especialistas à disposição desse público, tanto para atendimento particular quanto via convênio. "O atendimento à distância não deve ser visto como substituto da consulta presencial. É uma ferramenta a mais, que pode em alguns casos eliminar a necessidade da ida física ao médico", ressalta Adriano Fontana, cofundador e CEO do BoaConsulta.

A telemedicina é indicada para situações como a gestão de doenças crônicas, a consulta de retorno, a prescrição de remédios, a análise de exames e o atendimento inicial a sintomas como os da gripe ou outros problemas comuns, a exemplo de dores de estômago e dores de ouvido. Torna-se especialmente relevante, também, para pacientes que se encontram geograficamente isolados.

Os benefícios da telemedicina aplicada ao acompanhamento de pacientes crônicos foram mensurados numa pesquisa na Inglaterra. Um programa que envolveu 6 mil pacientes – metade deles com diabetes e a outra metade com outros tipos de problemas, cardíacos ou pulmonares – resultou na redução de 15% no volume de atendimentos emergenciais e na queda de 8% nos custos totais. Há também o importante papel de fornecer informações iniciais confiáveis a quem sente algum sintoma ou tem dúvidas – certamente é muito melhor falar com um médico por telechamada do que perguntar aos amigos do grupo do WhatsApp ou simplesmente sair pesquisando pela internet.

Nas plataformas que passaram a oferecer o recurso da telemedicina, o próprio paciente escolhe o médico e agenda a consulta – processo semelhante ao que o Booking oferece para quem está à procura de uma hospedagem, por exemplo. Outra novidade é a avaliação dos profissionais. Os pacientes podem dar uma nota e fazer comentários que ajudarão a orientar as escolhas de outros usuários. Trata-se de um significativo empoderamento de quem muitas vezes precisava aceitar passivamente situações como consultas superficiais ou atrasos gigantescos dos médicos.

A médica Silvia Calichman, 41 anos, clínica geral e gastroenterologista, chegou a 713 avaliações no BoaConsulta e está com a nota máxima, cinco estrelas. Os comentários destacam o quanto ela é atenciosa, pontual e clara nas explicações. "A perspectiva de sermos avaliados pelos pacientes certamente contribui para redobrar o esforço em fazer o melhor que podemos", ela diz.

No início da pandemia, as consultas à distância foram importantes para que Silvia, que até então trabalhava presencialmente em uma clínica, pudesse acompanhar pacientes que estavam em tratamento ou precisavam de diagnósticos a partir de exames. Depois, mesmo com o retorno gradual das consultas presenciais, ela continua dedicando mais da metade da jornada de trabalho à telemedicina. "Muita gente gostou da comodidade que isso proporciona", descreve.

A depender das circunstâncias da legislação, Silvia planeja integrar definitivamente a telemedicina ao seu cotidiano. A ideia é continuar com o atendimento presencial na clínica até as 16h30 e oferecer atendimentos à distância no período entre 18h e 20h, já devidamente instalada em casa, além de alguns horários aos sábados. Com isso, a médica projeta aumentar a carga de trabalho em cerca de 20%, de 45 para 55 horas semanais, com acréscimo de renda quase proporcional. Ela segue a prática geral do mercado de manter o valor das consultas online numa faixa entre 60% e 80% do valor da consulta presencial. Assim, cobra R$ 200 pela consulta online, quando o custo da consulta presencial é R$ 250.

As plataformas de gerenciamento de consultas são mantidas pelas mensalidades pagas pelos médicos interessados em fazer parte das opções para os pacientes. O pacote oferecido aos médicos costuma incluir outros tipos de serviços, como apoio para a construção de site e blog pessoais. "A ideia é dar todo o apoio para que o profissional tenha sucesso no seu processo de transformação digital", diz Cadu Lopes, CEO da Doctoralia.

Uma característica das plataformas de gerenciamento de consultas é a estrutura que funciona de forma completamente remota. A OnDoctor, por exemplo, tem seus sócios morando em Houston, nos Estados Unidos, em Madri, na Espanha, e em Sorocaba, no interior de São Paulo, enquanto a assessoria legal fica no Rio Grande do Sul e há um funcionário do marketing no Acre. "Isso tudo era impensável há poucos anos, assim como a telemedicina também parecia coisa de ficção científica", lembra um dos sócios, o oftalmologista Pedro Pássaro – é ele quem vive em Sorocaba.

A prática da telemedicina exige cuidados especiais com a tecnologia utilizada. É preciso desenvolver um ambiente especialmente preparado e seguro, em função das exigências de segurança estabelecidas pela nova Lei Geral de Proteção dos Dados (LGPD). Além das plataformas gerais de gestão de consultas, abertas a todos os usuários e médicos interessados, muitas operadoras de planos de saúde desenvolveram ambientes próprios para prestar atendimentos à distância.

A SulAmérica, por exemplo, já tinha uma jornada digital para seus segurados desde 2018, quando foi lançado o programa Saúde na Tela. Tratava-se, inicialmente, de um formato de orientação. Quando saiu a autorização para telemedicina, a opção se tornou completa. Em julho, foram mais de 60 mil atendimentos por meio da plataforma, que disponibiliza mais de quarenta especialistas treinados para examinar o paciente virtualmente.

74

Passado o pico da crise, empresas se voltam para a segurança psicológica de colaboradores

14/10/2020

As consequências psicológicas da pandemia foram o principal assunto relacionado ao Dia Mundial da Saúde Mental, celebrado em 10 de outubro. Estima-se que, quando a pandemia for superada, o número de pessoas com a saúde mental afetada pode ser até maior do que o de contaminados pela covid-19.

Um ponto que vem sendo cada vez mais reforçado é o papel crucial que as empresas terão no enfrentamento do trauma coletivo. Até porque, em plena crise do coronavírus, os investimentos públicos em saúde mental foram reduzidos. Um estudo publicado no início de outubro pela Organização Mundial da Saúde (OMS) demonstrou que 89% dos governos nacionais incluem o apoio psicológico no plano de combate à covid-19, mas apenas 19% efetivamente criaram fontes adicionais de financiamento para essas atividades.

Antes da pandemia, estimava-se que a perda anual em produtividade econômica decorrente da depressão e da ansiedade chegava a US$ 1 trilhão. Em contrapartida, estudos projetam que cada dólar gasto no combate aos dois principais distúrbios psicológicos resulta em economia cinco vezes maior. Quando se leva esse raciocínio para o ambiente de cada corporação, evidencia-se a importância – inclusive financeira – de cuidar da saúde mental dos funcionários.

Um caminho que deve ganhar força é incluir o domínio da Psiquiatria aos serviços médicos prestados dentro das empresas. Esse campo, conhecido como Psiquiatria do Trabalho, não apenas cuida de eventuais atendimentos emergenciais, mas também avalia o impacto psicológico do exercício de cada função e participa do desenvolvimento de estratégias para o bem-estar mental dos funcionários, em sintonia com a área de gestão de pessoas.

O que se espera das empresas, em tempos tão delicados como o de uma pandemia, é propiciar uma sensação de acolhimento e respeito – algo que está na raiz da criação do termo "segurança psicológica", cunhado há duas décadas por uma professora de Harvard, Amy Edmondson. O conceito diz respeito à garantia de que uma pessoa não será punida ou humilhada por expressar ideias e opiniões, apresentar questões e preocupações, ou mesmo por cometer erros. Isso deve incluir a liberdade para a pessoa dizer como está se sentindo, com naturalidade, para colegas e superiores.

Em 2015, quando criou o projeto Aristóteles para desvendar os segredos dos times com alta performance, o Google chegou a resultados semelhantes. Descobriu que o fator mais importante não era exatamente a soma dos talentos e das capacidades individuais, e sim o nível de segurança que as pessoas tinham, dentro do grupo, para dizer o que pensavam.

Motivos psicológicos são a principal causa de afastamento do trabalho no Brasil, superando há alguns anos os problemas físicos, como lesões por esforço repetitivo (LER), dor na coluna, hérnias e varizes. Antes da pandemia, o país já era o campeão mundial em ansiedade – mal que, em 2019, acometia 9,3% da população, percentual que provavelmente deu um salto com a covid-19.

Os distúrbios psicológicos são em grande parte impulsionados pelo ambiente de trabalho, a exemplo do estresse decorrente do excesso de horas dedicadas à atividade profissional, do receio de perder o emprego em função da evolução tecnológica, da falta de reconhecimento e das dificuldades de relacionamento com colegas ou superiores, incluindo assédio moral ou sexual. A pandemia surge como uma nova fonte de problemas emocionais, com um acréscimo de gravidade em relação aos outros que fazem parte do cotidiano laboral: o receio de contrair, no ambiente de trabalho, um vírus potencialmente mortal.

Entre os múltiplos gatilhos para problemas de saúde mental decorrentes da pandemia, o maior de todos é, sem dúvida, o luto de quem perdeu alguém próximo e sequer teve a possibilidade de se despedir adequadamente. Há, no entanto, uma série de outras situações, como a sensação de isolamento e o receio do desemprego.

Num cenário em que muitas pessoas perderam o emprego, o simples fato de ter um salário pode parecer um privilégio. Os especialistas advertem, no entanto, que isso não é suficiente para assegurar o bem-estar psíquico – mesmo porque é impossível não se deixar influenciar pelo ambiente de crise. "A doença mental envolve interações de fatores biológicos e sociais, e, neste momento, os fatores sociais atuam como fortes estressores e consequentemente desencadeadores e motivadores de episódios depressivos e ansiosos, entre outros distúrbios", alerta a psiquiatra capixaba Letícia Mameri, doutoranda em bioética pela Universidade do Porto.

Ocupando atualmente o terceiro posto no ranking global de casos de covid-19 e o segundo em mortes decorrentes da doença, o Brasil surge como um campo especialmente fértil para a proliferação de distúrbios mentais em decorrência da pandemia. Um fator agravante tem sido as mensagens dissonantes do poder público em relação ao enfrentamento da crise. Uma das consequências disso é a falta de padronização nas interpretações e cuidados por parte da população, o que muitas vezes provocou desentendimentos e decepções entre familiares e amigos. Hoje, passados mais de seis meses do início da pandemia, quem continua levando os cuidados a sério tem sido frequentemente classificado como "exagerado", embora as estatísticas de contaminação e a inexistência de vacina até o momento justifiquem a precaução.

Uma preocupação dos gestores corporativos, em sintonia com o conceito de segurança psicológica, deve ser criar um ambiente em que ninguém se sinta "errado" por demonstrar preocupação ou por se sentir triste em decorrência da pandemia e de seus efeitos. As empresas podem ocupar o papel de padronizadores do entendimento da situação e dos cuidados que devem ser tomados, evitando que seus funcionários se sintam constrangidos ou sejam vítimas de bullying.

Para muita gente, não tem sido fácil conviver com a obrigação de comparecer diariamente ao local de trabalho correndo o risco de adquirir a covid-19 na própria empresa ou no caminho até ela. É uma tensão extra e significativa que se soma a um pacote já amplo de questões emocionais relacionadas ao exercício de atividade profissional.

Por outro lado, para quem não retornou ainda ao trabalho presencial, a longa permanência em home office e a falta de convívio com os colegas podem dar a sensação de isolamento e de desconexão. Além do mais, tanto para os que já voltaram ao presencial quanto para os que continuam trabalhando em casa, tem sido comum a sensação de carga aumentada, seja pela redução da equipe, seja pela necessidade de recuperar os meses prejudicados pela pandemia.

"O papel das empresas neste momento é oferecer um ambiente em que as pessoas possam cuidar umas das outras", diz Marcelo Szuster, fundador e CEO da

DTI Digital, consultoria que desenvolve estratégias para a transformação digital nos clientes. Para aumentar a sensação de pertencimento, a empresa divide os setecentos funcionários em "tribos", grupos de profissionais reunidos em torno de um projeto em comum. Cada tribo tem rituais próprios, a exemplo de happy hours e jogos coletivos, que incentivam um convívio próximo.

"Quando há transparência em relação aos temas de trabalho, cria-se naturalmente um vínculo de confiança que se amplia para as questões emocionais", diz Marcelo. Assim, as tristezas e os temores relacionados à pandemia foram sendo o tempo todo compartilhados pelos colegas, o que diminuiu a sensação de isolamento – mesmo com o trabalho na sede da empresa, em Belo Horizonte, tendo sido trocado por 100% de atividades online para todos, decisão que permanece vigente.

Para estreitar os vínculos, os gestores da DTI realizam reuniões individuais com cada um dos seus liderados, ao menos uma vez por mês. "São ocasiões em que o subordinado escolhe o assunto que quer tratar", descreve Marcelo. Nos últimos meses, como era de esperar, os temas diretamente ligados à pandemia ganharam protagonismo nessas conversas.

75

Ergonomia: o que home office tem a ver com o aumento de casos de dores pelo corpo

04/11/2020

Ortopedistas têm constatado um aumento considerável no número de pacientes que, desde o início da pandemia, passaram a relatar dores nas mãos, nos braços, nos ombros e no pescoço. São problemas como tendinite, lesões por esforço repetitivo (LER), lombalgia e cervicalgia, problemas diretamente relacionados à postura inadequada e ao excesso de tempo em frente a teclados.

A principal causa é a mudança emergencial para o home office, sem a devida atenção aos princípios de ergonomia. Dos inúmeros fatores envolvidos nesse processo, é possível identificar dois protagonistas: cadeira imprópria e altura inadequada da tela do computador. O recomendado é que o centro da tela fique na altura dos olhos, mas, como a maior parte das pessoas utiliza notebooks sem qualquer adaptação, a tela costuma ficar bem abaixo de onde deveria. "A tela abaixo do nível dos olhos faz com que o pescoço permaneça dobrado para a frente, posição que sobrecarrega a coluna vertical", explica o ortopedista Rodrigo Paixão. Especializado em cirurgia de mão, ele tem constatado diariamente outra consequência da inadequação da estrutura do trabalho doméstico: dores e inchaços nas mãos e nos pulsos.

A maior parte dos profissionais que precisaram se submeter emergencialmente ao home office não teve tempo e dinheiro para fazer as adequações necessárias. Alguns empregadores até contribuíram com verbas específicas para a compra de cadeiras ergonômicas, mas atitudes assim foram raras. Em geral, as pessoas tiveram que enfrentar a situação com as condições que tinham – incluindo a necessidade de compartilhar os espaços da casa com os outros moradores.

Como a improvisação já vem se estendendo por muitos meses, os problemas relacionados à postura começam a aparecer com frequência cada vez maior. "Muita gente foi deixando por isso mesmo, esperando o retorno à normalidade, mas há empresas que não vão voltar ao presencial tão cedo e outras que talvez nem voltem", observa Rodrigo. "Temos que tomar atitudes para preservar o nosso corpo. É importante ter em mente que o ambiente precisa ser adaptado às pessoas, e não o inverso", acrescenta o ortopedista.

A professora Simone Bambini, pesquisadora do corpo no ambiente corporativo, diz que a pandemia corresponde, do ponto de vista físico, a um ataque contra a nossa sobrevivência diária. Diante de uma ameaça desse porte, o corpo tende a se adaptar rapidamente às circunstâncias. "Nosso sistema nervoso foi preparado para reagir diante de qualquer ataque que possa nos colocar em perigo", diz Simone.

Graças a esse poder de adaptação, muitas pessoas até tiveram a sensação de que a mudança repentina para o home office estava ocorrendo sem sobressaltos. Com o passar dos meses, no entanto, as vulnerabilidades começaram a se tornar mais perceptíveis, manifestadas pelas dores e incômodos físicos – além dos sintomas emocionais, intimamente ligados às questões físicas.

Tudo isso é consequência da carga residual que o sistema nervoso acumula ao longo do processo de adaptação a um novo padrão de comportamento. "A carga residual será liberada nas mais diversas formas, como ansiedade, síndrome do pânico, depressão, dores crônicas nas costas, no peito e no estômago, enxaquecas, entre outras", observa a professora.

Além de passar os dias sob condições inadequadas no ambiente doméstico, muita gente está ficando mais tempo teclando no notebook e no celular. Esse tem sido o destino de boa parte das horas economizadas com os deslocamentos para o trabalho ou mesmo com as saídas a lazer. Para completar o quadro, há a redução no nível de atividade física, também em decorrência da pandemia. "Profissionais sedentários acabam sendo mais prejudicados pela postura rígida e concentrada do trabalho", observa o fisioterapeuta Edson Neves, que atende pelo GetNinjas, maior aplicativo de contratação de serviço da América Latina.

Sintetizamos a seguir seis orientações fundamentais dos especialistas para prevenir dores e problemas de postura.

1. Invista em conforto

Melhore as condições do seu trabalho doméstico. Mesmo que haja a perspectiva de volta ao escritório presencial, ter uma estrutura adequada em casa será sempre algo positivo. Uma boa cadeira ergonômica, com design que assegura sustentação para a coluna cervical e a lombar, certamente será sua grande companheira nas jornadas de trabalho.

Para corrigir a altura do notebook e deixar os olhos na altura do meio da tela, compre um teclado adicional, com mouse, para substituir o que vem embutido no equipamento. Isso permitirá erguer a tela com um suporte apropriado para esse fim.

2. Vigie sua postura

Para evitar dores, a mesa deve ter altura entre 64 cm e 74 cm, dependendo da altura da pessoa. A melhor referência para descobrir a altura correta é se os ombros ficam relaxados enquanto a pessoa digita. Se precisam ser constantemente erguidos, a altura está inadequada.

Os pés devem permanecer com as plantas apoiadas no chão, o que contribui naturalmente para a manutenção de uma postura ereta. É preciso que haja um espaço entre o teclado e o fim da mesa para que as bases das mãos possam ter sustentação. Os apoios para braços, que fazem parte do design de boas cadeiras ergonômicas, têm o papel importante de aliviar o peso sobre os músculos dos ombros e da nuca.

3. Dê "respiros" ao corpo

Passar muitas horas na mesma posição pode ocasionar lesões na coluna e nos membros superiores e inferiores. Levantar-se a cada meia hora e dar uma rápida caminhada pela casa é uma ação fundamental para evitar problemas nos músculos e na coluna. Essas paradas são ocasiões perfeitas para fazer pequenos exercícios, como rotações com os pulsos, esticar os braços para a frente e para cima e movimentar o pescoço. Diluir ao longo do dia as tarefas domésticas, como lavar a louça e varrer a casa, também é uma boa estratégia.

4. Controle seu tempo

Se não estabelecermos parâmetros de tempo para ficar em frente às telas, corremos o risco de passar o dia teclando. Essa tendência é ainda maior quando estamos em home office, pois nessa situação os limites do expediente de trabalho tendem a se tornar mais difusos. Tente estabelecer um horário padrão para iniciar e terminar o expediente de trabalho (e, também, uma boa parada para o almoço). Só abandone essas referências diante de circunstâncias em que isso realmente é necessário, e não por qualquer motivo.

5. Combata o sedentarismo

Para muita gente, a pandemia se tornou a desculpa perfeita para a falta de exercícios físicos. Isso não faz o menor sentido, no entanto, porque há várias atividades que podem ser praticadas em casa. Alongamentos, pilates, yoga, pular corda, enfim, opções é que não faltam. Para quem já está com manifestações mais severas de problemas relacionados à postura, a professora Simone Bambini recomenda uma terapia chamada Somatic Experiencing, desenvolvida pelo psicólogo e biofísico norte-americano Peter Levine.

6. Cuide da saúde mental

Sabe-se da ligação íntima entre o corpo e a alma. Cuidar da saúde mental é, também, cuidar do físico. Fazer terapia, praticar meditação, ter um hobby, ler um bom livro numa posição relaxada e confortável são algumas das muitas formas de cuidar da mente e, ao mesmo tempo, do corpo.

76

O outro dilema das redes: a dependência financeira dos empreendedores

08/11/2020

O documentário *O dilema das redes*, lançado no final de setembro pela Netflix, ganhou grande repercussão ao alertar sobre o lado obscuro das redes sociais. Problemas como a dependência emocional dos likes, o uso das informações coletadas dos usuários e a disseminação de *fake news* são abordados a partir de depoimentos de profissionais que ajudaram a desenvolver os mecanismos das principais redes sociais. Eles afirmam, em síntese, que o propósito inicial de aproximar as pessoas simplesmente saiu do controle.

Um tema que quase não é tratado no documentário é a dependência financeira que muitos empreendedores e *influencers* desenvolveram por basear seus negócios na publicidade e nas vendas pelas redes sociais – e a pressão que enfrentam como resultado disso. Trata-se de um aspecto que se intensificou com a pandemia, já que a importância das vendas online – em grande parte integradas às redes sociais – cresceu substancialmente em função da indisponibilidade do público para ir às lojas físicas.

De acordo com a Associação Brasileira de Comércio Eletrônico (ABComm), o faturamento do comércio online no Brasil aumentou 60% durante a pandemia, período em que 110 mil empresas aderiram à modalidade, o que representa um acréscimo de 80% no número de lojas digitais registradas até então pela associação.

Isso sem falar no imenso número de negócios que utilizam informalmente as redes como canais de publicidade e de vendas.

Há algumas estratégias que vêm sendo consideradas obrigatórias para se obter o sucesso esperado nas vendas online: cumprir as etapas das fórmulas de lançamento, produzir novo conteúdo freneticamente, ampliar o número de seguidores, estar disponível para responder a contatos o mais rápido possível e investir cada vez mais em impulsionamento para fazer a roda girar. O problema é que esse roteiro vem se mostrando exaustivo para quem está à frente do negócio.

Em estruturas pequenas, não é raro que a mesma pessoa que desenvolve os produtos e os serviços tenha que assumir também todas essas tarefas. Se o negócio cresce um pouco, o caminho natural é que parte das incumbências seja delegada, com a contratação de profissionais autônomos ou de uma agência ou consultoria. "A hora do empreendedor é muito cara. Por isso, quanto mais ele conseguir delegar, mais tempo terá para se dedicar ao negócio em si", diz o consultor Fernando Souza, especialista em marketing digital. Delegar exige, no entanto, que o faturamento aumente para manter a estrutura. Se tudo sai como esperado, investimentos e equipe continuam sendo ampliados, de tal forma que a dependência das redes sociais só aumenta.

O documentário *O dilema das redes* acabou se tornando um incentivo importante para que a astróloga e *influencer* Isabella Mezzadri tomasse uma decisão que já vinha amadurecendo havia alguns meses: deixar o Instagram, o que significou abandonar um perfil de sucesso, com mais de 300 mil seguidores. "Já são quase sete anos de forma superpresente aqui sem nunca ter me permitido tirar um pequeno break", ela explicou aos seguidores quando anunciou a decisão de cancelar o perfil, que vinha sendo um apoio importante para a sustentação financeira das atividades profissionais de Isabella.

Ao compartilhar que sentia a necessidade de ressignificar a presença nas redes sociais, ela deixou um alerta aos seguidores. "Queria incentivar vocês a refletirem também sobre como têm usado o tempo de vocês, onde estão colocando energia... Porque nosso tempo – e nossa vida – é precioso demais", escreveu.

Depender das redes sociais significa, na maioria dos casos, viver sob tensão constante. Além da compulsão para acompanhar os números e a repercussão das publicações, há o receio permanente de que algo seja mal compreendido. Um dos grandes fantasmas de quem vive das redes sociais, hoje, é ser "cancelado" por algo dito ou feito.

Isabella se diz aliviada pela decisão de sair do Instagram, pois vinha se sentindo incomodada ao perceber como os dois lados do balcão – tanto os produtores quanto os receptores de conteúdo nas redes sociais - vinham demonstrando cada vez mais ansiedade e outros efeitos negativos para a saúde mental. Os brasileiros são especialmente suscetíveis a esses riscos, devido ao alto nível de uso. De acordo com pesquisa da consultoria inglesa GlobalWebIndex, o país tem a segunda maior média de tempo diário conectado às redes sociais - três horas e vinte e cinco minutos.

Reflexões como as feitas por Isabella estão sendo motivadas pela pandemia, considera a psicanalista Sandra Edler, autora do livro *Tempos compulsivos*. "Muitos ganharam uma pausa para sair das atividades automáticas e refletir sobre suas questões", ela avalia. Por outro lado, adverte a psicanalista, há pessoas que, privadas dos escapes naturais - especialmente sair de casa –, ampliaram o tempo de permanência na internet. "Cresceu muito o número de compulsivos digitais, com lamentáveis consequências. Toda compulsão preocupa porque tolhe ainda mais a já restrita liberdade do sujeito", diz Sandra.

Ela lembra que a tecnologia é extremamente sedutora sob vários aspectos e considera que não há como esperar que o território digital não se mantenha em expansão. Propõe, no entanto, uma série de reflexões. "Devemos legar ao algoritmo, à inteligência artificial, a possibilidade de decidir, de escolher por nós? Vamos renunciar à nossa capacidade crítica? Vamos consentir em fazer parte do imenso rebanho de domesticados por uma ferramenta que criamos?"

Outro risco para empreendedores e *influencers* é serem atingidos por decisões unilaterais das grandes empresas de tecnologia. Foi o que aconteceu em meados de outubro com Vinícius Teles e Patricia Figueira, que formam o Casal Partiu, nômades digitais que têm como principal atividade profissional a venda de cursos sobre diferentes aspectos desse estilo de vida.

Eles tiveram a página no Facebook repentinamente bloqueada, sem qualquer aviso prévio ou explicação. Com isso, as atividades no Instagram também foram atingidas, pois as duas redes sociais pertencem ao mesmo grupo. A consequência para o faturamento foi desastrosa, já que a maioria dos participantes dos cursos era conquistada por meio de anúncios impulsionados nas duas redes. "Ainda estamos sem entender o que aconteceu, pois não conseguimos uma resposta. Não mudamos a forma de agir que vínhamos adotando nos últimos três anos."

O episódio lembrou outra passagem semelhante ocorrida com o casal há dez anos. Em 2008, Vinícius havia desenvolvido um aplicativo para profissionais que trabalhavam na organização de casamentos. O aplicativo usava um recurso de integração da plataforma Flickr para o armazenamento de fotos. Mais de dois anos depois, no entanto, o Flickr decidiu bani-los, de forma sumária, sob a alegação de desobediência às políticas do serviço.

Na ocasião, Vinícius e Patricia aprenderam algumas coisas que estão constatando novamente agora. Uma delas é que os termos de uso das plataformas costumam ser redigidos de forma imprecisa e ambígua, dando margem a diferentes interpretações. Outra: é quase impossível estabelecer contato e negociação com as grandes empresas de tecnologia.

O consultor Fernando Souza diz que é fundamental abrir o leque de possibilidades para não ficar tão dependente das mídias sociais. "Para pequenos e médios empreendimentos, o local mais acessível para investimentos em promoção, marketing e divulgação acaba sendo as mídias sociais. Mas há muitos canais possíveis, tanto online quanto offline."

Ter um site bem desenhado e bem posicionado nos buscadores é muito importante, observa o consultor. "Pode até parecer antiquado para alguns, mas o site é a sua casa própria na internet, o seu porto seguro, é onde você tem autonomia para a gestão do ambiente. Um site forte é um ponto de contato com os clientes e diminui a dependência das mídias sociais."

Outra providência fundamental, ressalta Fernando, é construir uma boa base de CRM (*Customer Relationship Management*, Gestão de Relacionamento com o Cliente), com informações-chave de contato que podem ser trabalhadas de outras formas além das redes sociais. Assim, boa parte das novas vendas pode se originar do público já conquistado, seja por ação direta dos clientes ou por indicações desses.

77

Como será nossa relação com a casa no pós-pandemia?

21/11/2020

Uma das consequências da crise da covid-19 foi a ressignificação do ambiente doméstico, que ganhou uma série de novos atributos em decorrência da necessidade de isolamento social. A casa tornou-se também escritório, sala de aula e academia para exercícios físicos. E teve reforçado o papel de "porto seguro" diante das ameaças do mundo externo, já que uma doença potencialmente mortal se juntou a questões que já preocupavam as pessoas: violência urbana, trânsito e poluição.

Mesmo quando a pandemia for superada, a relação com a casa não será mais como antes, projeta o futurologista Ray Hammond. Sob encomenda da seguradora Allianz, ele produziu um estudo sobre as mudanças decorrentes da crise da covid-19, com um capítulo focado no ambiente doméstico. "A pandemia é um ponto de virada na História, um ponto de inflexão profunda", diz o futurologista, premiado pela Organização das Nações Unidas (ONU) pelos serviços de análise de tendências, aos quais tem se dedicado ao longo das últimas quatro décadas, com grande índice de acertos.

Várias tendências que já estavam em andamento foram aceleradas desde que eclodiu a crise da covid-19. Nesse sentido, há quem considere que 2020 valeu por três, cinco ou até dez anos. Uma dessas tendências é a adoção cada vez maior de recursos tecnológicos para tornar as casas mais confortáveis e seguras. Com a popularização do 5G e da internet das coisas, muitos eletrodomésticos e outros recursos ganharão "vida própria" – desde cortinas que poderão se fechar diante de um determinado nível de luminosidade até geladeiras que providenciarão automaticamente o reabastecimento dos mantimentos.

A separação clara que havia entre vida profissional e vida doméstica tornou-se bem mais difusa. Antes, a maior parte das pessoas saía diariamente de casa para o trabalho e voltava ao lar para descansar. Com a disseminação das novas tecnologias, as duas dimensões – vida privada e trabalho – estarão cada vez mais misturadas no dia a dia.

Ao popularizar o home office e apresentar essa modalidade a uma legião de profissionais e empresas que ainda não a haviam experimentado, a pandemia acelerou mais um processo que já estava em andamento, ainda que lentamente. Com isso, a casa deixa de ser um local para estar apenas à noite e nos finais de semana. Muitos novos projetos de prédios residenciais nas grandes cidades vinham se baseando nesse estilo de vida. São apartamentos com áreas pequenas, para moradores que vivem a maior parte do tempo fora de casa. Essa tendência será em parte revertida diante do processo de "volta ao lar" decorrente da pandemia.

Para as empresas, a perspectiva de redução de custos fixos trazida pelo conceito de home office mostrou-se extremamente sedutora. "De repente, muitos CEOs perceberam que não precisam mais pagar por enormes prédios para abrigar os funcionários", observa Hammond. Ele cita, no relatório do estudo, uma observação do CEO do Grupo UBS, Jes Staley: "A noção de colocar 7 mil pessoas num prédio parece ter se tornado coisa do passado". Uma das consequências de tudo isso é a preocupação imediata de incluir, nos projetos de casas e apartamentos, a estrutura necessária para o home office.

Durante a pandemia, a maior parte das pessoas improvisou lugares para passar horas trabalhando e para realizar videoconferências. Daqui em diante, com a percepção de que muitas conversas não precisarão ser presenciais, as reuniões online continuarão fazendo parte da rotina. Isso significa bem mais do que ter simplesmente um quarto que possa ser convertido em escritório doméstico. É preciso desenvolver soluções criativas e confortáveis para que o trabalho e o estudo dentro de casa possam ser exercidos simultaneamente por mais de uma pessoa.

As transformações na relação entre a casa e o trabalho levam a uma série de novas demandas: como controlar a produtividade dos profissionais, como lidar com o fato de que o expediente se tornou mais difuso no que diz respeito aos limites de horário, como prover mais segurança para a circulação de dados e informações.

Tudo o que foi feito às pressas por causa da pandemia em termos de home office precisa ser agora revisto com planejamento e os cuidados adequados de ergonomia. Não por acaso, a crise da covid-19 vem provocando um grande aumento no número de casos de dores nas costas, tendinites e lesões por esforço repetitivo.

O mesmo raciocínio vale para o novo papel das casas como local de estudo. A tendência é de que cursos dos mais diversos tipos, inclusive universitários, sejam parcial ou totalmente realizados à distância.

A casa ganha força também como local de cuidados com a saúde. Durante a pandemia, muita gente passou a encaixar na rotina doméstica os exercícios físicos e terapêuticos, como yoga e *mindfulness*. Boa parte dessas pessoas pretende preservar os novos hábitos saudáveis. Aplicativos e sensores inteligentes farão o monitoramento automático de vários indicadores de saúde dos moradores, identificando preventivamente possíveis alterações. A ideia de checkup estará, dessa forma, cada vez mais integrada ao cotidiano da vida doméstica.

A telemedicina, que ganhou força durante a pandemia, deverá seguir em constante expansão – muitos dos exames e das consultas que até agora obrigavam as pessoas a sair de casa poderão ser feitos à distância. Equipamentos de monitoramento e estruturas de primeiros socorros permitirão criar espaços em casa especialmente concebidos para dar assistência a idosos ou portadores de doenças crônicas.

Durante a pandemia, as compras online foram ampliadas tanto em volume quanto em tipos de produtos. E todos nos acostumamos à rotina de limpeza de tudo aquilo que vem da rua. Essa lógica será automatizada. Afinal, mesmo quando a covid-19 for controlada, ameaças semelhantes sempre estarão rondando a humanidade.

Isso levará à popularização de sistemas de limpeza e desinfecção para esterilizar as pessoas e os objetos que entram em casa, com o objetivo de deixá-la livre de vírus, germes e bactérias. Esses sistemas se tornarão tão comuns quanto o ar condicionado – e possivelmente serão integrados a ele. "A casa se tornará um santuário estéril. Sistemas semelhantes serão instalados também no interior dos carros", prevê Ray Hammond.

Acredita-se que a soma de todas essas mudanças poderá ter um impacto extremamente positivo para dois dos grandes problemas da humanidade: a mobilidade e a poluição atmosférica. Muitas pessoas trabalhando parcial ou integralmente em home office e estudantes fazendo parte de seus cursos à distância levarão a uma queda no volume de deslocamentos, com benefícios diretos para os envolvidos.

"Aqueles que se livram da rotina de deslocamentos têm um aumento considerável da qualidade de vida", observa Ray Hammond. É possível que, em meio a esse fenômeno, muitas pessoas se deem conta de que não precisam morar nos grandes centros ou que não precisam ter carro, já que deixarão de utilizá-lo diariamente. Nesse sentido, devem ganhar cada vez mais força as opções práticas e mais baratas, como o uso de aplicativos ou do transporte coletivo, além do aluguel de veículos para o caso de viagens.

78

Quer unir trabalho e propósito? Pandemia impulsiona a economia da paixão

22/11/2020

No final de outubro, o bailarino e coreógrafo Rafael Hoffelder, 40 anos, inaugurou em Florianópolis uma loja de velas artesanais, o Bosque de Berkana. Trata-se do marco físico de um processo de reinvenção profissional iniciado junto com a pandemia. Com o cancelamento dos eventos de dança, dos festivais dos quais era curador e dos desfiles de carnaval – Rafael também atuava como coreógrafo de comissões de frente –, ele precisou desenvolver uma nova atividade profissional enquanto a normalidade não fosse retomada.

Ao pensar sobre o que faria, lembrou de uma paixão antiga, as velas. "Sempre gostei de fazer velas artesanais, mas era só para presentear amigos ou usar em casa. Todo mundo dizia que eu poderia criar um negócio com isso, então decidi seguir o conselho quando a situação apertou por causa da pandemia", ele conta.

A história de Rafael é um típico exemplo do que vem sendo chamado de *Passion Economy*, a Economia da Paixão. Trata-se de transformar hobbies em fontes de renda. "Os negócios criados com essa perspectiva tendem a ser criativos e possibilitam a união entre flexibilidade, vocação e realização", diz Nilson Filatieri, CEO e cofundador da HeroSpark, que oferece soluções para empreendedores digitais.

Nilson diz que a pandemia impulsionou a abrangência da *Passion Economy* pela soma de dois aspectos: ao mesmo tempo que as pessoas passaram a refletir mais sobre o sentido do trabalho, ampliou-se o hábito do consumo online, criando possibilidades para quem começa um negócio em qualquer lugar do país.

Espera-se, inclusive, que a Economia da Paixão tenha um papel importante para melhorar a qualidade do tempo gasto nas redes sociais. Muitos usuários das grandes plataformas não estão satisfeitos com o tempo que precisam perder para garimpar informações que considerem de fato relevantes. Pesquisa recente do instituto Disciple Media nos Estados Unidos constatou que 50% das pessoas que frequentam as grandes redes sociais estariam dispostas a se juntar a uma nova plataforma social ou baixar um aplicativo que trate especificamente de uma de suas paixões pessoais.

A boa notícia para empreendedores da *Passion Economy* é que 34% dos usuários das redes sociais receberiam com prazer conteúdo ou ofertas comerciais fornecidos por essas fontes. "À medida que mais e mais pessoas se esforçam para tornar todo o seu tempo digital significativo, as redes e comunidades que atendem a interesses de nicho com conteúdo de qualidade continuarão a prosperar", diz o CEO da Disciple, Benji Vaughan.

É o que vem acontecendo com Rafael. Mais do que simplesmente vender pela internet, ele criou uma comunidade de apreciadores de velas artesanais. Compartilhou a história de vida, a visão de mundo e explicou a escolha do nome Bosque de Berkana para o negócio – trata-se de uma referência à runa que representa a bétula, espécie de árvore que, para os europeus, é símbolo de renovação e recomeço.

Rafael iniciou a divulgação e as vendas online em abril e assim permaneceu durante mais de seis meses, enquanto planejava cuidadosamente a abertura da loja física em parceria com o marido, Luciano. Mesmo depois da inauguração da loja, as vendas online continuam tendo um peso considerável no faturamento.

Ele precisava de um plano B que fosse encantador, pois desenvolveu uma carreira fascinante na dança. Integrou espetáculos da Disney e participou de três espetáculos do Cirque du Soleil. Depois de alguns anos, feliz com a trajetória, mas cansado da vida exaustiva de treinos e apresentações, voltou a Santa Catarina para ficar perto dos pais, especialmente por ser filho único. Passou a coreografar grupos de dança e tornou-se curador do Festival de Joinville, o mais importante do país.

Em 2016, foi convidado para coreografar o grupo austríaco Zurcaroh, que une dança com acrobacias. Durante os dois meses de trabalho, ele conheceu, na cidade de Bludenz, uma loja só de velas. "Eram produzidas de uma forma bem diferente da que conhecemos no Brasil, com pavios de madeira e flores desidratadas", ele lembra. A proprietária da loja, que era também a artesã, contou detalhes de como produzia as velas. De volta ao Brasil, inspirado pelo que viu na loja austríaca, Rafael passou a dedicar-se ao novo hobby, sem imaginar que um dia as velas se transformariam numa atividade profissional.

Quem também se entregou à paixão foi Alessandra Monzani Nascimento, 45 anos, fundadora da Brigalê, em São Paulo, que produz brigadeiros e outros doces. Em 2015, depois de mais de vinte anos de atuação como farmacêutica, Alessandra foi inesperadamente demitida da empresa de saúde em que tinha um cargo de gerente. Tentou uma recolocação imediata, mas os meses se passaram sem que surgisse uma oportunidade interessante.

Ela decidiu, então, dedicar-se aos brigadeiros, paixão que cultivava desde os dez anos, quando a mãe a ensinou a preparar o docinho. Os "brigadeiros da Alê" se tornaram um sucesso nas festas familiares. A paixão por doces foi sendo ampliada e ela passou a fazer bolos e tortas ao longo de toda a adolescência. Quando chegou a época do vestibular, ela escolheu Farmácia. Formou-se e seguiu carreira, até a reviravolta que transformou o antigo hobby em atividade profissional.

Alessandra cuida pessoalmente de toda a produção dos doces, e das compras, do atendimento dos clientes e das entregas, incluindo finais de semana e feriados. Trabalha em média sessenta horas por semana e ainda ganha cerca de 20% menos do que o salário que recebia na época de carteira assinada, mas não se queixa de nada disso. "Não tenho dúvidas de que a minha satisfação com o trabalho e a minha qualidade de vida são muito maiores do que naquela época."

As histórias de Alessandra e Rafael têm muitos aspectos em comum. Além do fato de terem buscado novas atividades profissionais nos prazeres pessoais, ambos conseguem estabelecer uma linha de continuidade entre o que faziam antes e o que fazem agora. "Tanto a farmácia quanto a brigadeiria são baseadas na alquimia de tratar as pessoas – uma com drogas, outra com doçura", diz Alessandra. Para Rafael, a nova atividade é uma continuação da trajetória artística. "Minha missão com a dança sempre foi levar luz à vida das pessoas. Continuo fazendo isso."

79

Quer mudar a casa sem gastar muito? Veja dicas para renovar a cara do seu home office

28/11/2020

A necessidade de passar mais tempo no ambiente doméstico, em razão da pandemia, contribuiu para dar novo impulso a uma tendência que já vinha sendo percebida por arquitetos, decoradores e empresas que se relacionam com o universo do chamado *home decor*: as casas dos brasileiros estão mais coloridas.

"Com a pandemia, a casa teve reforçado o papel de refúgio contra os perigos do mundo", diz Felicitas Piñeiro, argentina radicada no Brasil e fundadora da consultoria Cores Lovers – cuja missão é "libertar o uso da cor com confiança e propósito". Felicitas lembra que as cores contribuem também para compensar parte dos estímulos visuais que as pessoas perderam ao reduzir a frequência das saídas. Ela exemplifica com uma situação pessoal. "Já faz muito tempo que o piso do banheiro da minha casa é amarelo, mas esse detalhe ganhou importância renovada durante a quarentena."

Certamente não há mais justificativa para manter as tradicionais paredes brancas ou bege. A indústria tem contribuído com tintas mais simples de usar, que podem ser espalhadas com mais facilidade e causam menos sujeira. Essas características exigem menos investimento, principalmente porque deixou de ser necessário contratar profissionais especializados para a execução de pequenas tarefas. Hoje, pessoas sem experiência em pintura conseguem renovar as cores de casa sem grandes dificuldades.

O risco de escolher mal as combinações vem sendo reduzido pela tecnologia. As principais fabricantes de tintas oferecem aplicativos que permitem avaliar como o cômodo ficaria com as novas cores imaginadas. Alguns simuladores trazem outros recursos úteis, a exemplo da possibilidade de fotografar um ambiente qualquer e descobrir o nome da tinta que está na parede.

Para quem busca informações e referências, há inúmeras boas fontes na internet. O site da Pantone (*www.pantone.com.br*), principal referência global em tons, tendências e apostas, é um belo manancial de conhecimentos na área. A inspiração também pode vir de filmes e séries, que envolvem estudos cuidadosos da paleta de cores, aspecto essencial para ajudar a criar o clima da história e definir características de personagens.

Felicitas diz que não há regras preestabelecidas para definir as cores de um ambiente. Mesmo porque devem-se levar em conta, acima de tudo, as expectativas e o momento de vida das pessoas que moram na casa. O estilo e as cores dos móveis e dos quadros já existentes também são dados importantes.

As cores têm um papel diretamente relacionado às emoções e contribuem para reforçar sensações e conceitos: aconchego, alegria, tradição, contemporaneidade, maturidade, jovialidade, sofisticação, praticidade. Assim, por exemplo, as cores de um home office devem ser definidas a partir do perfil da atividade profissional, pois podem contribuir tanto para a concentração quanto para a criatividade. As cores são estratégicas, também, para reverter problemas do ambiente: um lugar escuro pode ganhar luminosidade e um espaço pequeno pode "crescer".

Conhecimentos básicos da teoria das cores são bem-vindos, mas a questão acaba sendo muito mais de bom senso. Um exemplo: Felicitas foi recentemente contratada por uma mãe que queria que as paredes do quarto do filho de quatro anos fossem pintadas de vermelho, a pedido dele. "Eu argumentei que pintar tudo de vermelho possivelmente causaria prejuízo ao sono do menino e o deixaria agitado. Chegamos então a uma solução em que a metade de duas paredes ganhou um tom suave de vermelho", ela descreve.

Além da pintura nas paredes, há várias outras possibilidades de mudanças relacionadas às cores da sua casa. Confira algumas delas:

Revestimentos na parede – Uma opção para os tradicionais papéis de parede é a fibra de vidro, que segue a lógica de oferecer diversos padrões de estampas, mais clássicas ou mais modernas, para mudar o astral de um ambiente. A fibra de vidro proporciona uma série de vantagens: é um material mais resistente a impactos, resistente ao fogo, que não mancha nem desbota com o passar do tempo, lavável sem acumular umidade e preparado para evitar o surgimento de fungos e bactérias.

Isolamento acústico colorido - Colocar mais cor em casa é um processo que pode ser associado a outros tipos de melhoria. Quem está incomodado com o barulho, por exemplo, pode instalar placas de isolamento acústico, que, hoje em dia, são vendidas em diversas cores. É a materialização da célebre sentença "unir o útil ao agradável".

Envelopamento da geladeira - A ideia de colocar adesivos coloridos sobre um objeto pode ser aplicada a vários móveis e eletrodomésticos, mas tornou-se mais comum para a geladeira. Trata-se de uma forma eficaz de mudar o clima da cozinha como um todo. É possível encontrar centenas de opções de estampas, desde aquelas completamente lisas, de uma mesma cor, até modelos que reproduzem quadros famosos, citam personagens de quadrinhos ou fazem referência a marcas de alimentos ou bebidas. Aqui, mais do que nunca, o bom gosto deve ser um parâmetro a ser respeitado.

Pintar o teto: por que não? - Um dos muitos mitos que já foram superados é o das "portas e tetos brancos". As portas podem ganhar cor, sim, e até mesmo o teto - desde que haja o cuidado de escolher uma cor mais clara que a das paredes, para dar a sensação de amplitude. "Isso é especialmente importante no Brasil, onde o teto costuma ser baixo. Uma cor mais escura do que a das paredes reforça a sensação de claustrofobia", diz Felicitas.

Renovação dos rejuntes - Argamassas e rejuntes coloridos podem dar um "up" em azulejos ou porcelanatos, já que o tradicional branco usado nesses locais tende a ficar carunchado com o tempo. São dezenas de opções de cores, com fácil instalação para quem pretende apenas cobrir o rejunte antigo.

Spray nos móveis - É um tipo de pintura rápida e simples para renovar um móvel. Uma cadeira ou uma escrivaninha ganham nova personalidade com uma cor bem contemporânea - que pode até ser fluorescente.

Mais vida para tapetes, cortinas e sofás - Esses elementos contribuem fortemente para definir o ânimo geral da casa. A maior parte dos sofás ainda é cinza ou marrom, por exemplo, mas cores como azul-marinho, verde-esmeralda e mostarda podem cair muito bem.

Flores, um sopro de vida - Ter sempre flores em casa é uma forma de trazer frescor e colorido ao ambiente doméstico. "As flores são uma boa metáfora para a vida. Quando as coisas estão perdendo o viço e a cor, é preciso que sejam renovadas", diz Felicitas, cuja mãe é florista na Argentina - origem da paixão da filha por cores.

80

A solidão dos gerentes: como a pandemia acentuou esse isolamento nas corporações

29/11/2020

O cargo de gerente costuma envolver, por si só, certa solidão. Afinal, gerentes não fazem parte do time de diretores, que estão em degrau hierárquico superior, mas também não são vistos como parceiros pelos subordinados. Em outras palavras: os diretores tendem a vê-los como representantes da força de trabalho operacional, enquanto os funcionários menos graduados os enxergam como representantes da empresa, comprometidos muito mais com os interesses corporativos do que com as necessidades dos trabalhadores.

Um caminho para diminuir a solidão seria se aproximar dos colegas do mesmo patamar hierárquico, mas esse movimento esbarra numa realidade muito conhecida no universo corporativo: a rivalidade entre gerentes. Trata-se de um fenômeno com diversas origens. Em primeiro lugar, é comum que os setores da empresa que cada gerente representa disputem os mesmos recursos internamente. Além do mais, gerentes de diferentes áreas frequentemente se tornam rivais no caminho de ascensão dentro da organização, pois atuam à beira de um funil rigoroso que só concede a alguns a oportunidade de continuar crescendo na carreira.

Essa rivalidade se torna ainda mais acirrada quando envolve disputas entre os gerentes que trabalham longe da sede da empresa e aqueles que, instalados fisicamente próximos da cúpula, têm mais oportunidades de fazer o jogo político.

Os gerentes que estão na chamada "linha de frente" são aqueles que se relacionam diretamente com os clientes e supervisionam as operações e a atuação dos funcionários nas filiais, nas fábricas, nas lojas e nos serviços de entrega.

São profissionais que, em geral, passam a maior parte do tempo circulando. Já os gerentes que ficam na sede tendem a ter uma atuação mais estratégica. Passam o dia sentados em frente a um computador, lidando com números. As tensões entre esses dois perfis são clássicas, principalmente porque os gerentes que trabalham longe do escritório central da empresa tendem a considerar que os outros são "alienados" e não sabem o que se passa na "vida real" da corporação.

Essas tensões foram ampliadas pela pandemia, concluiu a pesquisa "*Vozes presentes, mesmo à distância*", produzida pelo Workplace, ferramenta de comunicação e colaboração para empresas do Facebook. Realizado em duas fases, fevereiro e agosto, o estudo ouviu 9 mil gerentes de ambos os perfis em oito países, incluindo oitocentos no Brasil. Os resultados evidenciam o quanto os gerentes que trabalham longe da sede da empresa se sentem isolados e pouco valorizados.

O Brasil registrou a maior diferença entre as duas percepções: 58% dos gerentes de linha de frente não se sentem valorizados pela empresa (o maior índice registrado nesse item entre os oito países), enquanto a mesma sensação é relatada por apenas 17% dos gerentes que trabalham no escritório central (percentual que só não é menor que o do México, 15%). Os Estados Unidos registraram a menor diferença entre os dois perfis: 47% dos gerentes da linha de frente e 33% dos gerentes alocados nos escritórios centrais se consideram menos reconhecidos do que deveriam.

Grande parte dos problemas nasce das dificuldades de comunicação. Os gerentes da linha de frente estimam desperdiçar, em média, 7,7 horas de trabalho por semana em razão da comunicação pouco eficiente. Trata-se do tempo perdido com situações como pedidos reiterados por informações e trabalhos realizados em duplicidade.

Paradoxalmente, a crescente diversidade das ferramentas de comunicação disponíveis parece ser um obstáculo. Enquanto os gerentes estão bem mais abertos, em geral, à troca ágil e instantânea de informações por mensagens de texto ou áudio, os diretores tendem a criar obstáculos para essa comunicação mais direta e informal.

Os diretores continuam dando preferência ao e-mail corporativo, ferramenta em geral detestada pelos gerentes da linha de frente, pressionados no cotidiano pelos problemas que pipocam um atrás do outro e precisam ser rapidamente resolvidos. Assim, curiosamente, quanto mais as tecnologias de comunicação evoluem, menos efetivas se tornam aos olhos dos gerentes – 65% deles afirmaram não dispor de ferramentas de comunicação adequadas durante a pandemia.

Outro grande problema identificado é o nível de autonomia e de participação estratégica dos gerentes na linha de frente. Apenas 50% deles dizem se sentir com autonomia para tomar decisões, enquanto 57% dizem que não são regularmente consultados sobre decisões que afetam as metas do negócio. Ao menos nesse ponto houve alguma evolução por causa da pandemia. O nível percebido de autonomia cresceu um pouco no período, e o Brasil se destacou: em fevereiro, antes da pandemia, 67% dos gerentes brasileiros com atuação na linha de frente não se sentiam incentivados a tomar decisões, índice que caiu para 48% seis meses depois.

Para o vice-presidente do Facebook Workplace, Julien Codorniou, os resultados da pesquisa evidenciam que os gerentes estão em meio a uma batalha para serem ouvidos. "O caminho é priorizar uma comunicação inclusiva, produtiva e aberta a novas ideias, fazendo com que esses profissionais se sintam conectados, envolvidos e com autonomia", avalia.

81

Saiba o que é a inflamação emocional e como combatê-la

10/12/2020

As psicólogas e autoras norte-americanas Lise van Susteren e Stacey Colino cunharam um termo que sintetiza com perfeição o que estamos vivendo durante a pandemia: inflamação emocional. Trata-se da sensação de viver sob permanente tensão, ansiedade e cansaço, com dificuldade para dormir e reações emocionais à flor da pele. "É um fenômeno semelhante ao estresse pós-traumático, decorrente de simplesmente viver no mundo tumultuado de hoje", afirmam as autoras do recém-lançado livro *Emotional Inflammation: Discover Your Triggers and Reclaim Your Equilibrium During Anxious Times* (Inflamação emocional: descubra seus gatilhos e recupere seu equilíbrio em tempos de ansiedade).

Esse quadro de fadiga já vinha sendo percebido, decorrente das várias preocupações da humanidade no século XXI: violência, poluição, trânsito, estresse no trabalho, desemprego, preconceito, polarização política, perda da privacidade, *fake news* etc. "Quando começamos a nos recuperar de um gatilho ou trauma, surge outro e se torna o equivalente emocional a reabrir a ferida e reativar a inflamação", comparam as autoras.

Esse processo certamente foi agravado, e muito, pelo advento da covid-19. Um estudo da San Diego State University demonstrou que, em abril de 2020, ainda no início da pandemia, os adultos dos Estados Unidos estavam, em média, com oito vezes mais probabilidade de atender aos critérios de sofrimento mental grave do que apenas dois anos antes.

A ciência tem encontrado evidências da ligação entre o que as autoras estão chamando de inflamação emocional e um processo sistêmico associado a doenças graves, como diabetes, problemas cardíacos, acidentes vasculares cerebrais (AVCs) e alguns tipos de câncer. Um estudo com adultos que passaram uma semana submetidos a um estado elevado de raiva encontrou maior presença no sangue de interleucina-6, substância associada a inflamações crônicas de baixo grau e que parece estar relacionada também à depressão. Outra pesquisa concluiu que a proteína C reativa, que também é um elemento associado à inflamação crônica, está relacionada a transtornos de ansiedade.

E o que pode ser feito para prevenir a inflamação emocional? "O segredo é ajudar a si mesmo a se recuperar, assim como você faria se sofresse uma inflamação física após torcer o tornozelo ou machucar o joelho", propõem as autoras.

As recomendações delas são as seguintes:

Cuide das necessidades do corpo – O ponto de partida essencial é dormir bem, não apenas em quantidade de horas, mas em qualidade do sono. Contribuem para isso ações como reduzir antecipadamente as luzes artificiais e o uso de dispositivos digitais. Também é essencial manter uma alimentação saudável, exercitar-se regularmente e adotar estratégias de combate ao estresse, como meditação e yoga.

Reconheça seus sentimentos – Pergunte-se, em diversos momentos do dia: Como estou me sentindo? Que palavras descrevem meu estado de espírito? Se quiser ir além e escrever sobre os sentimentos uma vez por dia, pesquisas já demonstraram que isso pode ter efeito terapêutico, pois ajuda a reconhecer e processar as emoções.

Avalie seus pensamentos – Tente identificar os motivos de suas preocupações e reflita: Que evidências sugerem que esses pensamentos são verdadeiros? Será que você não está superdimensionando suas preocupações? A forma como você pensa, mais otimista ou mais pessimista, pode aumentar sua inflamação emocional ou ajudar a reduzi-la. É como a decisão de aplicar gelo ou calor num tornozelo torcido. O calor aumenta o fluxo sanguíneo e agrava o inchaço, enquanto o frio contribui para reduzi-lo.

Diminua sua exposição à mídia – É inevitável que receber um fluxo constante de notícias negativas acabe por abalar nosso equilíbrio emocional. Pesquisas já demonstraram que ser abastecido regularmente com informações perturbadoras contribui para aumentar o risco de sofrimento psicológico. As autoras sugerem o que chamam "dieta de mídia". Trata-se da autovigilância sobre a frequência com que consultamos as notícias e da seleção criteriosa das fontes e do tipo de informação que costumamos buscar.

Conecte-se com a natureza – Não faltam evidências científicas de que o estresse é aliviado quando estamos em meio à natureza, ou até mesmo quando apenas vemos cenas e ouvimos sons de ambientes naturais. Essa conexão pode ser obtida no dia a dia, mesmo em cidades grandes, por meio de passeios em jardins e bosques e da observação de árvores, pássaros e insetos. Olhar para a natureza nos ajuda a lembrar que fazemos parte de algo muito maior e que tudo na vida é transitório.

Torne-se agente de mudança – Quem age para tornar o mundo um lugar mais justo e humano tem maiores chances de se sentir bem. Isso pode ser feito por meio de voluntariado, de doações, de participação nos mais diversos grupos de caráter social ou da ação efetiva em prol da sustentabilidade, entre vários outros possíveis caminhos. "Em vez de simplesmente se sentir vulnerável e instável, você pode redirecionar a energia por trás de sua indignação, medo ou desespero para ajudar a mudar as condições que alimentam suas preocupações, ao mesmo tempo que encontra pessoas com ideias semelhantes para estar ao seu lado. Aproveitar essa oportunidade é o presente oculto na inflamação emocional", dizem as autoras.

82

Um desafio inesperado para o Butantan*

20/12/2020

Ao assumir a gestão do Instituto Butantan, no início de 2017, o médico e pesquisador Dimas Tadeu Covas certamente não imaginava o protagonismo que alcançaria no noticiário neste ano pandêmico de 2020. "Eu me sinto muito preparado para o desafio que estou enfrentando", afirma o médico. "É um desafio enorme, mas que não me traz nenhum tipo de temor, a não ser o de não conseguir enfrentá-lo por motivo de saúde ou alguma outra razão."

Aos 64 anos, Covas tem graduação, mestrado e doutorado em Medicina pela Universidade de São Paulo (USP), instituição da qual se tornou professor. Especializado em hematologia, ciência que estuda o sangue, ele desenvolveu pesquisas sobre biologia molecular e células-tronco. O convite para assumir o Butantan veio num momento conturbado da instituição, que estava sob suspeita de irregularidades financeiras e administrativas.

A instituição completará 120 anos em fevereiro. Foi criada em 1901 para combater um surto de peste bubônica em Santos (SP), e desde então se consolidou como referência em pesquisa científica no Brasil. Neste momento está no centro das atenções nacionais graças ao desenvolvimento da vacina contra a covid-19 – a CoronaVac, produzida em parceria com a farmacêutica chinesa Sinovac.

* Reportagem publicada no jornal *O Estado de S. Paulo*, acrescida de trechos de uma live que apresentei na mesma semana, para o MediaLab do Estadão, tendo Dimas Covas como convidado.

Professor Dimas, a primeira pergunta não poderia ser outra. O que podemos esperar de 2021? Quando os brasileiros terão a tão esperada sensação de que poderão respirar aliviados em relação à pandemia?

É uma pergunta muito oportuna, porque estamos no final de 2020 e todo mundo tem a sensação de que 2021 poderá ser melhor. Essa é uma esperança geral, mas vou dar o contraponto de que em 2021 ainda teremos um ano de luta intensa contra essa pandemia. Não há no radar o retorno ao que chamamos de vida normal, pelo menos no primeiro semestre do ano que vem.

Neste momento, estamos enfrentando o início de uma segunda onda epidêmica aqui no Brasil. Uma segunda onda que tem características até mais agressivas, ou mais explosivas, do que a primeira. Essa segunda onda nos encontra já numa situação muito difícil, de saturação em relação à pandemia, com as pessoas muito cansadas do vírus, das limitações sociais, do afastamento físico, das limitações econômicas que a pandemia trouxe.

Então, 2021 não será um ano fácil, pelo menos no início, no primeiro semestre. A novidade que nós podemos esperar é a perspectiva da vacina, ou das vacinas, de forma geral, porque serão necessárias várias vacinas para que a gente possa de fato ter um impacto no curso da pandemia. Essa é uma perspectiva neste momento muito próxima de acontecer.

Começaremos no início do ano uma campanha de vacinação. Ainda não temos a dimensão de qual será essa campanha, porque o próprio Ministério da Saúde ainda está definindo qual será o tamanho dessa campanha. Isso depende da disponibilidade de vacinas, depende de uma série de outros fatores que neste momento ainda não estão colocados. Aqui no Butantan estamos trabalhando no desenvolvimento de uma vacina, que já está numa fase adiantada.

Esperamos que essa vacina possa ser usada no início do próximo ano. Há algumas questões a resolver, como a questão do registro, da autorização para uso dessa vacina. Estamos em meio a esse processo. Somos relativamente otimistas, mas isso somente poderá acontecer de forma efetiva lá pelo final de janeiro, para a disponibilização dessa vacina.

Como aconteceu a aproximação do Butantan com o laboratório chinês Sinovac para a produção da vacina CoronaVac?

O Butantan participa da comunidade internacional de fabricantes de vacinas, estamos muito integrados a essa comunidade. Há uma associação mundial, com mais de quarenta produtores localizados nos países em desenvolvimento. O Butantan ocupava a vice-presidência dessa associação até o ano passado, então conhecíamos todos os laboratórios participantes, além de mantermos relações com as grandes companhias farmacêuticas do mundo. Temos parcerias com várias delas.

Já conhecíamos o laboratório Sinovac. Eu tinha ido à China e conhecido as instalações, da mesma forma que o pessoal da Sinovac já tinha vindo aqui para conhecer o Butantan. Estávamos nos aproximando com o objetivo de estabelecer parcerias. Quando veio a pandemia, fizemos uma prospecção de possíveis parcerias e chegamos à conclusão de que a associação com a Sinovac seria a melhor alternativa para o Butantan, assim como eles chegaram à mesma conclusão, por uma série de características.

A principal era a plataforma tecnológica para a produção da vacina, que o Butantan já conhecia. Com a vacina pronta desde o primeiro semestre deste ano, poderia entrar rapidamente em estudo clínico. O Butantan está fazendo a parte clínica de desenvolvimento dessa vacina, uma contribuição importantíssima. Não foi, portanto, uma relação comercial, mas uma relação de codesenvolvimento da vacina, de uma forma que foi benéfica às duas instituições. O Butantan vai ter acesso mais rápido a essa tecnologia e a Sinovac pôde ter a sua vacina testada aqui no Brasil de forma muito rápida. É uma típica associação ganha-ganha para todos os lados.

O Butantan completa 120 anos de história em fevereiro, e, naturalmente, não é toda instituição que tem uma trajetória tão longa. Isso faz com que o Butantan tenha combatido a chamada gripe espanhola, em 1918, e agora está na linha de frente também do combate à covid-19. Quais são os paralelos e as diferenças entre aquela pandemia e a atual?

Naquela pandemia, sabia-se quase nada sobre o vírus, a biologia do vírus, a ciência era pouco desenvolvida. Os tratamentos disponíveis eram precários. Então, a elevada mortalidade – tivemos pelo menos 50 milhões de óbitos no mundo, numa estimativa conservadora – decorreu principalmente dessas duas características.

Mas a epidemia de gripe espanhola nos ensinou muita coisa que aplicamos hoje. Temos visto, por exemplo, reportagens mostrando que as pessoas já usaram máscaras naquela ocasião. Percebeu-se que o uso da máscara e que medidas higiênicas e de afastamento de aglomerações, tomadas em algumas cidades dos Estados Unidos, resultaram na redução dos casos e, em consequência, numa menor taxa de mortalidade. É claro que o nosso nível de conhecimento hoje é muito maior, assim como as possibilidades de tratamento médico, mas o desafio continua sendo o mesmo.

Precisamos estar preparados para eventos epidêmicos, porque fatalmente eles virão. Isso tem sido falado há muitos anos, que o mundo enfrentaria grandes epidemias. Inclusive tem uma palestra famosa do Bill Gates, que, quatro ou cinco anos atrás, alertava o mundo sobre a proximidade de um grande evento desse tipo, que afetaria profundamente a vida de todos nós, como de fato aconteceu.

Mesmo com a perspectiva de vacinação, é preciso continuar com todos os cuidados de afastamento social e de higienização?

Essa segunda onda está chegando num momento em que essas medidas de afastamento social, até a questão do uso da máscara, a questão da pressão psicológica em cima das pessoas, têm diminuído. É o que temos observado. Basta percorrer as ruas da cidade para perceber isso. Se há uma maior movimentação das pessoas, e um desleixo em relação ao vírus, esse é um ambiente favorável à infecção, já que o vírus anda junto com as pessoas. À medida que as pessoas se aglomeram, frequentam locais com grande concentração de pessoas, sejam ruas de comércio popular, sejam eventos sociais, sejam praias, como temos visto neste final de ano, tudo isso joga a favor do vírus.

Estamos tendo no Brasil quase mil casos de óbitos por dia, que é um número que não aparecia desde junho, julho. Ou seja: a epidemia de fato está aumentando, e as medidas de precaução são fundamentais. E devem continuar mesmo com a vacinação. As vacinas que estão sendo cogitadas neste momento apresentam o que nós chamamos de eficácia contra a doença. Ou seja, o indivíduo vacinado estará mais protegido em relação às manifestações clínicas. Tem maior chance de pegar o vírus e não ter as complicações da doença.

Ainda não temos elementos – dado o curto espaço de tempo, inclusive – para saber qual será o efeito da vacina na transmissão do vírus. Não sabemos se as vacinas serão capazes não só de prevenir a doença como também de interferir na transmissão do vírus. E esse é um ponto importante: enquanto não tivermos esses dados, a única arma das quais vamos dispor são as medidas de afastamento físico, de evitar aglomerações, as medidas de higiene e o uso da máscara, que é importantíssimo.

Temos ainda muitas perguntas e poucas respostas, e essas respostas vão aparecer à medida que o tempo vai correndo. Não há como, nesse momento, prever quais serão essas respostas. Portanto, teremos que conviver com esse vírus, aprender a conviver com ele, no sentido de dar a maior proteção possível às pessoas.

Que aspectos o senhor destacaria da sua gestão no Butantan, iniciada em 2017?

Chegamos ao Instituto em meio a uma crise institucional, cuja principal característica era a falta de identidade. Tratava-se de uma instituição centenária, com multiplicidade de ações, mas que não tinha uma identidade claramente definida. Não sabia se era um instituto de pesquisa, se era uma indústria, se era uma fábrica, se era uma unidade de ensino ou de cultura. O principal desafio foi definir essa identidade.

O Instituto Butantan é um produtor de biofarmacêuticos e é nessa área que ele tem que se aperfeiçoar. A pesquisa, o desenvolvimento, o licenciamento são acessórios a essa atividade principal. Queremos ser um dos maiores produtores de vacinas do mundo e estamos trabalhando fortemente nesse sentido, tanto com as vacinas que já existem quanto com as novas vacinas, como essa que estamos desenvolvendo para a covid-19.

No ano passado e começo deste ano produzimos, só de vacina da gripe, 80 milhões de doses. Um em cada três brasileiros recebeu uma vacina da gripe feita pelo Butantan. Isso dá uma dimensão do que é o Instituto hoje. Cem por cento dos soros usados no Brasil são feitos aqui. O Butantan produz e distribui para todo o país o soro contra o veneno de cobras, de escorpiões, de aranhas, e várias outras toxinas. E tem outras vacinas, importantes, como a da raiva humana, da hepatite A, da hepatite B, do HPV. Claro que por trás de tudo isso existem a pesquisa e outras vacinas em desenvolvimento, como é o caso do coronavírus e da vacina para a dengue.

Quais as perspectivas para o Butantan na década que está começando?

O Butantan buscará cada vez mais a sua integração internacional. Num primeiro momento, com as vacinas que já tem, como a da influenza, da qual é o maior produtor do hemisfério sul e pretende ampliar para o hemisfério norte. Outro exemplo é a vacina da dengue [ainda em desenvolvimento], em que temos um acordo com a farmacêutica norte-americana Merck Sharp & Dohme para torná-la mundial, com distribuição em todos os países.

Temos o planejamento de novas fábricas, que aumentarão o nosso portfólio. Entraremos em outras áreas, como a produção de anticorpos monoclonais. Temos uma fábrica pronta para isso, o que permitirá brevemente a disponibilização de produtos de alta tecnologia, como os produtos monoclonais contra o câncer e com aplicação também na terapia celular avançada.

Em 2019 fizemos grandes investimentos em infraestrutura. Praticamente construímos duas novas fábricas. Em 2020 esse processo de modernização do nosso parque fabril continuou, no sentido de apontar para um futuro em que o Butantan possa ser, de fato, um dos *players* mundiais na área de vacinas e de soros.

Quais são as fontes de renda do Instituto Butantan?

Todas as atividades do Instituto são provenientes de ressarcimento pelo Ministério da Saúde. O Butantan tem desde muitas décadas essa ligação com o Ministério, e todos os produtos que neste momento o Butantan produz são remetidos ao Ministério, que faz o seu ressarcimento. Portanto, a fonte de receita principal é o Ministério da Saúde.

Outros aportes decorrem de licenciamento de patentes ou licenciamento de produtos, como no caso da vacina da dengue. Há também projetos de pesquisa relacionados ao desenvolvimento de novos produtos e de novas plataformas, além de eventuais doações. Recebemos muitas doações para a construção da nova fábrica.

O senhor acredita que a ciência brasileira sairá fortalecida da pandemia?

O desafio deste momento tem sido reforçado, no mundo todo, pelo papel que a ciência desempenhou e que vem desempenhando no desenvolvimento de novos tratamentos e de novas pesquisas. As instituições brasileiras que atuam nessa área estão mostrando o seu valor. O Butantan, como instituição de primeira linha nessa área, tem dado sua contribuição e sairá dessa pandemia mais uma vez como exemplo para o país e para o mundo.

Com uma longa trajetória como pesquisador e gestor, o senhor imaginou em algum momento que estaria numa posição que desperta tanto interesse público como nas circunstâncias atuais?

É uma situação de crise, que exige que as pessoas produzam o melhor que elas têm para tentar trabalhar e debelar essa crise. É o que tenho feito: usado toda a minha experiência acumulada, de gestor, de cientista, de desenvolvedor de tecnologias, que são experiências muito adequadas para o atual momento.

Então eu entendo esse desafio como um desafio enorme, mas que não me traz nenhum tipo de temor, a não ser o de não conseguir enfrentá-lo por motivo de saúde ou alguma outra razão. Eu me sinto muito preparado e tenho trabalhado incansavelmente para ajudar o nosso país, o nosso estado, neste momento tão crítico da vida nacional.

Como está o sono?

O sono mudou totalmente durante a pandemia. O que posso dizer é que durmo muito pouco e durmo muito mal. Mas isso não impede que eu trabalhe muito e incansavelmente. O que me motiva é a situação de crise e o quanto eu posso contribuir para superá-la.

Como um cientista lida com os aspectos políticos em torno das discussões num momento tão delicado como este? É preciso ser tão político quanto os políticos? Aliás, disputar cargos eletivos é algo que está no seu horizonte?

De forma alguma. Eu não sou político e não tenho pretensões políticas. Tenho algumas qualidades que até não são adaptadas ao mundo político. Sou uma pessoa muito sincera, que fala o que pensa com grande facilidade, e muitas vezes esse não é o melhor cenário para os políticos de carreira. Participo da agenda política como um gestor de saúde pública, e nesse sentido é que tenho emitido tanto as opiniões pessoais como as relacionadas ao Instituto Butantan.

Oportunidades de falar com o público, como esta, são muito importantes. Estamos vivendo algumas epidemias – não só a do coronavírus, mas também a epidemia da desinformação. É também uma epidemia muito perigosa, porque contribui para reduzir a eficácia do combate ao vírus. A desinformação é uma aliada do vírus e, sendo assim, é uma inimiga da humanidade.

83

Não sabe o que dar de presente? Veja dicas de experiências para oferecer no Natal

21/12/2020

O Natal está se aproximando e você ainda não providenciou todos os presentes que gostaria? Bateu aquela insegurança em relação ao prazo de entrega de encomendas enviadas pelo correio ou transportadoras? Há uma boa saída: presentear as pessoas queridas com experiências desfrutadas virtualmente, sem sair de casa, com toda a segurança que o momento pede. Selecionamos algumas ideias:

Viagem virtual

O fotógrafo Alexandre Disaro aproveitou as circunstâncias da pandemia para criar um negócio, o Viajar de Casa (*viajardecasa.com*). A ideia é simples: por R$ 150, o "viajante" compra um lugar num passeio virtual conduzido ao vivo por alguém que está em alguma parte interessante do mundo. Na maior parte dos casos o anfitrião é brasileiro, para facilitar a comunicação e evitar a necessidade de tradução – quando há intérprete, o valor sobe para R$ 200. "Um dos objetivos do projeto é gerar renda para profissionais do turismo que foram afetados pela pandemia", diz Alexandre.

A experiência dura até três horas. No cardápio, que no momento tem 31 roteiros em oito países, há destinos clássicos, como Paris, Roma e Florença, e outros bem mais inusitados, como uma comunidade iacute da Sibéria e uma família produtora de um tecido típico do Uzbequistão. Desde maio, quando a primeira viagem virtual foi realizada, já foram 45 turmas, compostas em média de vinte pessoas – que podem interagir com o anfitrião durante o passeio, por áudio ou via chat. Neste ano ainda há grupos para Roma (com temática natalina), Moscou e Katmandu, a capital do Nepal.

Cursos divertidos

Com a necessidade de ficar em casa, muita gente recorreu aos cursos online para buscar aprimoramento profissional ao longo do ano. O Natal é perfeito para ajudar as pessoas queridas a encontrar mais prazer e diversão nesse tipo de experiência.

A plataforma *Udemy.com* oferece uma grande variedade de opções nessa linha, a maior parte delas por menos de R$ 50. Tem uma irmã que vive cantando no chuveiro, mas nunca estudou canto? Há o curso de treino vocal. Um sobrinho que adora doces? Que tal presenteá-lo com um curso sobre preparo de cookies? E para aquela amiga mística, um curso de leitura de tarô pode ser o presente perfeito.

Alternativas divertidas também podem ser encontradas na plataforma *Domestika.org*. Alguns dos cursos mais vendidos são o de colagem com o artista Hanoch Piven (R$ 43), o de desenho com o título "Transforme seus rabiscos em arte" (R$ 55) e o "Crie roupas com apenas uma agulha", que ensina princípios e técnicas do crochê (R$ 55).

Experiências culturais

O teatro online se tornou uma alternativa em tempos de isolamento social. A plataforma Sympla oferece uma série de peças em cartaz, várias delas tendo a pandemia como tema. A peça *Terminal Só – Solos em confinamento* reúne 24 atrizes e atores que apresentam crônicas que criaram durante o isolamento em suas casas. Ao custo de R$ 50, o espetáculo é dividido em quatro estações de uma hora cada.

Há também espetáculos desenvolvidos especialmente para celebrar o Natal. No dia 25, o ator e diretor Eduardo Wotzik apresenta uma versão natalina de sua peça *Missa para Clarice*, que lembra o centenário da escritora Clarice Lispector. Ele selecionou trechos da obra de Clarice que falam de Deus, do sagrado e do sentido da vida.

Outra opção interessante, mais intimista, é oferecida pelo publicitário, ator e dramaturgo pernambucano Cleyton Cabral. Ele criou o projeto Fibra Ótica, uma "experiência lítero-afetiva" em que improvisa uma performance exclusiva durante chamada de vídeo pelo WhatsApp, para uma ou duas pessoas, ao custo de R$ 50 por pessoa.

Antes de agendar a chamada, ele pede à pessoa que escolha três palavras, um disco da lista de 140 que ele tem em casa e três títulos do diário pessoal do isolamento social que ele vem escrevendo durante a pandemia. Essas escolhas funcionam como pontos de partida para a performance – na qual, durante cerca de meia hora, Cleyton conduz o visitante virtual pelo seu universo criativo. "Trata-se acima de tudo de compartilhar emoções, algo que ganha ainda mais significado neste momento de esperança em relação ao ano que vem chegando", ele diz. O contato pode ser feito pelo perfil do artista no Instagram, @cleytoncabral.

Para simplesmente relaxar

O ano foi difícil e relaxar é fundamental para esperar 2021. A plataforma *Namu.com.br* oferece cursos virtuais relacionados a qualidade de vida, com preços em torno de R$ 200 na maior parte dos casos. Entre os mais procurados estão os cursos de meditação *mindfulness* e yoga, voltados tanto a iniciantes quanto a praticantes mais experientes. Há também títulos como "Volta ao mundo com a culinária vegetariana", "*Ballet blend*: balé como exercício físico" e "Pilates terapêutico: alongamento, fortalecimento e postura".

84

Saudade de bater perna? Veja lista de passeios virtuais e mude sua paisagem mental

30/12/2020

Sair de casa despreocupadamente para viagens e passeios culturais é uma das sensações que mais fazem falta para quem está levando a sério a necessidade de afastamento social durante a pandemia. Especialmente agora, no período de fim de ano e férias de verão, tradicionalmente dedicado a esse tipo de programa.

Os passeios virtuais ainda não são tão ricos e fascinantes quanto as experiências presenciais, mas é possível encontrar boas alternativas sem sair da segurança do lar. Preparamos um guia com algumas sugestões que podem amenizar um pouco a saudade de passear por aí.

Grafites de São Paulo

O Museu de Arte de Rua (MAR) criou um tour virtual com visão 360 graus de quarenta murais espalhados pela cidade de São Paulo, dos quais doze têm como tema a pandemia de covid-19. Para visitar presencialmente todas essas obras, seria preciso percorrer 110 quilômetros. As imagens foram coletadas durante três meses com a utilização de drones e câmeras de alta resolução. E o projeto ganhou trilha sonora exclusiva, assinada pelo produtor musical Tejo Damasceno, que já trabalhou com nomes como Nação Zumbi e Racionais MCs.

Google Earth

Faça a viagem que quiser com esse recurso fantástico oferecido pelo Google. Comece pelo local onde você está e simplesmente voe para qualquer lugar do planeta. Relembre viagens que já fez ou conheça novos lugares. Com a utilização combinada do Google Street View, é possível ter a sensação de estar caminhando pelas ruas. A plataforma oferece também uma série de passeios guiados temáticos, a exemplo de "gelo e neve vistos do espaço", ou em lugares específicos, como o Jardim de Luxemburgo, em Paris.

Arte e cultura

Esta outra ferramenta incrível do Google oferece um manancial de experiências virtuais relacionadas à arte e à História. Entre uma infinidade de possibilidades, pode-se passear por museus como a National Gallery de Londres ou pesquisar quadros, dos mais diversos artistas e estilos, que tenham predominância da sua cor predileta. Há também jogos como o "O que vem primeiro", em que duas obras de arte, invenções ou celebridades são colocadas lado a lado e você tenta adivinhar qual é a mais antiga.

Aquário em casa

Esse as crianças vão adorar. O Georgia Aquarium, um grande aquário dos Estados Unidos, mantém câmeras mostrando o cotidiano de algumas de suas estrelas, como tubarões, arraias, piranhas, leões-marinhos, pinguins e belugas.

Voo 360 graus

Com uma série de vídeos aéreos de vários lugares do planeta (inclusive do Brasil), o site oferece a experiência 360 graus – ou seja, a possibilidade de voltar o olhar para qualquer direção enquanto o vídeo está rolando.

Câmeras ao vivo

O mundo está repleto de câmeras que permanecem mostrando um determinado local 24 horas por dia. Este link traz uma seleção de 25 câmeras que mostram em tempo real ambientes inusitados, muitos deles ligados à vida animal, a exemplo de uma colônia de formigas, uma cidade de corais, um panda na China e um hotel de hamsters.

Brasil na tela

A plataforma oferece um índice com mais de 120 passeios virtuais por atrações turísticas brasileiras. Há cidades (Ouro Preto, Rio, Paraty e Brasília), belezas naturais (Lençóis Maranhenses, Cataratas do Iguaçu), centros culturais (Instituto

Moreira Salles, Farol Santander, Inhotim) e museus sobre temas variados (da Língua Portuguesa, dos Transportes, da Arte Índigena).

Voltinha na Lua

A tecnologia permite viajar também para fora do nosso planeta. A Nasa oferece um fascinante tour pela Lua, mostrando detalhes da superfície – inclusive a marca do pouso da *Apollo 11*, em 1969, e os rastros deixados pelos astronautas pioneiros. O passeio pela Lua pode ser apenas a porta de entrada para explorar vários outros recursos interessantes do site da Nasa.

85

Um ano *blur*: por que a pandemia tirou o colorido de 2020

31/12/2020

Estamos na época que costumava ser a mais colorida do ano, no sentido tanto literal quanto figurado. Colorida pelas luzes de Natal e pela alegria das reuniões familiares, das confraternizações do trabalho, das viagens, das férias. Muito do colorido da vida perdeu a intensidade neste ano de 2020, entretanto. E quem está levando a sério a proteção contra a covid-19 terá que manter o sacrifício nesta virada de ano para preservar a própria saúde e a das pessoas queridas.

Pelas amostras que já vemos nas ruas e nas redes sociais, será preciso também lidar com um sentimento de indignação, já que muitas pessoas estão vivendo este período como se não houvesse amanhã – mesmo com os alertas dos epidemiologistas sobre as consequências trágicas que essa atitude poderá trazer às famílias brasileiras.

Relatórios de mobilidade produzidos pelo Google a partir do acompanhamento dos celulares mostram claramente o quanto o Brasil tem sido mais negligente em relação aos cuidados contra a contaminação. Na primeira semana de dezembro, o movimento em estabelecimentos de varejo e lazer do país ficou apenas 13% abaixo do valor de referência, composto de uma média de cinco semanas anteriores à chegada da pandemia. Os números dos outros países indicam um nível bem maior de prevenção: Estados Unidos (-21%), Alemanha (-26%), Índia (-28%), Itália (-29%), Chile (-31%), Argentina (-32%), Espanha (-33%) e França (-34%).

Não por acaso, o ano tem sido definido com termos que remetem à ausência de cor, de brilho e de nitidez. Para transmitir essa ideia, o jornal *The New York Times* recorreu à palavra *blur*, que significa "borrão" – bem conhecida de quem usa filtros para fotos nas redes sociais. "No futuro, quando eu pensar sobre este período da pandemia, acho que a principal lembrança será mesmo a sensação de que a vida ficou menos colorida", concorda o funcionário público Rafael Ribeiro Alves Jr., 35 anos, analista do Tribunal Regional Federal (TRF) da 4ª Região, em Porto Alegre.

O aspecto que mais contribui para essa sensação, diz Rafael, é a impossibilidade de encontros presenciais, desde aqueles que envolvem datas festivas até os mais corriqueiros, como viajar ou relaxar com os amigos. "Faz muita falta sair na sexta à noite para celebrar a vida depois de uma semana de trabalho. Adoro aquele *frisson* de ver o movimento, de conhecer gente nova. Acho que a gente nem tinha noção de quanto essa liberdade é importante." O afastamento forçado de eventos culturais também tem um forte impacto, já que ir a shows, peças teatrais, museus, lançamentos de livros ou estádios de futebol, entre várias outras possibilidades, sempre foi uma forma de recarregar o colorido da vida.

A queda das fronteiras claras entre vida pessoal e profissional, entre trabalho e lazer, contribui para a sensação de que tudo ficou difuso, misturado. E potencializou a "fadiga pandêmica", que vem sendo estudada como um novo tipo de cansaço decorrente das circunstâncias em torno da covid-19 – não se trata de algo propriamente mental ou físico, e sim de uma mistura imprecisa dos dois.

O psiquiatra Francisco Baptista lembra que uma das piores sensações emocionais é a espera impotente – ou seja, ser obrigado a simplesmente aguardar, sem a possibilidade de agir efetivamente para mudar uma situação que provoca angústia. "Quem já ficou horas num hospital à espera de notícias de uma pessoa querida sabe bem como é essa sensação", ele exemplifica.

Mesmo com as boas notícias relacionadas ao desenvolvimento das vacinas, não sabemos ainda por quanto tempo teremos que lidar com o receio de contaminação pela covid-19. Tudo o que podemos fazer, ao colocar a cabeça no travesseiro, é pensar que foi um dia a menos para a chegada desse momento tão esperado.

Enquanto isso, a vida parece estar suspensa. Ao mesmo tempo que cada dia passa voando em meio a tantas atribuições, o ano está demorando uma eternidade para terminar. Basta lembrar alguns acontecimentos de janeiro e fevereiro para ter a sensação de que ocorreram há mais tempo: a morte do astro do basquete Kobe Bryant num acidente de helicóptero e a vitória no Oscar do filme sul-coreano *Parasita*.

Rafael diz que a escassez dos momentos de respiro ao longo da pandemia acabou dando um espaço maior para aspectos negativos. "Antes podíamos até estar incomodados com a política, por exemplo, mas tínhamos válvulas de escape no cotidiano para lidar com isso. Agora a indignação e a sensação de impotência parecem maiores."

Junto com a pandemia, há a crise política, os problemas econômicos, a crise ambiental, os episódios de racismo. Isso pode explicar, em parte, a indiferença que muitos jovens brasileiros têm demonstrado em relação à própria saúde e à saúde dos familiares: uma tentativa de recuperar o colorido perdido, fingindo simplesmente que nada está acontecendo.

86

Como sobreviver a um mundo cada vez mais frágil, ansioso, não linear e incompreensível

01/01/2021

Criado no final da década de 1980, o acrônimo VUCA ganhou popularidade como uma forma de sintetizar o mundo que aguardava pela chegada do século XXI. A palavra é composta das iniciais em inglês de volátil, incerto, complexo e ambíguo. Nascido no meio militar, o conceito foi adotado pelo mundo dos negócios e se tornou uma citação frequente em livros de gestão e artigos de CEOs. A ideia era utilizá-lo como referência para tentar estabelecer alguma ordem ao caos e algum grau de previsibilidade mesmo diante de uma série de fatores sobre os quais ninguém consegue ter controle.

Os contornos absurdos do mundo atual tornaram a sigla VUCA quase ingênua, entretanto. Nossa vida está bem mais caótica do que há três décadas, não só devido à pandemia de covid-19 (o que já seria mais que suficiente para a sensação de caos), mas também pelas instabilidades políticas, as turbulências decorrentes do avanço rápido da tecnologia e o agravamento de problemas ambientais e sociais, a exemplo do desemprego e do racismo.

Todos os sistemas estão mudando drástica e rapidamente – o comércio, o consumo, o trabalho, a circulação de informações, as relações pessoais. A capacidade de interpretar e lidar com novas circunstâncias, muitas delas totalmente imprevistas, nunca foi tão necessária.

Ao considerar que o conceito VUCA se tornou definitivamente obsoleto neste 2020, o futurologista norte-americano Jamais Cascio, cuja trajetória como pesquisador mistura Tecnologia com Antropologia e História, propôs a adoção de uma nova sigla para definir o mundo que está emergindo: BANI, palavra compostas das iniciais em inglês de frágil, ansioso, não linear e incompreensível.

"É uma estrutura para articular as situações cada vez mais comuns em que a simples volatilidade ou complexidade são lentes insuficientes para entender o que está acontecendo", explicou Cascio no artigo em que apresentou a ideia. "Situações em que as condições não são simplesmente instáveis, e sim caóticas. Nas quais os resultados não são simplesmente difíceis de prever, são completamente imprevisíveis."

Para entender melhor o que Cascio quis dizer com cada uma das letras da sigla, comecemos pela primeira: B, de brittle (frágil). É uma referência à suscetibilidade de todos nós, pessoas, empresas e governos, diante de situações inesperadas e potencialmente catastróficas, como a pandemia de covid-19. Num mundo BANI, observa Cascio, um sistema frágil pode parecer que está firme e sólido mesmo quando está à beira do colapso.

Um exemplo dessa lógica seria o de uma determinada cultura agrícola que bate recorde de produtividade numa safra e na seguinte é dizimada por uma praga. Ninguém veria essa cultura como frágil até surgir a praga – assim como, até recentemente, ninguém veria a humanidade sendo inteiramente submetida a uma pandemia ou a democracia ser considerada um sistema sob risco em várias partes do mundo.

É justamente essa sensação de fragilidade – agravada pelas mudanças climáticas, pela perspectiva de escassez de água e dificuldades de produção de comida para todos – que remete ao "A" da sigla BANI. O mundo está cada vez mais ansioso. "Em um mundo ansioso, toda escolha parece ser potencialmente desastrosa", diz Cascio. Trata-se de um sentimento intimamente ligado à depressão e ao medo, alimentado pela espera tensa e a certeza de que logo chegará uma nova má notícia. Não por acaso, a pandemia em curso não é apenas de covid-19: será também de problemas mentais, impulsionados pela ansiedade.

Já o "N" da sigla é uma menção a "não linear". "Em um mundo não linear, causa e efeito são aparentemente desconectados ou desproporcionais", descreve Cascio. A própria origem especulada para a covid-19 é um exemplo de como pequenas decisões podem resultar em consequências enormes. Por causa da ação de uma única pessoa, que teria interferido na vida selvagem dos seus arredores, a vida de todos os 7,8 bilhões de habitantes do planeta foi profundamente atingida. Ao mesmo tempo, a ação daquela única pessoa não pode ser creditada apenas a ela, pois resulta de um sistema muito mais amplo. Sob esse prisma, a pandemia de 2020 pode ser vista como um alerta para mudarmos de rumo, como humanidade, enquanto ainda há tempo.

Por fim, chegamos ao "I" de incompreensível. Isso diz respeito à falta de sentido que temos visto em muitas ações e eventos. Um exemplo neste exato momento é o absoluto descuido que muitos brasileiros estão tendo em relação à pandemia, mesmo com os números demonstrando claramente a necessidade de isolamento social. Espantosamente, a facilidade de acesso a informações parece prejudicar a compreensão do mundo. O efeito tem sido o inverso: ainda mais confusão e descrédito em relação à ciência e às fontes até então consideradas confiáveis.

Projeta-se que a evolução da Inteligência Artificial tende a ampliar cada vez mais a nossa sensação de que o mundo está se tornando incompreensível. Afinal, como poderemos entender o resultado de uma análise que leva em conta milhões de fatores em uma fração de segundo? Ao mesmo tempo, como poderemos confiar plenamente que não ocorrerão bugs, falhas e manipulações? Os algoritmos ganharão, cada vez mais, vida própria – uma teia de informações e de interpretações sobre a qual nem mesmo os programadores terão controle e plena compreensão. "À medida que a Inteligência Artificial se torna mais integrada a nossas vidas diárias, temos que prestar muita atenção às maneiras pelas quais algoritmos complexos podem levar a resultados racistas, sexistas e outros tendenciosos", adverte Cascio.

Para o futurólogo, não estamos falando de um cenário temporário de caos. Trata-se do novo normal. "Passamos da água ao vapor", ele afirma. Ainda assim, Cascio não gosta de parecer pessimista, por um motivo bem prático: sobrevivência. "O perigo desse impulso é que ele pode facilmente se tornar um gatilho para a rendição, um turbilhão para o desespero."

Cascio diz que a estratégia para encarar o mundo nesta década que está começando é buscar respostas na própria sigla BANI: resiliência para enfrentar a fragilidade, empatia contra a ansiedade, flexibilidade para lidar com a não linearidade, transparência e intuição para encarar a inevitável incompreensibilidade que muitas vezes sentimos diante da raça humana.

87

No mercado de trabalho pós-pandemia, capacidade de adaptação será atributo valorizado

07/01/2021

"Nada do que foi será de novo do jeito que já foi um dia", lembrou Lulu Santos na canção "Como uma onda", na década de 1980. Ou, como já dizia o filósofo Heráclito quinhentos anos antes de Cristo, o único aspecto permanente e totalmente previsível do universo são as mudanças constantes.

Em 2020, nenhum atributo foi mais necessário do que a capacidade de adaptação. É algo que certamente já vinha sendo importante, mas se tornou vital em razão das consequências pessoais e profissionais da pandemia. No novo ano, não será diferente. Um estudo global da Salesforce, empresa especializada em relacionamento com os consumidores, ouviu 20 mil profissionais em dez países – incluindo o Brasil – e concluiu que adaptabilidade será a característica mais importante nos próximos seis meses. Foi citada por 95% dos entrevistados, à frente de colaboração (92%), resiliência (também 92%) e criatividade (91%).

O que estamos vivendo durante a pandemia é, no entanto, uma adaptação forçada, provocada por motivos externos. Um conceito que vem ganhando força quando se fala em adaptabilidade é o da Adaptação Intencional – ou seja, a decisão de agir constantemente para se antecipar às inevitáveis mudanças e aceitá-las com menos resistência.

A velocidade das transformações exige, de fato, uma nova forma de lidar com um mundo cada vez mais complexo e incerto. Mercado de trabalho, hábitos de consumo, mobilidade, fontes de informação, formas de estudo, possibilidades de comunicação, tudo estará consideravelmente transformado dentro de cinco anos. Quem não for se adaptando aos novos cenários e contextos simplesmente ficará para trás.

"A Adaptação Intencional é algo que vem de dentro para fora", diz Jean Philippe Rosier, sócio e diretor da Perestroika, escola de metodologias criativas. O conceito ganhou força internamente, entre os gestores da escola, quando ela própria precisou reavaliar suas estratégias diante das mudanças impostas pela pandemia. E acabou gerando um curso online, o "Salve, Darwin", que explora a intencionalidade da adaptação em diversos campos da vida pessoal e profissional.

Jean diz que os princípios da Adaptação Intencional podem ser libertadores, funcionando como um grande desbloqueio na busca por novos caminhos. Um desses princípios, ele diz, é aceitar que não estamos no controle e que não temos a resposta certa para tudo. "Fomos educados desde a escola para ter as respostas certas. Agora é preciso praticar o inverso, aceitar o não saber", ele compara.

É uma atitude que tem a ver com aceitar as próprias fraquezas e vulnerabilidades – o que não significa, de forma alguma, entregar-se às lamentações. "Nos primeiros meses da pandemia, ouvi muita gente dizendo que não conseguia trabalhar em home office, que era impossível se concentrar", descreve Jean. "Mas, se não havia opção, o único caminho era abandonar a lamentação e agir para melhorar ao máximo a experiência."

Adaptar-se significa, em grande parte, deixar de resistir ao que é inevitável ou àquilo que já aconteceu, interpretando esses fatos com o máximo de positividade. No caso de uma demissão, por exemplo, os princípios da Adaptação Intencional ajudam a pessoa a não ser pega de surpresa – entender antecipadamente o cenário, interpretar os dados e ir desenvolvendo planos alternativos.

Diante do fato consumado, de nada adiantará ficar lamentando. É preciso direcionar o foco às múltiplas possibilidades que se abrem a partir da nova realidade. "Em vez de ficarmos orgulhosos da nossa resiliência diante da adaptação forçada, o importante é que sejamos agentes da transformação", resume Jean.

A necessidade de adaptação é universal e vale para todos os tipos de atividades. De contadores a músicos, é preciso estar aberto a novas tecnologias, a diferentes formas de realizar o trabalho, a parcerias que podem ser enriquecedoras. Nada pode ser mais ameaçador à sobrevivência de um profissional ou de um negócio do que a sentença "sempre fiz desse jeito e assim continuarei fazendo".

A capacidade de adaptação vem se tornando tão relevante que muitos gestores já trabalham com o conceito de Quociente de Adaptabilidade (QA) em processos de contratação ou como critério de promoção. É uma terceira dimensão, que se junta ao Quociente de Inteligência (QI) e ao Quociente Emocional (QE), para avaliar profissionais de forma abrangente.

O Quociente de Adaptabilidade envolve a capacidade de buscar informações, captar as mudanças em andamento e absorver o que é relevante. Algumas virtudes estão diretamente relacionadas a essa capacidade, como a curiosidade e, é claro, a flexibilidade. "O QA pode ser testado, medido e aprimorado", diz a investidora de risco norte-americana Natalie Fratto, que se tornou referência no tema no ano passado, depois de uma palestra no TED.

A investidora comparou a adaptabilidade a um músculo que precisa ser treinado e citou o exemplo de um inventor que preparou sua bicicleta para virar para o lado oposto daquele para o qual o guidão era direcionado. "Ele precisou de oito meses de prática diária para, enfim, acostumar-se plenamente à nova realidade."

Na palestra, Natalie contou que se reunia com dezenas de fundadores de startups por mês, todos à procura de dinheiro para os seus negócios. Diante da necessidade de determinar rapidamente quem tinha o potencial de fazer algo realmente grande, ela criou critérios próprios, que diferem daqueles normalmente adotados nessas circunstâncias, como a instituição de ensino onde a pessoa estudou, as empresas pelas quais passou, ter um QI alto ou demonstrar capacidade para formar e liderar equipes. "Procuro sinais de uma característica específica: a adaptabilidade. O quanto a pessoa reage bem à inevitabilidade da mudança", explicou Natalie. Ela revelou quais são as três estratégias que utiliza para investigar o tema – que podem ser também três exercícios para quem quer desenvolver o próprio QA.

A primeira é fazer perguntas do tipo "e se?", considerando que a prática de simulações é um laboratório natural para mensurar e aprimorar a adaptabilidade. "E se a sua principal fonte de receita se esgotasse de repente?" era uma das perguntas que Natalie já costumava fazer aos empreendedores antes mesmo da pandemia.

A segunda estratégia é procurar indícios de "desaprendizagem" – ou seja, a disposição para substituir informações e conceitos antigos. "Mais ou menos como um computador executando uma limpeza de disco", diz a investidora, que compara essa forma de agir à de quem mantém uma mentalidade de principiante diante do mundo, por mais experiente que seja.

O terceiro ponto é investigar, tanto na vida pessoal quanto nos negócios, o nível de contato com pessoas e instituições que inspiram a investigação e a análise do mundo sob novos pontos de vista. "Investigação é um estado de busca constante, que significa nunca se apaixonar demais pelas vitórias e continuar procurando sempre o que pode derrotá-lo em seguida", define a investidora.

A adaptabilidade na prática

Algumas mudanças que deverão se consolidar ao longo da década em função da velocidade das transformações:

- Cursos mais rápidos e práticos ganharão relevância na comparação com o modelo da tradicional formação universitária.
- Atributos comportamentais e emocionais serão tão importantes num profissional quanto o conhecimento técnico.
- A carreira de portfólio, em que a pessoa exerce mais de uma atividade simultaneamente, será o caminho para muitos profissionais.
- A perspectiva de fazer longa carreira numa mesma empresa se tornará cada vez menos comum.
- Com a maior disseminação do trabalho remoto, as fronteiras entre trabalho e vida pessoal se tornarão cada vez mais diluídas.
- Profissionais que resistirem às mudanças deverão encontrar dificuldades cada vez maiores no mercado de trabalho.

88

Do que você se arrependerá no futuro? Estudo mostra que sua avó tinha razão

09/01/2021

Referência em estudos do comportamento e autor de vários livros sobre motivação, traduzidos para 41 idiomas e com mais de 3 milhões de exemplares vendidos, o pesquisador norte-americano Daniel Pink está diante de uma nova empreitada: investigar os arrependimentos das pessoas. Pink lançou uma pesquisa online, que chamou de "Pesquisa Mundial de Arrependimento", para recolher depoimentos e embasar um livro sobre o tema, a ser lançado em 2022. "Arrependimentos são uma parte universal da experiência humana", justifica o pesquisador.

Uma das descobertas iniciais compartilhadas por Pink é que, numa proporção de três para um, os participantes da pesquisa tendem a lamentar mais o que não fizeram (como não ter comparecido a um funeral) do que aquilo que efetivamente fizeram (uma mudança de cidade, por exemplo). Trata-se da materialização de um velho adágio popular: "É melhor se arrepender pelo que você fez do que pelo que você não fez" — uma espécie de "conselho de avó" confirmado pela ciência.

Pink conta que um dos arrependimentos mais citados até agora na pesquisa é a não dedicação suficiente aos estudos. Outra reflexão recorrente, especialmente entre as mulheres, é ter demorado demais para sair de um casamento insatisfatório. Um aspecto que também chamou a atenção do pesquisador é que muitos dos arrependimentos descritos dizem respeito a falhas morais no início da vida, a exemplo de intimidar outras crianças na escola, colar em provas ou praticar pequenos furtos. "Um grande número de pessoas que expressaram tal arrependimento estava na casa dos quarenta ou cinquenta anos, sugerindo que elas guardam esses pensamentos por décadas", descreveu Pink.

Além da divisão básica dos arrependimentos em dois grupos – por ação ou por omissão –, há outras classificações possíveis. Há os arrependimentos que envolvem situações cuja principal vítima foi a própria pessoa e aqueles que prejudicaram outras pessoas. Há também arrependimentos decorrentes de situações que não podem mais ser mudadas (relacionadas a pessoas que já morreram, por exemplo) e outros que poderiam ainda ser revertidos (como não ter aprendido francês).

Para a psicóloga junguiana Rosângela Teixeira, um arrependimento pode ser classificado como um "torturador interno", decorrente de emoções negativas, como mágoas, autocensura e autorrecriminações. Trata-se de uma criação da mente, em que a revisão repetitiva do que aconteceu ou poderia ter acontecido se transforma num pensamento recorrente e indesejado.

A experiência prática de Rosângela no consultório coincide com a conclusão de Pink sobre a predominância de arrependimentos sobre aquilo que não foi feito. "Esse dói demais, porque se junta à culpa, a sentimentos como frustração, impotência e tristeza. Fica a sensação de falta de coragem, de uma covardia muda que se manifesta da pior maneira possível, no medo do fracasso", descreve a psicóloga. Já a ação realizada, ainda que tenha se mostrado equivocada, traz o conforto do "pelo menos eu tentei".

Rosângela considera importante pensar sobre os arrependimentos da vida – como propõe a pesquisa de Daniel Pink –, pois essas reflexões podem nos ajudar a crescer. "O problema não é o erro, é nos negarmos a aprender com o erro", ressalta a psicóloga. "Para perdoar a nós mesmos precisamos antes de tudo da aceitação do que não sabíamos, do que não víamos. Sem aceitação não há como perdoar."

Confira alguns dos depoimentos recolhidos por Daniel Pink pelo site worldregretsurvey.com (você também pode dar sua contribuição anônima à pesquisa):

"Não ter estudado fora do país." (Homem, Brasil, 46 anos)

"Não ter sido paciente e empática com minha mãe, agora que ela se foi." (Mulher, Austrália, 52 anos)

"Ter deixado o amor da minha vida." (Mulher, Nigéria, 41 anos)

"Focar muito o bem-estar dos outros e ignorar o meu." (Homem, Malásia, 27 anos)

"Não ter começado a economizar mais cedo para a aposentadoria." (Mulher, Estados Unidos, 50 anos)

"Não ter praticado mais basquete, pois estaria melhor agora, e não ter tentado aprender um terceiro idioma." (Homem, Japão, 16 anos)

"Ter ficado zangada com meu marido um dia antes de levá-lo ao pronto-socorro. No dia seguinte ele morreu de covid-19." (Mulher, Estados Unidos, 61 anos)

"Escolher focar o trabalho e a vida profissional, e não a família." (Mulher, Romênia, 43 anos)

"Não ter levado a sério a minha saúde mental quando estava na universidade. Demorei muitos anos para me recuperar totalmente da depressão." (Homem, Canadá, 28 anos)

"Ter escolhido segurança em vez de emoção." (Homem, Inglaterra, 61 anos)

89

Covid vai mudar de vez hobbies e lazer? Veja dez atividades que nos ajudaram na pandemia

10/01/2021

É consenso que a pandemia acelerou uma série de tendências, como a disseminação do home office e as compras pela internet. No que diz respeito ao lazer, a primeira sensação talvez seja a de que as pessoas adotaram as maratonas de séries como principal passatempo e se limitaram a improvisar alternativas enquanto a situação não voltasse ao normal.

Será verdade? Ou o lazer sairá da pandemia também transformado em definitivo? Só o tempo poderá responder a esta pergunta. Por enquanto, o que podemos fazer é uma retrospectiva, em dez tópicos, de como o lazer foi adaptado aos tempos de covid-19.

1. Lives musicais

É provável que as apresentações de artistas ao vivo, pela internet, venham a ser lembradas como um dos principais símbolos da pandemia. Algumas das lives mais marcantes entre os artistas brasileiros foram a de Ivete Sangalo, que no final de abril cantou em plena sala de casa, vestindo um pijama de bolinhas; a de Alceu Valença, que no início de maio se mostrou um perfeito animador ao mesclar suas canções com causos; e a live de Natal de Caetano Veloso, que teve a participação dos filhos e foi encerrada com um engano por parte de Caetano que virou meme: "Feliz 2001!".

2. Aulas pela internet

Além do aprimoramento profissional, os cursos online ganharam força também como fonte de lazer e de cuidados com a saúde. "Com o mundo de lives de yoga que começaram a aparecer no Instagram, as pessoas passaram a procurar mais sobre o assunto. Para o negócio que eu estava começando, foi ótimo", conta Luiza Osti, que pouco antes da pandemia trocou o emprego num grande banco pelo projeto de dar aulas de yoga. Muitos cursos divertidos – a exemplo de treino vocal, preparo de cookies e leitura de tarô – podem ser encontrados nas plataformas *Udemy.com* e *Domestika.org*, a maior parte com custo abaixo de R$ 50.

3. Drive-in

Com a suspensão do funcionamento dos cinemas convencionais, a nostálgica prática dos cinemas a céu aberto – assistir a filmes sem sair do carro – foi retomada durante a pandemia. Alguns empreendimentos comerciais se juntaram a iniciativas governamentais desse tipo, como o Projeto Paradiso, apoiado pela Secretaria Municipal de Cultura de São Paulo, com uma série de filmes importantes do cinema nacional em cartaz.

4. Jogos tradicionais

Atividades que envolvem o mundo físico ganharam importância para contrabalançar o uso da internet – e das telas, de forma geral – pelas crianças. Durante a quarentena, muitas famílias resgataram jogos e brincadeiras como xadrez, damas, War, stop e até mesmo aviõezinhos de papel.

Ampliou-se a oferta de serviços com esse mesmo propósito. Um exemplo veio da Oficina de Arteiros, escola de teatro que adaptou sua metodologia para oferecer exercícios dramáticos e jogos teatrais para serem feitos pelas crianças em casa. Para o coordenador da escola, o psicólogo Greg Rehavia, a adaptação permite manter a missão de desenvolver habilidades fundamentais que ele considera que estão se perdendo, como criatividade e resolução de problemas. "Preparamos exercícios que necessitam de movimentação, interação com os pais em casa e comunicação com os outros alunos."

5. Escrita terapêutica

Os velhos diários ganharam novo significado durante a pandemia, como um misto de passatempo, registro histórico e terapia. Muita gente encontrou na escrita uma forma de lidar melhor com tudo o que estava acontecendo, especialmente diante da incerteza dos primeiros meses. O concurso "Crônicas da quarentena", promovido pelo portal Clube de Autores, recebeu 833 inscrições. "Em ocasiões semelhantes anteriores recebemos no máximo cento e poucas crônicas", compara o criador do portal, Ricardo Almeida.

6. Trabalhos manuais

Atividades manuais tradicionais ganharam novos adeptos e reconquistaram antigos praticantes durante a pandemia. Um exemplo foi a antropóloga Paula Neves, que se sentiu motivada a praticar crochê. "Isso foi me dando novamente uma sensação de presença e de leveza, pois tirava o foco da preocupação com o futuro", descreve ela.

A jardinagem foi adotada como estratégia para tornar a casa mais agradável. A gerente de marketing Thais Jarandilha só tinha dois vasos quando a pandemia começou – e confessa que não dava muita atenção às plantas. A relação mudou completamente durante a pandemia. "Quando passei a ficar em casa o tempo todo, senti falta de mais verde e comprei várias plantas novas. Agora eu observo como elas estão e do que precisam", conta Thais.

7. Viagens virtuais

A tecnologia permite viajar sem sair do lugar. Com isso em mente, o fotógrafo Alexandre Disaro aproveitou as circunstâncias da pandemia para criar um negócio, o Viajar de Casa. A ideia é simples: por R$ 150, o "viajante" compra um lugar num passeio virtual conduzido ao vivo por alguém que está em alguma parte interessante do mundo. Na maior parte dos casos o anfitrião é brasileiro, para facilitar a comunicação e evitar a necessidade de tradução.

A experiência dura até três horas. No cardápio, que no momento tem 31 roteiros em oito países, há destinos clássicos, como Paris, Roma e Florença. "Há também outros bem mais inusitados, como uma comunidade iacute da Sibéria e uma família produtora de um tecido típico do Uzbequistão", descreve Alexandre.

8. Experiências culturais

Além das lives musicais, o teatro online se tornou uma alternativa cultural possível em tempos de isolamento social. A plataforma Sympla oferece uma série de peças em cartaz (várias delas tendo a pandemia como tema, inclusive). Multiplicaram-se também os passeios virtuais interessantes, como os grafites de São Paulo, pontos turísticos do Brasil ou museus de todo o mundo. É possível até dar uma voltinha na Lua.

9. Cozinhar

Um relato frequente da quarentena é de pessoas que descobriram que são capazes de cozinhar. Quando a pandemia passar, muitas dessas pessoas, que nunca faziam comida em casa, terão adotado o novo hábito – não como uma obrigação, mas como um respiro criativo para o dia a dia. "Antes eu nem passava perto da cozinha, especialmente nos finais de semana, quando a gente sempre ia comer fora", conta a empresária Daniela Napolitano. "Isso certamente terá mudado depois da pandemia, pois descobri o prazer de fazer comida em casa."

10. Videoconferência com amigos

Já que reuniões ao vivo se tornaram altamente desaconselháveis durante a pandemia, o jeito foi recorrer à tecnologia para substituir os encontros presenciais. Confraternizações, happy hours, bingos ou simples bate-papos por videoconferência ganharam espaço na agenda de muita gente.

Houve quem tenha exagerado um pouco, é verdade. A transmissão de conversas entre duas pessoas em lives do Instagram se tornou uma febre – que, para a psicóloga Renata Sansoni, pode ser explicada pela amplificação da necessidade de se fazer presente. "As pessoas ficaram com medo de ser esquecidas e queriam se sentir parte de um todo", diz.

90

Direito à desconexão, cultura e novos benefícios: os desafios da vida em home office

13/01/2021

A pandemia obrigou milhões de pessoas a trabalhar em casa, processo que ocorreu praticamente da noite para o dia. Apesar do improviso e dos esperados contratempos, os resultados gerais foram considerados satisfatórios tanto para profissionais quanto para empresas, conforme demonstram diversas pesquisas sobre o tema.

A perspectiva é de que a adoção definitiva da prática pelas empresas dará um salto considerável. Foi o que demonstrou, por exemplo, uma pesquisa feita em novembro pela SAP Consultoria em Recursos Humanos, com apoio técnico da Sociedade Brasileira de Teletrabalho e Teleatividade (Sobratt), instituição de referência no tema, fundada em 1999.

A pesquisa envolveu 554 empresas de todo o país, de diferentes segmentos e portes. Apenas 46% delas já adotavam o trabalho remoto de forma estruturada antes da pandemia, e 83% projetam manter a prática depois da pandemia. Das empresas ouvidas na pesquisa, 94% classificaram como positiva a experiência com home office. O principal aspecto para essa sensação foi o aumento da produtividade, citado por 71% das entrevistadas.

"O mercado já estava caminhando para o home office, mas havia uma série de paradigmas e dúvidas que tiveram que ficar de lado diante da pandemia", analisa o sócio-proprietário da SAP, Sebastião Augusto Perossi. "Agora, passadas a surpresa e a urgência, a prática do home office precisará amadurecer em diversas frentes."

Os pontos de atenção são vários: como assegurar as condições adequadas de ergonomia, proporcionar a infraestrutura necessária, definir limites de horário, evitar disputas trabalhistas, preservar a saúde mental dos trabalhadores, adaptar as práticas de gestão, garantir a privacidade dos profissionais e de suas famílias, zelar pela segurança dos dados, preservar a cultura organizacional, estabelecer critérios para avaliar produtividade, entre vários outros aspectos. "É preciso criar políticas claras e consistentes, para dar segurança tanto para as empresas quanto para os trabalhadores", diz Sebastião.

Mesmo questões quase corriqueiras prometem suscitar amplas discussões. Uma delas é se as empresas devem oferecer ajuda financeira para que os funcionários em regime de home office invistam no aprimoramento das suas condições de trabalho. Outras são as possíveis mudanças nos pacotes de benefícios, em itens como vale-transporte e vale-alimentação.

"O fato de que milhões de brasileiros mergulharam no trabalho remoto durante a pandemia levou à apresentação de inúmeros projetos de lei sobre o tema", descreve o presidente da Sobratt, Luis Otávio Camargo Pinto. Esses projetos ainda estão no início de tramitação nas casas legislativas e serão acompanhados de perto pela instituição. "Iremos apresentar, sempre que julgarmos necessário, notas técnicas sobre as propostas."

Um exemplo é o PL 4.044/2020, proposto pelo senador Fabiano Contarato (Rede-ES), que busca regulamentar o direito à desconexão do trabalho. Trata-se de um conceito baseado na visão de que o avanço tecnológico pode ser considerado um tipo de escravidão – já que, utilizado sem limites, obriga o trabalhador a estar acessível a qualquer momento.

De acordo com o projeto, o empregador deve ficar proibido de solicitar, por telefone ou qualquer outro meio, a atenção do funcionário fora do período de trabalho estabelecido. O projeto prevê ainda que o trabalhador em férias terá que ser excluído dos grupos de mensagens do trabalho e ter temporariamente removidos todos os dispositivos eletrônicos relacionados exclusivamente ao exercício da atividade profissional.

"Vemos esse projeto com reservas, na medida em que prevê regras demasiadamente rígidas para impor o denominado 'direito à desconexão'", diz o presidente da

Sobratt. "Nossa entidade reconhece a importância da desconexão, mas adverte que um regramento rígido somente engessará, ao invés de expandir, o trabalho remoto."

Diante da complexidade do tema, a Sobratt decidiu trabalhar na elaboração de um anteprojeto próprio, que apresentará nas próximas semanas. "Nossa preocupação é que a nova regulamentação sobre o teletrabalho observe uma intervenção mínima na atual legislação, assumindo como objetivo final só regulamentar aquilo que é realmente necessário e imprescindível na busca da tão necessária segurança jurídica", diz Luis Otávio. Caso contrário, acrescenta ele, é melhor deixar como está o capítulo da Consolidação das Leis do Trabalho (CLT) que regulamenta o teletrabalho, introduzido com a Lei 13.467/17.

Dados da pesquisa da SAP Consultoria em Recursos Humanos confirmam o alto índice de satisfação com a prática:

Como tem sido a experiência?

94% Predominantemente positiva
6% Predominantemente negativa

Aspectos impactados positivamente

71% Performance/Produtividade
47% Redução de despesas com espaço e aluguel
46% Atração e retenção
45% Redução de despesas acessórias (café, estacionamento, condomínio etc.)
28% Redução do absenteísmo

Despesas cobertas pela empresa

91% Softwares
77% Notebook/Tablet
74% Mouse
46% Fone de ouvido
42% Celular
30% Internet
23% Móveis
12% Energia

Aplicativos de comunicação mais utilizados

82% WhatsApp
54% Microsoft Teams
41% Zoom
28% Skype
16% Google Hangouts
14% GoToMeeting
18% Outros

91

Contextualização: começa a vacinação no Brasil

17/01/2021

A Agência Nacional de Vigilância Sanitária (Anvisa) aprovou, em 17 de janeiro de 2021, o uso emergencial da vacina CoronaVac, desenvolvida pelo laboratório chinês Sinovac em parceria com o Instituto Butantan, e da vacina desenvolvida pela farmacêutica AstraZeneca em parceria com a Universidade de Oxford. Nesse mesmo dia, a enfermeira Mônica Calazans, 55 anos, de São Paulo, tornou-se a primeira pessoa a receber no Brasil um imunizante contra a covid-19. Ela foi vacinada com a primeira dose da CoronaVac. Além da idade e de pertencer ao grupo de maior risco por trabalhar na UTI do Hospital Emílio Ribas, instituição de referência no tratamento de doenças infecciosas, Mônica foi escolhida por ser diabética, obesa e hipertensa.

Na semana anterior a essa data tão importante, o Brasil se chocou com a situação terrível de Manaus (AM), que, por erro de logística e planejamento, ficou sem oxigênio para os pacientes de covid-19 internados nos hospitais. As imagens de desespero correram o país e mobilizaram uma campanha emergencial de doações e remanejamento de cargas de oxigênio para a cidade.

92

As paredes estão de volta? Como a pandemia reverteu tendências na arquitetura

17/01/2021

As paredes e divisórias entre os ambientes vinham sendo gradualmente eliminadas nos escritórios. Novos projetos previam áreas abertas e integradas, para permitir o contato visual permanente e tornar as pessoas mais acessíveis e próximas. A queda das paredes fazia parte da chamada "política de portas abertas". Nas corporações mais avançadas, todos os funcionários – incluindo diretores – já tinham até perdido o direito a um lugar fixo. Quem chegava com seu notebook tinha que escolher um dos lugares disponíveis em bancadas coletivas.

Até que chegou a pandemia da covid-19 para reverter essa tendência. Nos escritórios, as paredes e divisórias se tornaram importantes como barreiras físicas para a circulação do vírus. Também voltaram a ser bem-vindas nas residências, para dar a privacidade necessária ao exercício do trabalho remoto e do estudo online.

Em junho, quando lançou o seu guia do retorno ao trabalho em meio à pandemia, a Organização Internacional do Trabalho (OIT) defendeu a necessidade de evitar ao máximo a interação física dos trabalhadores ou dos trabalhadores com clientes e fornecedores. Nos casos em que não seria possível manter o trabalho remoto, é preciso estabelecer um distanciamento físico de pelo menos dois metros entre as estações de trabalho. Qualquer interação em distância menor que essa precisaria ser intermediada pela instalação de barreiras físicas, como placas de acrílico.

Já o guia do retorno ao trabalho lançado pela Associação Brasileira dos Escritórios de Arquitetura (Asbea), direcionado aos afiliados, estabeleceu a necessidade de uma distância mínima de 150 cm, mas com o cuidado adicional de mudanças geométricas para evitar que as pessoas fiquem de frente umas para as outras nas estações de trabalho. Nas situações em que não seria possível manter essa distância mínima, seria fundamental a instalação de barreiras físicas.

Não se sabe ainda por quanto tempo essas medidas serão necessárias – além do mais, há o risco de que tenham que voltar a ser adotadas em caso de nova pandemia. Diante disso, as adaptações até agora feitas no improviso devem influenciar a arquitetura corporativa e residencial, sendo em grande parte incorporadas como definitivas.

Considerando-se o cenário, a reversão dos ambientes abertos parece ser parte de uma revolução ainda mais ampla: a ressignificação do papel do escritório. "Em um mundo onde os funcionários produzem muito mais quando trabalham em casa, o escritório à moda antiga, com baias ou posições de trabalho individuais, não será mais necessário", prevê Eduardo Hupfer, gerente de Produtos da Connekt, plataforma inteligente de recrutamento.

Essa tendência foi identificada também numa pesquisa da Workana, plataforma que conecta freelancers a empresas na América Latina. A pesquisa pedia a gestores que apontassem aquela que consideravam a principal tendência do trabalho no pós-pandemia, entre sete alternativas. Quase um quarto dos entrevistados apontou a redução dos escritórios (10,1% das respostas) ou a eliminação dos escritórios (13,7%). (*Veja os resultados no final deste texto*).

Como ninguém mais duvida que a ampliação do trabalho remoto veio para ficar, muito do que foi feito sob a pressão da pandemia também deverá se tornar uma estrutura permanente dentro das residências. A tendência dos apartamentos supercompactos nas grandes cidades começa a ser revertida. Esses locais eram pensados para pessoas que passavam o dia inteiro fora de casa, retornando apenas para dormir. Com a pandemia, a casa virou também o local de trabalho.

Os arquitetos já estão quebrando a cabeça para criar estratégias mais inteligentes de aproveitamento de espaços. Um exemplo: por que os salões de festas dos prédios, que normalmente ficam vazios e fechados de segunda a sexta, não podem se transformar em coworking durante o horário comercial?

A influência da saúde pública nas construções e no urbanismo não é novidade. A célebre Carta de Atenas, publicada em 1933 – manifesto resultante do 4º Congresso

Internacional de Arquitetura Moderna, realizado naquele ano na capital grega –, chamou a atenção para a necessidade de conciliar a crescente verticalização com espaços vazios. Esses espaços deveriam ser destinados a praças e áreas verdes, que assegurassem a ventilação e a iluminação natural essenciais para manter a saúde da população.

"Condenar-se-ia um açougueiro que vendesse carne podre, mas a legislação permite impor habitações podres às populações pobres. Para o enriquecimento de alguns egoístas, tolera-se que uma mortalidade assustadora e todo tipo de doenças façam pesar sobre a coletividade uma carga esmagadora", diz um dos trechos mais marcantes do manifesto.

Num mundo que vinha sendo assolado por epidemias de gripe, cólera e tuberculose, o documento (que teve o arquiteto e urbanista Le Corbusier como redator final) tornou-se um marco de uma nova forma de pensar o desenvolvimento das cidades. Fortemente influenciado por essa visão, o Modernismo foi marcado por espaços amplos e projetos que buscavam evitar a concentração populacional – ou seja, tudo para manter as pessoas o mais distantes possível umas das outras. Brasília é um dos símbolos dessa visão.

Pesquisa Workana

Qual a principal tendência do mundo do trabalho no pós-pandemia?

19,1% – Mais reuniões e eventos importantes sendo realizados online

19% – As modalidades de contratação serão mais variadas

16,1% – Serão contratadas mais pessoas localizadas geograficamente distantes

13,7% – Não haverá mais escritórios

13,1% – Haverá redução nas viagens de trabalho

10,1% – Os escritórios serão reduzidos

8,9% – Os espaços de home office serão mais bem equipados

Fonte: Relatório Workana 2020 (pesquisa com 2.810 gestores na América Latina).

93

Leituras da pandemia: livros registram novas angústias e desafios

23/01/2021

Quase um ano depois do início da pandemia, já há uma geração de livros que têm a covid-19 como tema ou pano de fundo. Ao registrar diversos aspectos relacionados à crise ainda sob o calor dos acontecimentos, esse conjunto de obras será uma parte importante da memória de um período marcante para a humanidade.

Um livro candidato a ícone é *Notas sobre a pandemia – E breves lições para o mundo pós-coronavírus*, do historiador israelense Yuval Noah Harari, que se tornou conhecido do público brasileiro por *Sapiens – Uma breve história da humanidade* e *21 lições para o século 21*.

"Epidemias desempenharam um papel central na história humana desde a Revolução Agrícola e frequentemente deflagraram crises políticas e econômicas", lembra o historiador. "Como em pandemias anteriores, também em relação à covid-19 a coisa mais importante a lembrar é que os vírus não moldam a história. Os humanos, sim. Somos muito mais poderosos do que os vírus, e cabe a nós decidir como responderemos ao desafio."

A obra posiciona a covid-19 como mais um elemento explosivo num cenário que já incluía questões complexas como a ascensão de Estados totalitários e as novas tecnologias de monitoramento de massa. "O maior risco que enfrentamos não é o vírus, mas os demônios interiores da humanidade: o ódio, a ganância e a ignorância."

Apesar de todos os receios, a visão que resulta das análises de Harari é otimista, especialmente devido à convicção de que a ciência triunfará – e de que a cooperação entre as nações sairá fortalecida da pandemia. "O verdadeiro antídoto para epidemias não é a segregação, mas a cooperação", ressalta o historiador.

Também o sociólogo português Boaventura de Sousa Santos lançou uma obra que analisa os efeitos da crise da covid-19, *O futuro começa agora: Da pandemia à utopia*. Ao lembrar que a pandemia reforçou ainda mais as desigualdades e as diversas formas de discriminação presentes nas sociedades contemporâneas, o sociólogo destaca a oportunidade para o florescimento de um novo modelo civilizatório. "O pior que pode acontecer é tudo voltar a ser o que era antes, porque o normal era um inferno para a maioria das pessoas no mundo e tende a ficar ainda mais depois da pandemia", diz Boaventura.

Uma obra brasileira com visão caleidoscópica é *O mundo pós-pandemia: reflexões sobre uma nova vida*, organizado pelo advogado José Roberto de Castro Neves. Ele convidou cinquenta personalidades de diversas áreas para escrever a respeito, entre as quais o ex-presidente Fernando Henrique Cardoso, a atriz Fernanda Torres, o humorista Marcelo Adnet e o técnico de vôlei Bernardinho.

Para Castro Neves, o Terceiro Milênio só começou, para valer, em 2020, por causa da pandemia. "A História, sem maiores compromissos com as datas, respeita, acima de tudo, os eventos", ele diz. Outros exemplos de descolamento mencionados pelo autor são o início efetivo do século XX apenas com a Primeira Guerra Mundial, em 1914, e a "antecipação" do século XIX pela eclosão da Revolução Francesa, em 1789.

No campo da Psicologia, a psicanalista Maria Homem lançou *Lupa da alma: Quarentena-revelação*. Para ela, a pandemia contribuiu para extravasar emoções que até então as pessoas tentavam manter sob controle ou permaneciam de certa forma "anestesiadas". "Em momentos assim as coisas se tornam mais agudas. A semente de inquietação ou loucura dentro de nós parece que se expande", analisa a psicanalista. "O mundo não vai mudar magicamente depois de 2020. Mas será outro. E certamente, para quem quiser ver, as coisas estarão mais visíveis."

A pandemia deu vazão também a obras com registros mais pessoais da experiência. É o caso de *60 dias dentro de casa – Um diário ilustrado do isolamento*, com desenhos e textos produzidos pelo designer Ivan Jerônimo nos primeiros dois meses de isolamento em seu apartamento de Florianópolis.

Integrante do movimento Urban Sketchers, Ivan estava habituado a desenhar na rua com regularidade. Até que se viu obrigado a limitar seu universo ao ambiente doméstico e às paisagens que conseguia ver das janelas.

Curiosamente, observa Ivan, as restrições parecem ter impulsionado a inspiração. "No início da pandemia, meio pra treinar, meio pra testar materiais e técnicas, fui desenhando as coisas da casa", ele lembra. Logo ficou claro que havia algo de terapêutico nesse exercício, pois os objetos e ambientes despertavam lembranças e sensações enquanto eram desenhados. Dois meses depois, quando percebeu que já tinha desenhos e textos suficientes para um livro, Ivan preparou o design, contratou uma gráfica e ofereceu a obra nas redes sociais.

A primeira edição esgotou-se muito antes do que ele imaginava, motivando uma nova tiragem. "Essa situação toda de pandemia e isolamento me deu um sentimento de urgência para lançar esse livro, não apenas para aproveitar o gancho e registrar o período, mas como uma espécie de prova para mim mesmo de que, apesar de tudo, consegui produzir algo diferente."

Todo mundo teve a vida muito afetada durante a pandemia, mas essa sensação foi multiplicada para o consultor Fábio Betti. Aos 54 anos, ele teve que interromper a maioria dos projetos profissionais, quase todos presenciais, perdeu a sogra (que era verdadeiramente como uma mãe) e recebeu um diagnóstico de câncer de tireoide, motivo de uma cirurgia que o deixou temporariamente sem voz. "Todo mundo me dizia: se for para ter um câncer, que seja o de tireoide. Mesmo assim, não é algo fácil de enfrentar, claro", conta Fábio.

Diante das circunstâncias, escrever foi a forma que ele encontrou para se expressar. O resultado foi a publicação do livro *Mortes e renascimentos na quarentena*, conjunto de reflexões sobre a oportunidade de valorizar ainda mais a vida diante de um período tão delicado como o da pandemia. "A vida, às vezes, nos envia sinais que não conseguimos entender. Em 2020, ela nos presenteou com uma joia preciosa, só que num pacote amarrado em arame farpado", escreveu Fábio.

94

Saúde mental pode virar justificativa para quebrar isolamento social?

06/02/2021

"As baladas são indispensáveis para o meu equilíbrio. Nunca desistirei delas", declarou Neymar em recente entrevista para uma emissora de TV francesa. Essa postura tem provocado muitas críticas ao craque brasileiro, especialmente durante a pandemia – período em que, como se sabe, aglomerações se tornaram totalmente desaconselháveis.

Já o prefeito de São Paulo, Bruno Covas, não hesitou em comparecer ao Maracanã como convidado para assistir à final da Libertadores entre Palmeiras e Santos, seu time do coração. No caso de Covas, as críticas foram contundentes porque ele tem determinado medidas para restringir movimentações e evitar aglomerações em São Paulo. Assim, sua presença no jogo foi interpretada como um caso clássico de "faça o que eu digo, mas não faça o que eu faço". "Não me arrependo por ter ido ao Maracanã, porque passei horas inesquecíveis com o meu filho", declarou Bruno.

Ao longo da crise da covid-19, mais e mais pessoas passaram a adotar raciocínio semelhante. O argumento do "equilíbrio mental" se tornou uma espécie de passaporte amplo para justificar todo tipo de atitude arriscada, como encontros com grupos de amigos, ida a bares ou praias lotadas no final de semana ou à academia para "manter a saúde".

Mas, quais seriam os critérios para estabelecer em que circunstâncias a saúde psicológica pode ser evocada como justificativa para sair de casa? O critério número um, diz a psicóloga Maristela de Souza, deve ser a avaliação do tamanho do risco ao qual a pessoa estará se submetendo e submetendo os outros. "Todo mundo concorda que caminhar na praia faz bem para a cabeça, mas há uma grande diferença entre fazer isso num local pouco frequentado e num lugar lotado. Da mesma forma, correr é uma prática saudável para o corpo e a mente, mas certamente será mais saudável em ruas pouco movimentadas do que na avenida Paulista", ela exemplifica.

É importante, também, que a pessoa reflita sobre o nível de esforço que vem fazendo em nome do objetivo coletivo de conter a contaminação. Para quem praticamente não mudou rotina alguma – continua indo toda hora a barezinhos e baladas, por exemplo –, a justificativa da "saúde mental" perde força.

Maristela observa que esse argumento tem sido utilizado como uma espécie de "saída honrosa" para a decisão consciente de não seguir tão à risca os preceitos do isolamento social – ou até mesmo de ignorá-los completamente. "A pessoa publica nas redes sociais fotos em situações de risco, como encontrar um grupo de amigos, e coloca lá na legenda: 'Nossa, gente, foi muito bom para a minha saúde mental, eu estava precisando disso'", exemplifica a psicóloga.

O médico e especialista em gestão de pessoas Roberto Aylmer diz que a sociedade atual tem inclinações muito mais individualistas do que em outros momentos de grandes desafios da humanidade, como a Segunda Guerra. "Hoje, a maior parte das pessoas tende a pensar muito mais nas suas necessidades, no que considera seus direitos, antes de pensar no coletivo."

Esse tipo de pensamento é reflexo de uma sociedade imatura, em que as pessoas agem como crianças. "O Brasil, especialmente, tem uma grande predominância do 'primeiro eu'. Basta lembrar que o chamado Custo Brasil é em grande parte causado pela necessidade de criar controles para que as pessoas não busquem vantagens individuais", diz Roberto.

Ele ressalta a grande dificuldade que os brasileiros têm para associar suas ações individuais às consequências coletivas. No caso da pandemia, os números de contaminações e de mortes não param de crescer porque muitas pessoas estão deixando de tomar as precauções indicadas. "Mesmo assim, essas pessoas não se sentem responsáveis pelas mortes de desconhecidos."

É um mecanismo semelhante ao de corruptos que preferem ignorar que estão contribuindo para a morte de pessoas ao desviar verbas públicas, ou de pessoas que não se sentem responsáveis por fortalecer a estrutura do crime quando compram drogas de traficantes. Nessas situações, assim como na atitude de quem se coloca em situações de risco durante a pandemia em nome da "saúde mental", os ganhos individuais causam prejuízos que são diluídos entre toda a população. Isso contribui para reduzir a percepção desses danos por aqueles que os causam.

O fato de que as pessoas recorrem sem pudor ao argumento da "saúde mental" tem ao menos um lado bom, observa Aylmer: é sinal de que o tema deixou de ser tabu. "A gente percebe uma consciência crescente da importância da saúde mental, como aconteceu nas últimas décadas com a atividade física. Quando eu comecei a trabalhar, há 35 anos, ninguém queria ouvir falar de psicoterapia, muito menos de psiquiatria", ele lembra.

E qual é o status, neste momento, da forma como os brasileiros estão lidando com a necessidade de distanciamento social, depois de quase um ano de pandemia? Numa pesquisa recém-divulgada pela Hibou, empresa de monitoramento de mercado e consumo, 63% dos 1.600 entrevistados afirmaram que iriam manter os cuidados de distanciamento social durante todo o verão. É um número que até pode parecer positivo, a princípio, mas indica também que 37% das pessoas estão dispostas a relaxar nas medidas de proteção.

A pesquisa perguntou sobre a realização de atividades típicas do período. Dos entrevistados, 52% disseram ter organizado churrascos no verão anterior e 27% disseram ter feito isso também neste verão. O índice de viagens para a praia caiu de 43% para 17%, e de presença em bares com amigos, de 31% para 5%. Já o de reformas em casa subiu de 10% para 17%.

Há um fator adicional relevante a ser levado em conta nesse quadro – o financeiro. As dificuldades de renda provocadas pela pandemia se somaram aos gastos típicos de início de ano, como impostos e material escolar. Com isso, 63% dos entrevistados disseram que estão se sentindo mais apertados financeiramente neste início de ano em comparação com o início de 2020, antes da chegada da pandemia ao Brasil, enquanto 31% consideram que a situação é semelhante. Só 6% disseram estar mais confortáveis financeiramente.

95

Já está no Clubhouse? Entenda por que a nova rede social é a queridinha dos famosos

09/02/2021

Um verdadeiro tsunami virtual chegou ao Brasil nos últimos dias: o aplicativo Clubhouse, nova rede social baseada em áudios compartilhados ao vivo. O princípio é simples: alguém cria uma sala de bate-papo sobre um determinado tema e qualquer participante da rede pode entrar para ouvir – ou pedir para falar também, a depender da autorização dos mediadores.

Os primeiros adeptos no país têm sido, em grande parte, profissionais que trabalham com produtos digitais. E, também, influenciadores e celebridades, como o diretor Boninho, o ex-técnico Bernardinho e a atriz Camila Pitanga. Uma das principais vantagens é a possibilidade de acompanhar as conversas ao mesmo tempo que se faz outra coisa – uma característica única entre as redes sociais, que costumam exigir atenção plena do usuário. É a mesma lógica que tem feito crescer o mercado dos podcasts e dos audiolivros.

O Clubhouse foi criado em parceria por um ex-funcionário do Google e um empreendedor do Vale do Silício. Quando a nova rede surgiu, nos Estados Unidos, em abril do ano passado, causou um frisson inicial, que depois arrefeceu – mesmo assim, o aplicativo foi recentemente avaliado em US$ 1 bilhão.

"Acho que o crescimento rápido no Brasil se explica também pelo momento em que a plataforma está chegando, depois de quase um ano de isolamento social em decorrência da pandemia", avalia o consultor e professor de marketing André Carvalhal. "Acaba sendo um substituto para aquela conversa espontânea de bar, um bate-papo na praia, uma visita a alguém querido que mora em outra cidade ou aquela primeira troca de informações com quem você acabou de conhecer."

Entre as opiniões favoráveis ao Clubhouse está a de que a nova rede valoriza quem realmente tem conteúdo. Por ser baseada apenas no áudio, não permite que apelos visuais ou efeitos especiais encantem a ponto de dar a sensação de que a pessoa está falando coisas muito mais interessantes do que de fato está.

O Clubhouse torna-se, assim, um canal com grande potencial para impulsionar o networking e incentivar o aprendizado autodirigido. Participar da rede pode representar, também, um bom exercício de comunicação. Afinal, é preciso escutar mais do que falar – e, quando se recebe a palavra, é importante apresentar um pensamento estruturado e direto.

Muitos participantes têm ressaltado não se tratar de uma rede para autopromoção – comportamento que, praticado de forma ostensiva, pega mal. A ideia é incentivar a colaboração real, com troca de visões e informações entre pessoas interessadas em um mesmo assunto ou, melhor ainda, entre pessoas que fazem parte de mundos bem diferentes.

Um dos destaques entre os usuários brasileiros tem sido as "micromentorias" ao vivo. Pessoas que estão precisando de alguma orientação expõem a dúvida a profissionais mais experientes, que dizem o que pensam a respeito – um tipo de troca que dificilmente ocorreria de outra forma.

"É uma rede que oferece a oportunidade de não se fechar em bolhas, pois favorece a troca com pessoas que não se conheciam e que provavelmente não se conheceriam de outra forma", observa André Carvalhal. Ele ressalta que, ao menos por enquanto, os algoritmos parecem interferir bem menos na experiência do usuário em comparação ao que ocorre em outras redes.

É claro que os usuários não estão à procura apenas de diversão e entretenimento. Uma das perguntas que mais têm sido feitas é como o Clubhouse pode ser aproveitado para os negócios. Um consenso é de que esse aproveitamento deve ocorrer de forma indireta, bem mais sutil do que o simples anúncio de um serviço ou de um produto. "Um dos caminhos é participar de temas que tenham sinergia com você e com o seu negócio", diz Vinícius Taddone, fundador da agência de marketing VTaddone. "Peça permissão e contribua com sua opinião sobre os assuntos. Mostre seu potencial e divida seu conhecimento. É uma ótima forma de construir sua autoridade", ele sugere.

O consultor Márcio Cassin, da FLG Brasil, especializada em recrutamento e treinamento de jovens, também está entre os early adopters brasileiros da nova rede. Ele percebeu o potencial de uso do Clubhouse pelas empresas que atende, tanto que já vem incluindo possíveis ações na plataforma como parte das estratégias de promoção de eventos e disseminação de conteúdo.

"As redes sociais foram criadas para suprir as necessidades humanas de conexão e pertencimento. Essa oferece como diferencial uma maior proximidade com pessoas às quais não teríamos acesso com tanta facilidade", descreve Márcio. Ele cita como exemplo ter entrado no último final de semana em uma conversa com a presença de Adam Grant, professor de Wharton e autor de *Originais*.

Em paralelo ao entusiasmo, surgem também as críticas. Uma delas é que a nova rede social contribui para aumentar a incidência de *Fomo,* sigla em inglês para o "medo de estar perdendo algo" – ou seja, a sensação de que coisas importantes estão acontecendo no ambiente virtual enquanto você está desconectado. De fato, muitos usuários têm relatado uma espécie de "vício" instantâneo ao passarem muitas horas conectados no Clubhouse.

Outra polêmica é o "poder" dos moderadores, que podem decidir quem vai e quem não vai ter acesso ao microfone. Torna-se quase inevitável que pessoas já conhecidas dos moderadores sejam privilegiadas. Multiplicam-se os relatos de desconfortos e desentendimentos nessa relação.

Há críticas, também, sobre a falta de acessibilidade para surdos, mesmo já existindo tecnologia para superar essa dificuldade (como as legendas produzidas automaticamente). Esta semana foram anunciadas melhorias para amenizar esse problema. Há também duas outras barreiras de acesso. Por enquanto, só entra no Clubhouse quem é convidado por um usuário que já está dentro (cada novo usuário ganha o direito de enviar dois convites). E só pode participar quem tem iPhone, pois até o momento há apenas a versão iOS – essas são limitações frequentes em redes sociais que estão começando, entretanto.

96

Home office veio para ficar, mas era do improviso vai acabar

12/02/2021

A pandemia obrigou muita gente a adotar o trabalho remoto "no susto", sem experiência prévia nessa modalidade. Agora, quase um ano depois daquele inesquecível março de 2020, está claro que o home office continuará sendo adotado em escala muito maior do que era antes da covid-19.

Muitas empresas se deram conta de que o novo arranjo pode ser produtivo – além de proporcionar considerável economia em estruturas fixas. E boa parte dos profissionais está demonstrando claramente que não quer voltar ao modelo 100% presencial. O exemplo mais evidente disso está na área de Tecnologia da Informação. Extremamente requisitados no mercado atual, esses profissionais estão em condições de escolher como querem trabalhar. E 86,6% deles preferem atuar de forma remota em tempo integral, de acordo com pesquisa recente feita pela plataforma Vulpi com mais de 30 mil desenvolvedores cadastrados – 6,9% apontaram o modelo híbrido como ideal, e apenas 6,5% preferem trabalhar presencialmente em tempo integral.

À medida que se consolida como uma escolha – e não mais como uma circunstância inevitável decorrente da crise sanitária –, o home office precisa mudar de patamar. A fase em que as improvisações eram toleradas está passando. Daqui em diante, certas atitudes e situações deixarão de ser vistas com a mesma naturalidade.

A falta de infraestrutura adequada no escritório doméstico, por exemplo, não será mais aceita. Já houve tempo mais do que suficiente para melhorar o sinal da internet ou comprar uma cadeira adequada. Da mesma forma, os gestores já não têm justificativas para desrespeitar horários e acionar a equipe a qualquer momento.

Há uma preocupação crescente com problemas de saúde que podem estar se agravando silenciosamente enquanto as pessoas mergulham no trabalho doméstico. Os longos períodos de tela sem intervalos comprometem a lubrificação dos olhos, as pernas tendem a sofrer problemas de circulação, o maior sedentarismo contribui para o sobrepeso e a inadequação ergonômica da infraestrutura provoca dores e lesões, como tendinopatias.

Há, também, as dificuldades emocionais, porta de entrada para doenças como ansiedade, estresse e burnout. As pessoas em home office frequentemente se sentem isoladas, sem direção e exaustas diante da mistura desregrada entre trabalho e vida pessoal. Enquanto isso, uma das maiores queixas entre os gestores é a dificuldade para engajar a equipe à distância. Não por acaso, este tornou-se um dos verbos mais evocados pela área de RH. Um estudo recente do Instituto Gallup enfatizou a relação entre o engajamento dos colaboradores e o aumento de produtividade, com até três vezes mais receita gerada por profissional e um índice 40% menor de rotatividade.

A tecnologia se apresenta como uma aliada para a consolidação de procedimentos mais estáveis e racionais na gestão de pessoas em meio ao trabalho remoto. Esses serviços são oferecidos pelas startups especializadas em serviços de RH, as chamadas HR Tech. As perspectivas são extremamente positivas para esse tipo de negócio. Um exemplo é a Mereo, fundada em Belo Horizonte por três sócios egressos da consultoria Falconi, que acaba de receber um aporte de R$ 5 milhões das gestoras de fundos KPTL e Cedro Capital. O objetivo é impulsionar a plataforma que avalia o desempenho pessoal e calcula remunerações variáveis, entre outras funcionalidades.

Para o CEO, Renato Ramalho, uma das missões da HR Tech é tentar antecipar soluções para os problemas que surgirão com a rápida transformação das relações de trabalho. "Esse processo certamente foi fortemente acelerado pela maior disseminação das atividades remotas em decorrência da pandemia", ele ressalta.

Outra empresa que oferece soluções tecnológicas para o RH é a Colorkrew, criadora do Goalous, software de gestão de metas que, na prática, funciona como uma rede social. Os resultados de cada equipe são compartilhados, ao mesmo tempo que a plataforma facilita a comunicação entre departamentos e diferentes camadas hierárquicas da organização.

Já a Pontomais oferece aos RHs controle de ponto online e outras soluções para gestão remota. Ao acompanhar automaticamente a jornada de trabalho, o sistema propicia um controle maior das horas trabalhadas. "O mais importante é que os RHs das empresas podem se livrar de algumas burocracias e focar a parte estratégica da atividade, incluindo o desenvolvimento de carreira da equipe", diz o CEO e fundador da empresa, Hendrik Machado.

Além das ferramentas especialmente dedicadas ao trabalho remoto, o que está em jogo é uma transformação cultural, que exigirá novas habilidades dos profissionais e dos gestores. Para ajudá-los a desenvolver esses atributos, a SmarTalk – empresa especializada em comunicação de impacto e storytelling corporativo – acaba de adquirir a Inco, escola de habilidades comportamentais. Um dos objetivos é oferecer mais serviços relacionados ao trabalho remoto, como treinamentos de líderes e soluções customizadas para reinventar os tradicionais modelos de aprendizagem.

Tecnologia certamente é importante nesta nova fase das relações de trabalho, mas a recém-criada startup BrandOn aposta mesmo na velha e boa conversa para superar os gargalos comportamentais que foram se manifestando ao longo da pandemia. "Nossa proposta é colocar todos os integrantes de uma equipe na mesma página", diz um dos fundadores, Paulo Vieira de Campos, professor nos cursos de MBA Executivo da Escola Superior de Propaganda e Marketing (ESPM) e do Insper. "Esse alinhamento, feito com franqueza e abertura, é o primeiro passo essencial para estabelecer os combinados que levarão essa equipe a obter bons resultados no trabalho remoto."

O produto oferecido pela BrandOn às empresas são as chamadas "conversas descomplicadas", oficinas realizadas remotamente e baseadas na metodologia Estruturas Libertadoras. Foi o interesse compartilhado por essa metodologia que uniu Paulo ao sócio na BrandOn, Aldo Wandersman, CEO do Hans Donner Group e autor do livro *E se você fosse uma marca?*. Aldo vive no Rio e Paulo em Curitiba. "A gente nem se conheceu pessoalmente ainda. A própria BrandOn é resultado direto desses novos tempos de trabalho remoto", conta Aldo.

Para Paulo, o epicentro das dificuldades relacionadas ao trabalho remoto é uma crise generalizada de confiança – e sem confiança compartilhada não é possível ter um engajamento genuíno e produtivo. "A gente vê no mercado uma preocupação muito grande com ferramentas operacionais relacionadas ao home office, mas o problema certamente está antes disso: é comportamental", avalia o professor e sócio da BrandOn.

97

Contextualização: primeiro caso no Brasil completa um ano

26/02/2021

Em 26 de fevereiro de 2021, um ano depois do registro do primeiro caso brasileiro de covid-19, o Brasil passou de 10,2 milhões de casos, com 248.529 mortes, configurando-se um índice de mortalidade de 2,4%. O Brasil foi o terceiro país a alcançar a marca de 10 milhões de casos, depois dos Estados Unidos e da Índia.

98

Ninguém sairá igual*

18/10/2021

A pandemia de covid-19 certamente ocupará um espaço importante na história da humanidade – e, claro, também na história da Medicina. "Daqui a cem anos, esse período vai ser revisitado por todos os ângulos – econômicos, políticos e sociais –, e a Medicina continuará sendo o centro dessa análise", diz Luiz Henrique Mandetta, ex-ministro da Saúde. "Tivemos os médicos éticos, que permaneceram com seus pacientes, e aqueles que se deixaram levar muito mais por critérios econômicos. É uma história que ainda está para ser contada."

A cardiologista Ludhmila Hajjar, que foi cotada para assumir o Ministério da Saúde no início deste ano, diz que a pandemia certamente a transformou numa pessoa e numa profissional melhores. "Hoje acredito ainda mais na ciência, aprendi a compartilhar conhecimento e fiquei mais solidária. A pandemia evidenciou a importância de tratar as pessoas com humanidade, tanto os pacientes quanto os familiares dos pacientes", ela descreve. "Estou ainda mais convicta de que ser médico é muito mais do que fazer um diagnóstico e definir um tratamento."

A médica observa que a experiência ao longo da crise representou, também, um mergulho na desigualdade do país, representada pela comparação entre os hospitais privados, com alta tecnologia e todos os recursos à disposição, e os hospitais públicos, nos quais faltam recursos humanos e equipamentos básicos.

* Reportagem publicada no jornal *O Estado de S. Paulo* em celebração ao Dia do Médico.

"A pandemia despertou em mim uma grande vontade de fazer mais, um senso de cidadania gigantesco. Quero ser uma médica melhor, mas também transformar meu entorno. Se era sonhadora antes de tudo isso, agora certamente sou ainda mais."

Para o cirurgião Nacime Salomão Mansur, gestor de dezesseis hospitais públicos integrados à rede da Associação Paulista para o Desenvolvimento da Medicina (SPDM), as duas palavras que melhor definem o período da pandemia são "emoção" e "resiliência". "Passamos a lidar com a morte frequente de gente próxima, sejam parentes, amigos ou pacientes, e a proximidade com a morte pesa muito para todos que lidam com saúde, mesmo para quem já tem quarenta anos de carreira como eu", ele descreve.

A emoção precisava ser controlada em razão da urgência que a crise pedia – na tomada de decisões, nas orientações para os mais de 34 mil funcionários subordinados, na preparação dos ambientes. A SPDM ampliou sua capacidade em mais de mil leitos num curtíssimo espaço de tempo. Nacime conta que a parceria com os colegas de trabalho, especialmente os gestores de cada hospital da rede, foi reconfortante e deu força para que todos enfrentassem situações extremas. "Às vezes eu estava mais para baixo e o outro me dava força, às vezes era o contrário. Foi uma relação de muito apoio mútuo. Certamente nos sentimos mais próximos e humanos depois de tudo isso."

Um desses parceiros constantes do Mansur é Carlos Maganha, diretor do Hospital Municipal Dr. José de Carvalho Florence, em São José dos Campos (SP). Maior hospital da cidade, com quatrocentos leitos – sendo cem de Unidade de Terapia Intensiva (UTI) –, a instituição foi parcialmente destinada ao atendimento de pacientes com covid-19. Aos cinquenta anos, Maganha diz que se sente honrado por ter estado à frente da missão num momento tão crucial para a sociedade. "São histórias que vou contar para os meus netos."

Remanejamentos da pediatria e da maternidade para outras instalações chegaram a ser feitos para acomodar a demanda decorrente da pandemia. O hospital teve 250 leitos reservados para a covid, com uma taxa de ocupação que passou de 80% no momento mais crítico, entre maio e junho deste ano. A situação melhorou muito desde então, mas Maganha faz questão de ressaltar que a batalha contra a pandemia não acabou – e lembra que, na realidade, ainda vai durar muito tempo, por causa das sequelas e doenças crônicas que surgirão em decorrência da contaminação pelo coronavírus.

99

Um momento histórico*

18/10/2021

Em janeiro, quando se completarão dois anos da primeira morte oficial causada por covid-19, na China, espera-se que a doença esteja definitivamente sob controle ao redor do planeta, graças ao avanço da vacinação. Mesmo com quase 5 milhões de mortes, essa pandemia entrará para a História como uma vitória da Medicina – pelo simples fato de que as consequências poderiam ter sido muito mais desastrosas.

Trata-se de um grande mérito da ciência, que foi capaz de entender os mecanismos da doença e de produzir e aplicar vacinas em escala global em um prazo tão curto. "As instituições que investem em ciência, como o Butantan, mostraram todo o seu valor e a sua importância, ao lado dos profissionais da saúde", diz Dimas Covas.

É importante ter em perspectiva que só recentemente, considerando toda a história da humanidade, conseguiu-se efetivamente ampliar a expectativa de vida das pessoas. Assim como o restante do mundo, o Brasil registrou, nos últimos 120 anos, um aumento espetacular da população e da expectativa de vida. Em 1900, o país tinha 17,4 milhões de habitantes, com expectativa de viver, em média, 33,4 anos. Hoje, são 213,7 milhões de pessoas e a expectativa média de vida é de 74,8 anos.

Durante séculos, a possibilidade de ampliar a vida das pessoas foi anulada pelas múltiplas ameaças que sempre pairaram sobre a existência humana: doenças, pragas,

* Reportagem publicada no jornal *O Estado de S. Paulo* em celebração ao Dia do Médico.

guerras, violência, fome, tragédias naturais. Foi só a partir da virada do século XIX para o século XX, graças à evolução da ciência, que as estratégias para salvar vidas finalmente começaram a se tornar mais eficientes do que a soma das ameaças.

A ciência é praticada, basicamente, pela observação embasada nos conhecimentos disponíveis, com o objetivo de gerar novos conhecimentos. Foi assim que os europeus começaram a se dar conta, por exemplo, de que muitos marinheiros voltavam doentes de viagens para lugares distantes, e que essas doenças se espalhavam entre as pessoas que tinham contato com eles. Daí surgiu a ideia da quarentena para isolamento – que pode parecer óbvia hoje, mas à época representou um avanço inovador para a compreensão da dinâmica dos males contagiosos.

A prevenção foi ganhando importância crescente, especialmente nas aglomerações urbanas. Ainda que muitas doenças tivessem mecanismos desconhecidos, era evidente que más condições de vida contribuíam para disseminá-las. Boa alimentação, saneamento básico, limpeza das ruas e das casas, ar fresco, sol, todas essas medidas se tornaram aliadas essenciais da redução das taxas de mortalidade.

"Houve uma época em que os médicos eram detentores das poções. Não cobravam pela consulta, mas pelos produtos, e cobravam caro. Isso fez com que a humanidade criasse uma divisão: aquele que prescreve não comercializa. Daí surgiram os boticários, os farmacêuticos e, a posteriori, a indústria farmacêutica, que colocou essa produção em escala industrial", lembra o ex-ministro da Saúde Luiz Henrique Mandetta.

"Graças a esse salto do artesanal para o industrial, essa disposição para investimentos e riscos, é que chegamos a avanços essenciais como a penicilina e ganhamos inúmeras alternativas para tratar doenças. Um exemplo: quando me formei, havia quatro medicamentos psiquiátricos. Hoje são quase cem", acrescenta Mandetta.

Sabe-se que períodos de crise contribuem para a aceleração do desenvolvimento tecnológico. Certamente não será diferente em relação à pandemia de covid-19, que ficará marcada também por isso – assim como a Segunda Guerra Mundial impulsionou fortemente as pesquisas científicas. O mundo e a Medicina saíram completamente diferentes da Segunda Guerra, assim como serão outros ao final da pandemia de covid-19.

100

Contextualização: balanço da pandemia

16/09/2023

No dia 16 de setembro de 2023, quando a edição deste livro foi finalizada, os dados oficiais do Ministério da Saúde computavam 705.494 óbitos causados pela pandemia de covid-19, com 37.789.040 casos confirmados – um índice de mortalidade de 1,87%.

Um em cada 286 brasileiros morreu em consequência da covid-19. Isso quer dizer que, numa empresa com 1.700 funcionários, seis vidas foram perdidas. Numa cidade de 10 mil habitantes, foram 35 mortes. Se fôssemos procurar hoje as 50 mil pessoas que estiveram num estádio de futebol em 2019, descobriríamos que 175 delas morreram por causa da covid-19.

O ano de 2020, aquele em que começou a pandemia no Brasil, em março, terminou com 194.949 mortes causadas pela doença. Ficou longe, no entanto, de ser o pior ano: 2021 registraria 424.107 óbitos, média de 1.162 por dia. Em abril de 2021, a pandemia chegou ao auge no Brasil, com a média de mortes passando da casa de 3 mil por dia.

A perda do comediante Paulo Gustavo, em 4 de maio, tornou-se um símbolo para os brasileiros, pois era um artista querido, com apenas 42 anos e saudável. Ele não havia ainda sido vacinado, pois o processo avançava de acordo com um cronograma que priorizou profissionais da saúde e pessoas com comorbidades, como diabetes, hipertensão e câncer. Depois, seguiu uma escala por idade.

Em setembro de 2021, com 40% da população brasileira vacinada, a média diária de óbitos no país caiu para 500. Em novembro, com 60% da cobertura vacinal, foi reduzida para 250. Como efeito direto da continuidade da vacinação, incluindo as doses de reforço, 2022 registrou uma queda significativa nas mortes – foram 74.797 no ano, média de 205 por dia.

Hoje, quase quatro anos depois do início do pesadelo, praticamente não se fala mais da pandemia. A vacinação ocorreu de forma ampla, nas várias doses necessárias – o total de doses aplicadas, até o momento, passa de 517 milhões. Pouquíssimas pessoas ainda usam máscara eventualmente, e quase ninguém se preocupa em evitar aglomerações. Já faz um bom tempo que os veículos da mídia deixaram de atualizar diariamente os dados de novas infecções e mortes causadas pelo coronavírus. Ainda que silenciosamente, no entanto, a covid-19 continua fazendo vítimas, mesmo que num ritmo 65 vezes inferior ao registrado no auge da crise sanitária. Em 2023, nas 36 primeiras semanas do ano – até o início de setembro –, registraram-se 11.641 mortes causadas pela doença, média de 46 por dia. Ou seja: a cada meia hora, um brasileiro é vitimado pela covid-19.

O que aprendemos com tudo isso? Muito se falava, nos momentos mais difíceis da pandemia, que sairíamos melhores dessa experiência traumática, tanto individual quanto coletivamente. Que passaríamos a ter uma relação mais equilibrada com a família, com o trabalho e com a natureza. Que valorizaríamos mais as maravilhas do mundo e não nos incomodaríamos tanto com as pequenas bobagens do cotidiano. Será que isso tudo está de fato acontecendo?

São Paulo, 16 de setembro de 2023.